文
景

Horizon

社科新知　文艺新潮

北野武自述

[日] 北野 武　[法] 米歇尔 · 特曼◎著
贾翊君◎译

无聊的人生我死也不要

Kitano
par
Kitano

Takeshi Kitano & Michel Temman

上海人民出版社

目录

前言

米歇尔·特曼

很久以前，我就在东京街道上遇到过北野武。我们凑巧住得很近，彼此距离才几十米，就在市中心港区内的“杀手通”[1]附近。

当时北野武身边总是跟着他的司机西村刚（同为演员，在北野武好几部片子里出现过）、几名助理、亲戚或朋友。2003年，即将进入春天，我第一次开口跟他说话，心里多多少少抱着取得采访机会的期待。他和蔼可亲地一笑，说了句客气话。他好像很惊讶竟然有个法国记者住得离他家这么近。

北野武答应让我访问他……等他有空。“快了。”他说。

结果这一等就是两年多。

2005年春天的某个夜晚，在他数月前于法国上映的武士电影《座头市》获得热烈回响后，北野武邀我跟他一起参加一场晚宴。借着这个机会，我为一篇即将在法国刊登的文章，向他提出几个问题。当晚结束时，他提议我第二天去找他继续进行访问。当时我还不知道这两次会面将成为一段长久关系的基础，一段标志着敬重、友谊，偶尔还颇出乎意

1 杀手通（Killer Street），东京市原宿地区“外苑西通”其中一段路，艺术气氛浓厚。——译者注。本书注释中若无特殊标注，均为译者注

料的关系。我们在后来将近四年的时间内，又碰面了四十多次。

对于北野武，当时我其实只知其名，以及他的几部作品。他在电视上的第二身份，亦即家喻户晓的“拍子武”（Beat Takeshi）——这是他三十几年来在舞台和电视屏幕上搞笑用的艺名——虽不能说每天，但确实经常出现在荧屏上，让人感觉很熟悉。除此之外，我也会定期在点缀着东京各地方墙面的巨幅电影海报上看到他的身影。

北野武无礼的风格与幼稚的玩笑一直都能令我发笑，大胆又放肆的作风让我印象深刻。但开始跟他进行访谈后，事情变得不一样了。我开始毫不掩饰地公开崇拜这位在日本已名符其实成为文化象征的艺人，好奇心也被激发到最高点。

我开始试图“穿透”围绕在这位已成为媒体现象的人物四周的迷雾，试着揭露这位不寻常“邻居”的性格。这个看起来肆无忌惮的北野武，究竟是谁？身兼全才艺人、演员、电视节目大牌主持人与成功导演等身份，如此多才多艺的北野武，到底是什么样的人？什么原因促使这个自由派的 50 年代之子写下诸多自传，以及他个人对日本社会与所谓人生与幸福的省思？

随着我们的谈话，我耐心地一步步从头勾勒他贫寒的出身，包括他贫困的大学生涯、业余棒球选手的经历、在通俗剧场演短剧的青春岁月、爆红的过程，以及他那些具有个人色彩，并且混合了极端暴力、残酷幽默与柔情纯真、稚气的电影。

困惑的我看了（或者说重温）北野武为数众多的所有作品，以及好几座山那么高的报道、文章与评论，亦即近三十年来所有关于他的讨论与书写，希望能抓住北野武的不同面向，那个紧紧依附其身心之上的魔王，同时又是深受众多弟子崇拜的导师。

时间是1994年夏天。天空很沉重，乌云密布。湿气重得宛如黏在皮肤上。广播正在播报那则新闻：盛传北野武因一起严重的交通意外陷入昏迷，正面临生死关头。这位日本巨星在无情的压力下，过得不太好：对体制失去信心、感到失望，加上某部电影（《奏鸣曲》）未获日本影评人公允看待（据他本人所言）……手边工作多到不行的北野武，那时刚拍完一部喜剧，心情却没有得到缓解，有时甚至感觉山穷水尽。当年他正值47岁，害怕着最糟糕的事：无聊、厌烦。撑过了40岁的关卡，如今他心慌地看到50岁的危机在萌芽。于是，在黎明前，在东京那些过胖的乌鸦翻找垃圾桶的时刻，他骑着摩托车，加快了速度——大概是多喝了几杯吧？——最后，撞上路边的护栏。在这之前，他曾向亲朋好友透露自己的状态不是很好。几小时后，这条新闻上了电视：一名及时踩下刹车的出租车司机，在路边一盏路灯的漫射下发现了北野武。

他的伤势非常严重。面目全非。医生们的初步诊断颇令人担忧。最优秀的专科医生认为：一定要动手术，才能判断其神经系统的确切状态，但手术的风险很高。一些居心叵测的媒体借机散布无稽的谣言。

但北野武却在破纪录的时间内从昏迷状态中醒来，犹如破茧而出的昆虫。显然他的时候还没到，还拒绝了外科医生提议的开颅手术。他在医院的病床上重生，展开新生命。整形外科手术在他身上创造了奇迹，重新给了他一张真正的面孔。他不再是原来的那个北野武了。

从试炼中走出来的，是经过蜕变的北野武。他并未放弃电视节目，但披上了新衣，将自己的主力投注于电影上。

自此之后，“北野家族”持续兴旺不歇。“北野事务所”是他与认识30年的老友森昌行一起成立的艺人经纪暨制作公司。身为这家公司的支柱，这位大师时而是编剧，时而是导演、演员、剪辑师，像妈妈看顾小孩一样关照着团队所有成员与弟子。在他卑微地从浅草出道30年后，从身边的人昵称他“大人”（Tono，又意“殿下”）可以得见，北野武在封闭又消音的日本电视圈里，有如置身一座小型帝国之巅。他在赚钱，赚很多钱，并身兼双重角色，在小屏幕与大银幕都是大牌。他的小公司非常独立，也不识危机为何物，因为它是日本电视圈中生意最兴隆的公司之一，同时也是日本电影工业中最具创造力的公司之一。

以东京下町穷小子的梦想为起点，北野武一级接一级地雕凿出成功的阶梯：首先是剧场，再来是电视——这个货真价实、借此得以征服大银幕的通关密语。今天的北野武，在充斥着非凡人物的电影界里，已享有国际性知名地位。

累月经年下来，我一部又一部地把他的电影看了又看：简洁有力的《凶暴的男人》、一触即发的《3—4×10月》、令人不安的《奏鸣曲》、优美又让人揪心的《花火》（1997年威尼斯电影节金狮奖）、具启发性的《坏孩子的天空》、暴力的《大佬》、灵感来自日本传统偶剧“文乐”且梦幻诗意的《玩偶》、柔情的《菊次郎的夏天》，以及焕然一新的《座头市》（2003年威尼斯电影节最佳导演银狮奖）。他的作品有时令人觉得困窘，揭露出存在于日本社会生活缝隙中那些外来眼光未必能看见或洞悉的事物。他的电影对日本有意味深长的描述，尤其是东京住宅区街头的人物。就这点来看，这些电影的作用有如文化解码的关键，有助于探索、进而更透彻理解日本文化，尤其是日式幽默。那是一种非常多彩多姿的“笑的文化”，却又存在于这个在世人眼里向来以严肃著称的国度。

在电影拍摄现场，北野武不在乎成规。他无惧于与众不同，以“存在的荒谬”之名，跨越各种类型与界线。欧洲人帮他取了各种绰号，诸如“日本卓别林”、“日升之国的昆汀·塔伦蒂诺”、“日本的巴斯特·基顿[1]”，而且他向来肆无忌惮，胆敢在一部野蛮又脑浆四处飞溅的黑道电影中，以长镜头拍摄樱花、海边闪闪发亮细致浪花的徐缓涨潮，抑或覆着厚厚白雪的美丽森林。他的作品就像黑泽明的电影，再次结合电影与绘画。此外，我们还在他的《花火》《菊次郎的夏天》与《阿基里斯与龟》这几部电影中，得见好几幅他自己的画作，仿佛他想改写现实的面貌一般。

不论是身为充满创意且热衷场面调度的大师，抑或主张极简表演方式的演员，没人能像北野武这样，以一种与美国、欧洲、亚洲制作大不相同的单纯直率，从容潇洒地在大银幕上编织细腻的气氛。就这样，北野武在追求真实的过程中，戏耍着显而易见的事实与事物的本质，而且总带着一种节庆的感觉。在日本之外，他的某些电影作品颇受欢迎。观众喜爱他那些暴力又忧郁的警匪片，也同样喜爱他的调皮喜剧。这些作品彰显出这位电影人显然喜好极尽嘲讽之能事。

他的近几部电影令人惊艳，有时候甚至令人大惊失色。尽管他自己没这个意思，北野武已成为当代日本电影的重要名家之一，被公认为继黑泽明或大岛渚作品创下的黄金时代之后，让日本电影艺术重新登上国际大银幕的人士之一。置身经验丰富的电影工作者如深作欣二、今村昌平，或年轻一辈的三池崇史、中田秀夫、河濑直美、岩井俊二、青山真治、黑泽清、是枝裕和等名家当中，北野武致力于开启一条道路，让新晋的电影工作者得到日本本土以外的赏识。

1　巴斯特·基顿（Buster Keaton，1895—1966），美国默片时代知名演员暨导演，素有“冷面笑匠”之称，主要作品有《少年福尔摩斯》（*Sherlock, Jr.*）与《将军号》（*The General*），至今仍被公认为电影史上极具影响力的导演之一。

他自己原本并未抱持这么大的期望，却不断收到影迷俱乐部成员寄来的电子邮件和信件。这些影迷散布在60个国家，当地都发行过他的电影。北野武对于他的观众具有某种奇特的魅力，当中有部分观众向他献上由衷的崇拜，有些人甚至毫不犹豫将他升格到“活神话”的地位。

这是一个“大师”维持不坠的神话。凭着神出鬼没的分身术，北野武必然是议论的中心，必然是众人好奇、讨论与批评的对象。他很明白这一点，也都承受。有太多太多关于他的书籍问世。对他自己与其多重生活，北野武本人也写过许多著作。他亲身尝试过多种个人兴趣，累积了数十种面向，这一点对传记作者而言是相当大的挑战。谈北野武，该从何谈起？他曾经轮番（或同时）做过舞台喜剧演员、业余棒球选手、踢踏舞舞者、歌手、电视节目主持人、演员、剧场导演、广告代言人、电影导演、编剧、剪辑师、作家、画家等。结果不尽相同，但他什么都碰过。

日本人对北野武的第一印象是：电视上耳熟能详的人物。在东京，“拍子武”依然是最常进摄影棚录像的主持人。但对外国观众而言，他的名字是与电影连接在一起，而且是一位绝世无双的艺术工作者；他已经成功确立自己的名声，成为他这一世代中，最有话直说、最具颠覆性且最脱轨的亚洲导演之一。在法国，早在1990年代初期，观众与媒体皆已承认他跻身重要日本电影导演之地位。

北野武永远停不下来。童年时，他爱上科学与星星。从那以来，他从未停留在原地。休息对他来说非常陌生。星期天在他眼里，跟其他日子没什么两样，也要拿来工作。虽然身为工作狂，但他从不强迫别人或自己；假如他不喜欢别人的提议，或是已着手进行的项目做不下去，发生若干困难，他就会直说，然后放弃这件事。他对时间恒久不变的流动深感痴迷，也很喜欢引用画家保罗·克利（Paul Klee）和莎士比亚的话，并入迷地谈论他们作品的“极端特性”。他唯一的追求是：永远不让自己无聊。身为一个永远无法满足的人，北野武紧追着生命，仿佛为了更成功地驱走死亡。身为完美的黑格尔信徒，这个无法餍足的永恒试炼，成了他创作的灵感动力。

最好的做法，还是退到一边，让他自己来发言。希望这本书尽可能成为一幅最忠实呈现的自画像，让北野武在这本真情吐露的书中与世人坦诚相见。这是颇罕见的事。他毫不妥协；以粗嘎沙哑的声音，说给别人听，也说给自己听，同时以艺人的身份与不安正面对峙，带着他具腐蚀性的幽默感，带着他的真诚、热切与疯狂。如果有时必须把他逼到无言以对、让他从表示遗憾进而承认错误，他也亲自说明了他的成功、他的挑衅、他的失败……以及他的退路。

北野武在自身的矛盾与冲突中现身。他就是这样，隐藏在谦逊的外表之下，充满着雄心壮志。因为北野武从不曾否认，也不曾忘记他卑微的出身，而仿佛想证明这一点似的，他直到现在依然强烈渴望得到认可。如果说他偶尔承认自己偏离了时代，却从未真正脱离群众。身为细腻的观察者，他很早就知道要小心世上的风言风语，磨出一种具有高贵意图的政治意识。这一路走来，他创造出属于自己的人生观，找到一条介于勤奋劳动、禅宗佛教与享乐主义之间的幸福哲学之道。在他职业生涯的苍穹下，他以一种罕见的客观披露自己，而这种客观，正是自由与智慧的至高表现。

本书是根据 2005 年春天到 2009 年秋天之间，与北野武进行的数十次对谈与访问编纂而成，内容主要是这位电影人自己的论述，只在需要注明背景状况或方便读者理解之处穿插一些说明文字。读者也许会觉得某种表达方式、某句行话或某个概念的联想用得很奇怪，甚至有点不对味，但在地语法的表达与无可避免的成语，要穿越语言的障碍、进行文字的转录，确实有其难度，尤其当转录内容是口语时。这些谈话内容，以最忠于原味的方式保留下来，只有在必要时略调整句型，以求尽可能重现北野武的日文口语表达、想法、声音与情绪。

当然，首先我要向北野武献上最热烈诚挚的感谢。在这场独特的冒险中，他自始至终都对我信任有加。此外，我也要特别感谢一名热力四射的非洲人：吕芬·佐玛洪（Rufin Zomahoun）。在这数十次会面当中，他担任我们的翻译员，精准得出人意料。吕芬·佐玛洪来自贝宁，在日本电视圈相当有名，日本人都直接叫他佐玛洪。他是个讨人喜爱的迷人男士，拥有富感染力的笑声与令人难以抗拒的笑容。佐玛洪是一位人道主义作家、巫师的后裔，以及价值观暨理念的传递者，知识渊博又通晓多种语言。北野武在主持某个电视节目的录像现场结识他，之后变得几乎形影不离。我们每一次对谈，佐玛洪都在场，担任翻译与无可或缺的桥梁。少了他，我与北野武绝不会那么规律、频繁地碰面，过程也不会如此愉快。没有他，这本至真至情的书就不可能问世。

至于我个人，则要把本书献给劳拉与我的每一位家人。

第一部　来自社会底层

第一话　寻找幸福

* * *

东京。2005年春天。一名矮壮男子的身影，大约一米七，从一栋建筑风格前卫的高楼旁的某条巷尾冒出来。那是拥有六个日本民营频道的TBS电视台总部。男子的步伐轻快。在这个周六夜晚，他匆匆忙忙前进，步伐几乎有点蹒跚，脚上一双木屐，穿着黑色灯笼裤，两手放在口袋里。这不是在电影《座头市》(2003年)——那部荣获威尼斯电影节银狮奖的“意大利式西部片”——当中饰演按摩师的北野武，而是他在电视屏幕上的分身：“拍子武”。他刚录完一集电视节目。每星期，他有八个谈话性节目要主持，当中有些已经播出长达二十年。

北野愿意信赖别人。这名巨星打从这一次的最初会面起就表现得单纯又没架子，在首都地区一家料亭的榻榻米上直接盘腿就坐。这时他已经没有半点电视主持人的样子，也完全不像我们想象中隐身他那些电影背后那一名神秘又阴沉的导演。他没戴墨镜，身边也没有壮硕的帮派分子环伺，更没有带枪……随着访谈推展，逐渐显现的是一位对个人、对自身经历、对其丰富且兼容并蓄的电影非常有自知之明的人，一位作品丰硕又有教养的创作者。北野武很快就让与他对话的人放松下来。他一坐下就聊起葡萄酒，这是他的爱好之一。之后我们的每一次会面，也都以几瓶好酒为中心。红酒对我们的对话而言，就如同童话故事中汉赛尔与格莱特的面包屑一样。

＊＊＊

喝吧！你放轻松。想问我什么问题，统统提出来。

＊＊＊

北野武跟老板点了瓶酒。“店里上好的酒。”见鬼了！送上来的是一瓶 1929 年份的里韦萨特（Rivesaltes），产自法国南部克雷斯特产区的阿格利谷地……北野提到他热爱所有葡萄酒，而且对法国产区的葡萄酒情有独钟。这一幕的情景，简直称得上超现实。在这家日本传统餐厅里，头发染成金色的北野武，用日文谈着法国葡萄酒，而他的每一句话，都由一名穿着鲜艳非洲长袍、举止优雅的贝宁人担任口译，巨细靡遗、完美无瑕地译成法文……真相揭晓：北野武会这么热爱葡萄酒，全是因为他痛恶无趣的人生。

＊＊＊

我喜欢葡萄酒。一直对葡萄酒情有独钟。这一点也许可以解释为什么我对欧洲，对法国啊、意大利的历史，总是非常感兴趣……对我而言，葡萄酒就是法国，就是意大利。有一天，我送了一瓶很棒的、1994 年份的法国陈年好酒给某个开餐厅的日本友人。那是个交替、改变的年代，不是吗？我已经想不起来是哪间酒庄的酒了，总之是一支很有名的好酒，爽口的佳酿。我喜欢葡萄酒，因为它是从土里诞生的。当酒是以

爱意孕育的，我们也会怀着爱意来喝它。葡萄酒能让人生变得更美好，能让我们得到幸福。而幸福呢，很幸运的，是我们存在的关键。它帮助我们好好挺住，维系我们的生命。因为——好吧，我就跟你开诚布公吧——我觉得，不快乐的人生比死还难受……

战后的“下町”生活

* * *

酒持续地斟着，正适合唤醒模糊的记忆。北野武提到他在“二战”后的东京度过的童年。这是对一段逝去时光的乡愁……

* * *

小时候，我花了一段时间才搞清楚，在第二次世界大战期间，我的国家发生了某些可怕的事。我花了好几年才搞懂日本的战争冒险主义。打从 20 世纪初，我们发动了一连串侵略与占领的战争，最后以悲剧收场。当时我还很小，对这段时期、对大规模的灾难和众多创伤，没什么确切的印象，是后来到了 11 岁或 12 岁的时候，才发现并明白过去发生的事态真相。

我是在 1947 年 1 月 18 日出生于东京北边足立区的梅岛。我出生时，东京仍然烙印着战争的痕迹，有一部分是废墟。就像国内大部分城市那样，战争结束后漫长的好几年间，城市的景致依然令人不忍卒睹。孩子在被燃烧弹摧毁的区域、长满野草的无人地带玩耍嬉戏。美国人在当年全面轰炸时，还真是下了一番功夫，把大城市的主要工业活动摧毁殆尽。

多亏了学校和同学，我才得知真相。有一天我看到一些照片，才知道1945年的春天与夏天，日本风云变色，在地毯式轰炸下被夷为平地。大家都知道广岛和长崎蒙受的惨剧与损失。在别的国家，人民都知道战争是怎么结束的，德国有好几个城市，例如德累斯顿，在征服者的轰炸下毁灭了。但是世界上大部分的人，都不知道日本许多城市发生了什么事。这些城市不折不扣被烧成炭灰，从地图上被抹去，例如名古屋、神户或横滨！[1]东京尤其受到重创。

1945年春天前夕，就在3月10日到3月11日的夜里，估计首都就有将近10万人死亡。10万人啊！好些地区全境成了轰炸的目标，尤其是在布满木造房屋的东京北边区域，全都起火燃烧。许多住在那里的家庭，一家大小从祖父母到小孩子，都被活活烧死在同一个屋檐下。这一切，我很晚才发现……大约50年代末期。

我在足立区最贫穷的区域长大。我是我们家最小的孩子，出生时，父亲已经年过五十了。真是够倒霉的！我的父母亲，尤其是我母亲，一直鞭策着我，要我在学校里用功读书。当时的日本还非常贫穷。我们读的小学跟其他所有学校一样，资源相当匮乏。在班上，我们没有算盘可用，所以学习心算。为了鼓励我们，老师告诉我们：真正的日本小孩不需要算盘，只要静下心来、集中精神，把所有的运算表牢牢记在脑子里就可以了。学校的生活，是没完没了的羞辱，贫穷的小学生嘲笑比他们还穷的小学生。

在东京和全国各地，战后这段期间最令人印象深刻的，是受到美国“占领”——1945年到1952年间——以及一股想要走出困境、重新站

---

1 当时日本有66个城市全毁或半毁。

起来、超乎寻常的意志，让大家刻骨铭心。全国都在努力。整个社会都致力于振兴这个国家，而且不只是经济层面的复兴。尽管如此，重建还是缓慢又艰苦。我记得家家户户都在缩衣节食，我们家也一样。我父亲的收入不够喂饱我们全家。在全日本的下町[1]住宅区，小孩都不是饿了就有东西吃的。

这20多年来，每次我到欧洲或美国为宣传某部电影而接受访问时，那些记者、影评人都会针对某场戏询问我，我会跟他们提到电影的内容、故事、人物，却很少有人要求我讲我的童年，谈谈自己生长的地方，也就是我们所谓的“下町”。这些地区当时属于东京的底层，今天的人已经很难想象它们当年是什么样子了。

我就是在这样一个混乱的时期、在这样的地方长大的。当时我年纪还很小，但是根据人家告诉我的，以及我自己知道的情况，虽然国家的重建已经开始，却还是有一大部分的日本是趴在地上的。当时的日本不只是个工地，还受到美国人占领，遵循着麦克阿瑟将军与他的部队订下的规矩行事。啊，那个麦克阿瑟！那个老是抽着烟斗的大个子，他的形象深植于我们这一代人的心里。在占领期间，首都街道上满是休假中的美国军人与老百姓。在那些地区，很多人会跟他们打招呼。那些年也为日本社会的急速美国化画下起点。

顺带一提，有时候，有些人以为——或是让别人认为——我是反美主义分子。这绝对不是真的。当然，就像许多日本人一样，我有时候会抱怨美国，偶尔会猛烈抨击美国人过度夸张的信心、掌控绝对权力的企

1　下町，城市里靠近海边或河川的低地。以东京为例，包括日本桥、京桥、下谷、深川、浅草一带，从江户时期就有许多工匠在此营生。

图，还有他们那种傲慢无礼、以自身权利优先的态度，但算不上深恶痛绝。每次想到这些事的时候，我都不会想太久，因为我骨子里就不是反美主义分子。

* * *

近几年来，北野武经常对小布什执政的新保守主义的美国发表批评言论。不过他也从不忘重申，他是以多么善意的眼光欢迎奥巴马领导的美国，也推崇许多美国艺术家，当中包括波普艺术运动先驱之一的安迪·沃霍尔。

* * *

在街头鬼混

我是在东京北边一个属于工人、工匠、木匠的区域里长大的。在足立区的千住，更确切来说是梅田。那是非常贫穷的住宅区，可以拿最黑暗时期的纽约莱姆区来比喻。1945 年的梅田，有些地方还是一堆铁皮屋，比《血与骨》[1]这部电影里大阪郊区那种不卫生的破房子还要糟。当时的生活条件很惨，而我的童年呢，就说……很艰苦吧。进入中学以前，我都不明白这一区的状况究竟有多糟，直到稍后才注意到这件事。以前我甚至为自己住过这里而觉得羞耻。

将近 10、11 岁的时候，我在街头上的时间越来越长。我梦想着搭

---

1 《血与骨》，韩裔日本导演崔洋一的电影。北野武在片中扮演粗暴的主角。

电车，喜欢玩陀螺、放风筝，跟朋友一起打棒球。这一带的街坊邻居就像一家人似的，经常互相帮助。

我记得，那时候家家户户都会在屋子前后小不拉叽的院子里种菜。母亲们会在河边洗衣服，有时候隔着几米就有人在河里洗澡。男男女女会花不少时间在钱汤[1]里闲聊，那是大家齐聚一堂、碰面的地方。晚上稍晚一点，男人则会在当地的酒吧里碰头。

在街头，我还发现了“香具师”和“的屋”的神奇把戏。

* * *

在日本历史中，“香具师”是传统药品的流动商贩，贩卖各式各样以草药为主的药粉，往往是些没啥疗效的万灵丹。“的屋”则是与市集相关的摊贩。

* * *

这些是有点蹩脚、带有帮派色彩的人，名符其实的江湖郎中，在街头耍把戏赚钱。他们令我深深着迷，虽然满嘴不可信的花言巧语，但我很欣赏他们的胆识。就这样，我在街头盯着他们的一举一动，而且乐在其中，看那些让自己陷入他们的把戏、受骗上当的人，眼睁睁地被人把钱就这么赚走。这票人的机灵尤其令我大开眼界，还有他们蒙骗人的技巧。我一直很清楚那些江湖郎中不是老实人，但这不重要，他们还是让我惊奇连连。有些人就是有办法，靠着剥削地方上的人和好奇的路人，让自己的口袋赚进不少钱。

1　钱汤，公共澡堂。

我也喜欢看拳击、相扑和职业摔跤。在当时，真的没有什么适合小孩子的其他消遣。除了竞赛本身，我也很喜欢场中那种激昂的气氛和观众，以及整体的紧张情绪。看着人与人互相打斗，这当中有种悲哀且残忍的味道。在那个年代，参与格斗的大部分是饿肚子的穷人。今天的状况就跟这无关了，主要动力来自对运动的热情。后来，我加入了拳击社。我让别人以为自己很强，以免被人扁，因为在中学时，我有过现在大家称之为“霸凌”的经验。别人经常嘲笑我，比如叫我“油漆工的小孩”，让我很难过。那些中学生嘲笑我出生的环境、我父母的穷困，以及我父亲的职业。他是建筑工程的油漆工兼木工。

当年，许多来自郊区富裕家庭的孩子，都是搭父母的漂亮轿车进城。他们穿着整齐体面，而我是衣衫褴褛地在街上混日子。在成长过程中，我渐渐变成名符其实的小流氓，一个十足的、无可救药的小无赖。我可以跟你保证，我可是一点也不乖。在首都的东边与北边，我跟我的伙伴大肆胡作非为。我不像其他下町小孩那样单纯，例如夏天去抓萤火虫什么的，而是跟一票狐群狗党鬼混。我们是一群明明没本事，却自以为了不起的街头小霸王。

我们是那么年轻不懂事，以为东京是由我们做主，而且因为身无分文，所以学会偷东西。我们到处偷钱，能偷就偷，连寺庙与神社的钱都偷。只要有一根棍子、一条线和一只独角仙，我们就有办法从备受保护的木制捐献箱里偷走人们奉献给庙宇的香油钱。有时候，我会一个人单独行动，尤其是在我肚子饿、想买点东西吃的时候，比如一颗饭团，什么都好……

我会躲在某个朋友父母主持的寺庙角落里，等着人往捐献箱丢钱。他们一走，我就跳出来，靠着甲虫在一秒钟内把钱币弄到手后拔腿就跑，一直跑到喘不过气才停下，为自己干的坏孩子勾当而激动不已。然后在接下来的日子里，我又重施故技。靠着把甲虫垂入捐献箱底的法子，让我弄到许多钱币。我记得有一天在某间寺庙，我的独角仙连一枚硬币也没钩到，正要拔腿落跑时，我的脖子却被线缠住了。

为了赚点小钱，我也会跟其他朋友搞一些稀奇古怪的诡计。白天，我们卖给地方上的店家一些不值钱的小东西，各式各样我们从四处偷来的小建材或废五金。等到夜晚来临，我们同一票伙伴再潜入店里，把白天才卖掉的东西偷回来，准备过阵子后再把这些东西拿去卖给另一家商店。有一次，事情出了差错。因为一直发生窃案，这一区的人开始议论纷纷，我们的买主中有人识破了这套小把戏，设下陷阱，在我们卖给他的一盆玫瑰花上做了记号，后来它又被我们偷了，而且没发现他动了手脚，结果在我们准备再一次卖给他的时候被认出来……我们被当场抓包，也受到处罚：每个人都被狠狠打了一顿。

在那个年纪，我成天胡思乱想。那当然都是些遥不可及、孩子式的梦想，比如我会想象自己在寿司店的柜台前坐下来，毫无顾忌地狂点想吃的东西。那时的我永远处在饥饿状态，所以老是梦想着能够狼吞虎咽大吃一顿。又或者是在街上看到漂亮的轿车，我也会马上想要同样的东西……

坚强正直的母亲

我的母亲，名字叫佐纪，是个聪明、自信、要求严格的女性，绝不让自己任人摆布。她读过书，而且以自己的学历为傲。我母亲能力很强，但我父亲让她过得很苦。我不认识那个她先前一起共同生活过的男人。她的第一任丈夫在战争期间被海军征召入伍，而她选择离开他，跟另一个男人展开新生活，也就是我的父亲北野菊次郎。这在当时是很罕见的决定。所以说，我父亲是她的第二任丈夫。一切就是这样开始的！

我的家庭背景清寒，家里是以最低生活限度在过日子。我们家由两间狭窄的房间构成，其中只有一间有颗亮度不足的电灯泡提供照明，所有人都尽可能挤在这间房里。这个家里住着我的父母亲、两个哥哥、我的姐姐，以及我的祖母，生活过得很拮据。我的胃永远饿到抽痛。

我的父母，尤其是我母亲，坚持要我们好好受教育。她鼓励我们用功读书，表现出最好的一面。她本人也经历过一段艰苦的童年。她在年幼时，就失去母亲。她的父亲再也没办法养家时，她才 13 岁，却不得不开始工作，先是在东京有钱人家里帮佣，接着又干了很多零工。总之，这是他们告诉我的情况。

我母亲秉持着自律和绝对尊重他人的观念，把我们——我哥、我姐和我——抚养长大。我们的日子过得很简朴，但是我的母亲非常努力，用尽一切可行的方法想摆脱贫困。

最重要的是，她希望哥哥、姐姐和我养成某些规矩与价值观，一心要把我们教育成堂堂正正的孩子。她教我们规矩，教会我们良好的餐桌礼节，所以我们全家人一起吃的每一顿饭，都是一场名符其实的仪式。我们家每个人都必须懂得正确的礼仪。这一点对我母亲来说非常重要。在她的要求下，大家一定要用正确的方式使用筷子。筷子必须摆好，要正确地夹住食物，绝对不可以插在饭里、不能拿来戳刺任何食物（因为这些动作会让人联想到葬礼仪式），也不可以用来夹东西给别人看。在我们家，晚餐不只是令人期待、可以吞下好吃的东西，还有补充体力的时候，也是我们全家团聚的特殊时刻。它在我母亲眼里就是那么重要。

我母亲是很有原则的女人。她想给我们最好的。她也可以非常温柔，对我展现柔情。有时候她也会动手打我，我的父亲则从来不曾给过我一拳或一记耳光。不过，尽管有她的抚慰与温柔，我还是经常逃跑。我是很野的孩子。对她来说，最重要的就是让我们读书。她最操心的事，是要不计代价送我们进小学、中学、高中，以及大学。为此她尽了一切努力。要不是她，我一定老早就放弃学业了。她坚持要我们上暑期辅导，让我们学英文与书法。要是我们不认真读书，她就会处罚我们。我的母亲非常勤俭，连最小的钱都要省，好给我们买学校用品和教科书。

她经常说文学在生活中没半点用处。有一天，她把我痛打了一顿，因为我在看漫画。她也不喜欢看到我画画。但很奇特的是，有些夜晚，她会站在我们后面好几个小时，手里拿着一盏灯，好让我们有足够的光线看书。我记得有一次，应该是我 11 岁的时候，她几乎是揪着我的衣领，把我拖到一家位于神田[1]的书店，帮我的每一门主科都买了用来准备学校考试、内容满是习题的参考书，包括文法、地理、算术、汉字等。

至于我父亲，不提也罢！书本和汉字对他来说是毫无用处的废物。可能是因为这样，我在文学方面才会那么差劲，有一大堆汉字不是很会念，跟我的大哥完全相反。他比我聪明多了，早早就考上很厉害的东京大学，却花了更多时间兼差打零工，好养活我们一家人。尽管如此，这

1　神田，东京知名的区域，集结约 200 家旧书摊与 40 多家书店。

一切也没能阻止他努力念书，甚至以后还继续深造。

小时候，我上的是足立区公立小学。这是一间有钱人家子弟就读的学校，到今天仍然极负盛名，学生会带着价值三万日元的手机去上学。它当时的校名是梅岛第一小学校。我记得学校里有一位藤崎老师，当了我五年的导师。他让我印象很深刻。以前他在一所专门学校教过书，后来才来到东京定居，在我们学校当老师。他让我学会所有的东西：音乐、运动的重要性、数学、风琴……偶尔，当我没有好好写作业，他会出手打我的头几下。这时候，我就会想象自己是班上的另一个小男孩，看着小武挨打。我不再存在自己的身体内，突然变成另一个人。也许这就是我的方法，让自己不去感受任何痛苦。

回忆这段岁月、这些苦乐参半的日子时，我就会想起一件我忍不住犯下的丑事。它发生在我姐姐刚结婚的时候，当时我是大学一年级学生。我母亲把姐姐的嫁妆藏在一个袋子里，放在家里的衣柜里。我干了什么？我把钱偷走了。60 万日元。一大笔钱。当母亲发现钱不见时，发了一顿令人难忘的火。她开始祈祷，然后叫了警察。等警察来到了家里，没多久他们就发现我是这起窃案的始作俑者，我母亲开始大喊："他偷了他姐姐的嫁妆！他偷了他姐姐的嫁妆……"

之后我有一个月时间没回家，用这 60 万日元吃喝玩乐。等到我终于回家时，我母亲快气疯了。全家都气疯了。我母亲抓起一把刀，开始尖叫："我要杀了他，然后我再自杀！"这时我祖母抓住那把刀，也喊道："不，要杀了他的人是我！"两人最后大吵了一顿才冷静下来。我父亲呢，他在一旁倒是看得很乐，还边看边喝着清酒。

我的暴君父亲

我父亲菊次郎最早是个工匠。他本来在制作漆器，后来在我母亲的协助下，改投入日本弓的制作，但时间不久，因为这个工作赚得太少了。我记得当时邻居都叫他“弓箭师傅”。当时，在日本战后的住宅区，只有最幸运的人才有固定的工作与薪水，结果我老爸成了建筑工地的油漆工人，只是这样赚的钱还是不够。他赚钱赚得很辛苦，甚至还兼差打零工。另外，有件事对我们来说不算什么秘密：我们都知道，尽管他不是专业的黑道，地方上的小混混、帮派分子却要求他为他们工作。他接受了，也许是为了贴补家用。我们家跟其他人家一样，周遭都是帮派分子。这些地方上的黑道分子还蛮宽厚的。对某些人来说，他们扮演了教育者的角色，因为他们会带头告诫穷人家的孩子和青少年：“喂，我说你们啊，别在街上鬼混，不然你们最后一定会变得跟我一样！”这种话可是有它的效果……

总之，在当年，建筑油漆工的工会跟黑道是有牵扯的。天晓得为什么！也许是因为很多人身上都有刺青？我父亲他确实浑身都是刺青，只是比较像昔日工匠的那种风格。就说我老爸是不得不或多或少去接近他们的吧。不过，别以为这样一来我们家就得救了……我老爸一直都没办法改善家里贫困的境况，好好地养活我们。有时候我跟我哥会去帮他的忙，穿着破烂的衣服，跟他一起去粉刷商店的墙壁、房屋的楼面。这种差事真的很苦……

一大早，我老爸穿着寒酸破旧的衣服离开家，把油漆罐固定在脚踏车的置物架上，展开崭新、与其说令人疲惫，更像是无聊至极的一天。他总是给人努力工作的印象，但那只是假象。他最爱的消遣还是喝酒玩乐。他把时间花在酗酒上，从早上就开始喝。他也很爱玩，特别喜欢赌博。他玩得很凶，而这也没办法改善家境。他把他微薄的收入几乎全输在柏青哥上。

* * *

柏青哥，一种介于弹子台、吃角子老虎机与自动撞球台之间的游戏，玩起来非常吵闹，在日本极受欢迎。直到今天，全日本都还有大约两万家柏青哥店，以及总数将近五百万的机台。玩法很简单：通过操纵拉杆，玩家把小钢珠投入一台表面覆盖着玻璃的直型机台中，小钢珠会被一个螺旋转盘与一些导板分别导向不同的路径。若小钢珠落入某一格或某个沟槽，玩家就能赢得额外的小钢珠，以此类推。近几年来，让人联想到美式吃角子老虎机的滚筒式屏幕取代了螺旋转盘。

在日本，赌博是违法的，赢得的小钢珠可以拿来兑换奖品，诸如香烟、打火机、台灯、玩具、填充玩偶、家电用品、机械小玩意等。玩家可以在相邻的店铺换取奖品。运气好一点的话，而且遇上某些特定的小钢珠店，还是有可能带走一些现金，但是要赢非常困难。

* * *

当他碰巧玩赢的时候，主要都是拿来换几包香烟，回到家后就把烟藏到橱柜里。我曾经在橱柜里翻出一些巧克力、口香糖和牛奶糖，可是我老爸连一颗糖也没赏给我过！

我老爸是个内向的男人，非常闷，冷漠到近乎粗暴的地步。在家里，不只我们怕他，我母亲更是怕他抓狂。我们一天到晚听到他们吵架。那时候，家里养了一只小狗叫做“小小”。当它在夜里很晚的时候吠叫，就表示父亲回来了，我们会马上跑到房间里躲起来，然后，听见母亲对他说："孩子们都睡了。"通常这时候，他刚在柏青哥玩了好几个小时——白天赚到的微薄工资当然都输掉了——刚一回到家就开始喝酒，然后家里的状况就会立刻变糟。他会变得非常粗暴，殴打我母亲、对她饱以老拳——如果不是打他自己老母的话！真的很悲哀。

几乎每天晚上，我们都会听到母亲叫喊、抵抗、哭泣。我老爸是个恐怖的暴君。有时候，在闹得鸡飞狗跳后，不知悔改的他还会不见人影好几天，不让我们知道他人在哪里。我们这些孩子的事，他从来没放在心上。这男人，完全不能依靠。

我父亲讨厌美国人。那份憎恨，完全发自他内心。在我6岁左右时，风和日丽的某一天，他决定带我去看海，同行的还有他的同事。我们搭火车去江之岛，一座位于东京南方五十几公里处的小岛。那是我第一次看到海，留下非常深刻的印象。当时我还不会游泳。海水很冰冷，波浪闪闪烁烁，涨潮落潮，海水的泡沫，一望无际的海平面……这个经验很吓人。至于我父亲，这天他想用泳技让我刮目相看，结果差点淹死！在最后一刻，才被人从海里救上来。

回程的火车上挤满了人，车上有个与众不同的家伙：一个外国人。我想他是我第一次在这么近的距离内看到的外国人吧，就坐在我们面前。那是个美国军人，非常高大，穿着体面的制服，长得很帅。当他用日语跟我说话时，我感觉有点像看见上帝一样！最令人惊讶的是，他还站起身来，把座位让给我，然后又给我一条巧克力棒。这举动对我父亲来说太过分了，让他无法承受。老爸他激动得按捺不住，被这个外国人的态度搞得不知如何是好，不由自主要向他道谢，样子却几乎像是在道歉，有点做过头了。我看着他真的就像拜倒在那个外国人面前，不停对着他鞠躬哈腰。

当时我觉得这么做应该很正常，因为这个把我迷住的美国人，应该确实就是上帝没错。不过在我的记忆中、在我的内心深处，产生了一种矛盾的感觉。当我景仰这个外国人的同时，我觉得我父亲做得太过火，缺乏自制力与自尊。

让一个外国人，尤其是个美国人，得到他儿子的欢心——这一点对老爸来说实在太难承受……当时我年纪还小，不是很理解这当中牵涉到的状况：战争，战败，占领，美国人出现在日本领土上的原因……不过有一点倒是千真万确：打从我第一次在江之岛看到大海的这天起，也许是拜一条巧克力棒之赐，我对美国人没有特别的敌意。

我父亲的健康状况也不太好。他酒喝得太多，从来不照顾我们，也不照顾他自己，所以后来病得颇严重。他中了风，大脑缺氧，住进医院，在病床上躺了八年。那是非常难熬的八年。我母亲和哥哥、姐姐会轮流去看他，几乎每天都去。有时候，我们根本就是在医院里打地铺，因为必须帮他张罗三餐。不过有时候，反而换我母亲病倒，或是其中一个哥哥感冒着了凉。这种时候，我就必须变能干坚强，尽可能担起责任，守在父亲床头协助他，因为他几乎无法动弹。这不是很容易的事，毕竟那时候我自己也有很多事要忙。

记得有一天，我母亲想帮他梳洗一番，他却老大不愿意。但母亲坚持，然后在试着清洗他上半身时，发现他拒绝抬起左臂，只能硬把他的手臂举起来。结果她看到了什么？一个刺青！还是一个人名：SACHIKO。那是母亲某个密友的名字。你能想象那个场景吗？我父亲在手臂下刺了情妇的名字，而她是我母亲的朋友！老爸他羞愧地躺在医院病床上，母亲很想打他，难过到很想当场宰了他。

我从来没对我父亲说过话，他也几乎从来没对我说过什么。我记得自己只跟他一起玩过一次，就在他带我去看海的江之岛海滩上。那是我仅有的记忆，是我跟他在一起，应该说是……快乐的、真正共享的片刻吧。也许正是这个原因，让我一直保留着对于大海的印象，而且经常出现在我的电影里……

童年时期，我父亲真正跟我说话的次数，了不起不会超过三次，顶多四次……但最惊人的一次，是他临终前在病床上告诉我：他很后悔自己没跟我说过几次话。不觉得这有点太迟了吗？ 1979 年某一天，电话响起。我父亲在医院过世了。直到很久以后，我才理解我们错过了什么。

北野家的孩子

读书，在我看来，可以归结到一件事，而且只有这件事：科学和数学。其他的，我完全不在乎。当时我不读任何东西。小说和杂志（最早的杂志在 50 年代问世）在我们家是违禁品。

我读高中时，我大哥重一一边继续学业，一边在美军基地担任口译员。他非常聪明，英语说得很好，在家时都很认真念书。我们家那么小，他有时候会花上好几小时，趴在一个本来装橘子用的木条箱上写功课。晚上需要用功时，他会跑到外头，在附近的公共照明设施下读书。他很爱读书，这一点让我老爸气到不行。当他喝得醉醺醺回到家，会大吼大叫："笨蛋！不要再念了！你害我们没办法睡觉！"

我大哥可以轻松弄到一些美国漫画书和英文小说。有一次，我看到他在阅读 D. H. 劳伦斯的《查泰莱夫人的情人》。我记得他曾经带一台小电视机回家，后来被我偷去卖掉，换到两万日元，用这笔钱去海边玩……拜美军基地给他的薪水之赐，让他几乎有能力养活全家人——至少，他养活了我们这几个弟妹。在很多年间，就某种角度来说，重一是我们家里的男子汉大丈夫。我母亲非常以他为傲，提到他时总是用很夸张的用词，例如说他是个“小天才”。我的二哥北野大也非常辛苦工作，好让家人有办法过日子。他拿回家贴补家用的钱，一部分用来付我的学费。

我呢，是家里年纪最小的。我跟大哥的年纪差了一大截，二哥则比我大 5 岁，另外还有姐姐安子，因此充分感受到哥哥姐姐所有的爱。我知道他们很爱我。我是他们的小小被保护者。而且，我相信他们到今天还是一样爱我。我的哥哥和姐姐都很有成就。我非常以他们为傲。大哥重一是一间公司的负责人。二哥阿大一向非常聪明，现在是化学博士，在大学里教书。至于我姐姐，我也非常以她为傲。她年轻时，没能如她所愿继续念书，但她凭着毅力成功了，现在跟丈夫一起在轻井泽经营一家民宿。

满脑子梦想

在我那个时代，很少有青少年会一路读完高中。很多人只要父母没钱付学费，就中途辍学。有些家庭甚至懒得送孩子上学，因为太花钱了。就我来说，我在这方面很幸运。我先是进了初中，而且读到毕业——这已经很不容易了，因为我们家的收入少得可怜。然后我进了高中，而这一点证明我不是太糟的学生。我很喜欢理科，尤其是物理、生物，另外还有算术。我在数学方面的表现非常好。

1963 年，肯尼迪遇刺在日本引起很大的反响。高中毕业旅行，我们一群人搭火车到某个城市。当时还没有新干线，坐火车旅行的车程往往要七八个小时。那时候的我做着关于科学、太空、星球、涡轮喷射引擎和各式各样跟机械有关的梦。在那个年纪，我的梦想很单纯：成为工程技师，进入本田汽车[1]工作。

除了想进本田汽车厂，我当时也会想象自己成为一位探险家，例如海洋生物学家，以满足我对探索这个星球的渴望……会有这项爱好的理由很简单：我从没错过电视上播出的任何一集库斯托舰长[2]的冒险与他拍摄的海洋动物影片。看到他与队员乘着船，从一个大洋航向另一个大洋，在美丽的景色中前进，遇到各种濒临危机的海洋哺乳类生物时，我告诉自己：好哇，这就是我想做的事！这就是我渴望的生活！

后来，尽管侥幸，我终于还是考上明治大学工学部，主修机械，隶属机械工学科。我的母亲相当引以为荣，非常骄傲我能接受高等教育。大学课程对我来说还算顺利。我得到蛮不错的成绩，却几乎没怎么读书，也没在准备考试，顶多是到最后一刻才临时抱佛脚。

60年代末到70年代初期，越战占据了所有人的心思。我经常在神田区流连。就是那个书店区，感觉近似东京的拉丁区[3]。这几年间的日

---

1 本田汽车，日本民族工业的象征。1948年由本田宗一郎创立。“二战”后，本田因销售A型省力脚踏车而闻名。这是一种配有引擎——其实是简单发动机——的自行车。在后来数年间，本田开发出其最早的摩托车与汽车。——原注

2 雅克－伊夫·库斯托（Jacques-Yves Cousteau, 1910—1997），法国探险家、生态学家、海洋生物研究者。

3 神田区，今东京都千代田区东北部的一个地名；过去是东京市神田区，区内的神保町拥有世界上最大的旧书店街。拉丁区，位于法国巴黎市中心左岸的第五区，为巴黎最古老的街区，以索邦大学为中心，书店、咖啡馆林立。

本，跟战后的阴暗时期截然不同。这是我们日本人意识觉醒、发现艺术的时刻。我那个时候很着迷波普艺术与安迪·沃霍尔，或许还迷上了玛丽莲·梦露的美色肉感，她的脸庞、魅力、性感的神态，有如天启一样。发现这些美国象征，对我来说，是十足的震撼。

路障后的……爱情？

在那个年代，大型学生运动也从国外传到我们这儿来，尤其是来自美国和法国。我的周遭围绕着一些伪知识分子，热爱德国或法国哲学，是某些重要人物的信徒。在这些人物当中，马克思和列宁大行其道。我呢，从来没读过马克思的东西，更别提列宁或法国存在主义论者了。

那是个抗议活动与示威游行的年代，为了反对美日军事协议，就是那个《日美安全保障条约》，也称为“安保”。在东京，明治大学是学生反抗运动的堡垒。我的周遭有一些反抗分子鼓吹要在东京的拉丁区——靠近御茶之水的神保町——为学生建立一个“自由地带”，不然就是游行示威反对大学调涨学费。我们朝安保部队丢晒干的泥块，他们则以警棍反击。这其实蛮好玩的，不过不会有更进一步的结果。倒是在某些学生团体中，出现了一种对社会阶级差异的强烈觉醒。有些人严厉批判日本的社会经济状况，因为他们本身非常贫困。

我很快就想加入这些学生运动，但不是因为你想的那些理由。我的动机并非真的出于智力层面，跟政治意识更是无关。事实上，我心里想的是：如果我能参与其中，就会比较容易追到女孩子……我不觉得自己倾向任何一种意识形态，但身为某些知识分子倾向小团体和某些运动的成员，要认识女孩子会更容易。一些诡异的教派与潮流这时也渗入了校园。我觉得自己跟它们毫无关联，也几乎分不出它们的差别。

如果说最后我参与了 1968 年春天在东京的“革命阵营”，那绝对只有下面这个原因：有谣言说，在路障的后面，人们可以自由地做爱。我保证，要招募年轻人，没有比这更好的理由了！因为这样，我通常不会离路障太远。毕竟，无风不起浪。如果有这种谣言在流传，表示当中应该有点什么才对……事实上，除了女孩子之外，我跟安保部队也有过节。有一天，我捡了几顶示威者的头盔——分别来自三个不同的激进团体——把它们排在我家前面，心想这样房东就不敢再来烦我、跟我收这个月的房租了。结果房东还没来，倒是来了个警察审问我，说了一些强硬的措词来吓唬我……就是在这种局势下，我们短暂地、远远地感受到某种看起来像是政治的东西，感觉自己几乎像个会思考、有想法的知识分子。[1]

当时，我是个叛逆的年轻人，一点也不循规蹈矩。我有个好斗的灵魂。本来我就是个不服输的人，为了达到最微不足道的目的，可以不择手段。我讨厌失败，也讨厌屈居第二，只是这一点没能帮助我完成学

1　六七十年代日本社会与政治的动荡，有政治倾向的电影人若松孝二曾将之鲜活地搬上银幕。他是“桃色电影”（软调色情片）的重要代表人物。这个年代的电影与艺术创作，呈现出觉得自己不被了解的叛逆年轻人毫不犹豫投入激进抗争的风貌，他们与日本共产党划清界限，进行非常强烈的斗争，造成许多人受伤，甚至丧命。日本“红色年代”的极度暴力在欧洲一直不为人所知。当时东京的年轻人也要求“另一个世界”、“更好的世界”，一个“新社会”、“无污染的社会”，诸如此类。年轻人积极活动反对越战、反对美国对日本的“占领”（冲绳要到 1972 年才归还日本），反对与美国继续延续安保条约。此条约于 1970 年 7 月签订，使该年发生多起攻击东京警察的暴行。学生的反抗活动，也与反对强行征收农地建造成田机场的农民抗议活动结合。抗议人士分成好几个团体，以不同颜色的头盔作为辨识的依据，由最有力的学运团体“全学联”（全日本学生自治会总联合）担任抗争运动的主要领导者。——原注

业……总之，在任何冲突下，我永远选择跟对方拼个高下。我是个名符其实的小坏蛋！

为了赚点小钱，我打过各式各样的零工。值得一提的是，我在距离东京几公里远的羽田机场工作过，受雇于印度尼西亚航空公司，从事机舱清洁工作。等到最后几位旅客下飞机后，我就和其他几位像我一样有点形迹可疑的家伙登上飞机，然后开始工作。这工作还真不得了啊！不是我瞎说，在一排排座位底下，什么都能找到：糖果、饼干、书籍、色情杂志、衣服、小内裤、小型电子产品，有些东西之后会被拿去新宿卖掉。机场的安全人员有时会试图逮捕我们这票打工族里的某些家伙……所以，你看到了吧，虽然我梦想着进入本田，但我说到底不是什么好榜样，而是个有点无可救药的年轻人。一个十足的无赖……

* * *

“一个十足的无赖……”这是这位电影人的第十部作品《玩偶》中，那个帮派头头的台词之一。年轻时代的北野武，在那些特别艰苦的年间兼差打工。当中比较特别的，是他在东京北边的埼玉县卖过家具，甚至当过出租车司机！

* * *

被留在原地

我想，本来我应该可以正常地、经年累月地学习，像我系上的同学那样，然后也许可以得到好成绩。但是，几个月下来，我发现我的个性根本没办法一板一眼地长期钻研学问。而且，在60年代末期，东京大部分的大学被学生运动搞得动荡不安，校园里一团混乱。尽管如此，我当时的成绩还是足以让我继续念下去，在还有课可以上的前提下。只是，情况却非如此。

我母亲已经预付了学费，但那样当然还是不够。我没钱买课外用品、书籍……而且，我很清楚自己不像其他学生那样认真。他们甚至在完成学业、拿到文凭前，就已经开始着手找工作。我感觉到自己被留在原地，被抛在所有人后面。我没钱，也没再继续上某些课，因为大学被学生运动搞瘫痪了。我无聊得不得了。很显然，我在学校里再也无事可做。

于是我开始在新宿地区鬼混。我在那里住了一段时间，而且经常光顾那里某几家可以听爵士乐的咖啡店与小酒馆。我对某些艺人很感兴趣，认识了桑尼·罗林斯（Sonny Rollins）、迈尔士·戴维斯（Miles Davis）的音乐，甚至在新宿看过钢琴手塞隆尼斯·蒙克（Thelonious Monk）的演奏会。东京当时的气氛很特别。从1968年5月以来，大学校园动荡喧扰，人民也提出许多崭新的憧憬。60年代的经济奇迹开始展现成果，让我感觉到人们对于改变的真切渴望，感觉日本人好像想要享受一段好时光，想要享乐、欢笑……

就这样，有点基于上述这些理由，我在大四读到一半的时候，心血来潮决定中断大学学业。这让我的家人非常不高兴，我母亲尤其失望、生气。因为我哥哥北野大还继续深造，而且表现优异。他今天是个了不起的大学教授，我非常钦佩他……

擅自中断学业，就像来一场逃家似的，而这也是一种消灭我母亲的方式。说穿了，就是切断我与她相连的脐带。我所做的确实正是如此：中断学业、离开老家，到别的地方过日子。我不得不放弃母亲对我的期望，然后自己一个人过生活。

离开大学，也让我可以全心投入我的另一个爱好：表演。这样一来，我就可以待在我最喜欢的地区——浅草，在那里的表演厅与剧场花上更多时间。我的心里并不觉得凄苦。事实上，能跟大学说再见我还蛮高兴的。之前我就觉得我们系所的走道上烟雾弥漫，让我的喉咙一直很不舒服。香烟的气味让我想到死亡，但在可以实现自己的梦想前，我还不想死。与其让缺氧的肺部凋零，我宁可在浅草自杀或是在舞台上断气。要自我了断，这是一种比较美的方式。

第二话　浅草的舞台上

＊＊＊

70年代初期，北野武在七月盛夏穿着短裤、背心和海滩凉鞋来到浅草。这个极具特色的地区，在当时称得上是“东京的蒙马特－皮卡尔区[1]”，到处都是剧院、电影院、宾馆、音乐厅、酒吧与夜总会。北野武不是笃信宗教的人，却经常去浅草寺这座位于本地区中心地带的古老佛寺求神拜拜。“我总是一个接一个地向所有神明祈求让我变成一位出名的艺人”，他曾经对作家朋友井上昌睦这么透露。当时的浅草在他眼里，是个成为演员的理想所在。直到今天，北野武从来不曾忘记自己是在这里某家综艺剧院、以25岁的年纪在表演界崭露头角，之后才以“双拍”（Two Beat）这个谐星双人组赢得光荣的名号。

＊＊＊

明天，我想带你去浅草，到下町，就在东京都平民住宅区的中心。那是我童年与青少年时期常去的地方。我希望我们去第六区看看真正的

1　蒙马特－皮卡尔区（Montmartre-Pigalle），巴黎的艺术与红灯区。

东京，看它醒目可见的部分，还有不为人知的社会——帮派分子在浅草还是很活跃，也就是日本黑道……尤其是，我们一定要去这个让我成长、70年代初第一次登台的场地。在我曾经演出而且编过搞笑剧目的剧院中，有两家现在还在营业。我想让你见识一下小酒馆的技艺和表演的世界是什么样子。我可以保证，你一定不会觉得无聊！

今天你看到的我是高高在上的大牌……到时候我会让你看到，当年我是从多低微的地位出道的。

* * *

第二天，我们约在北野武的住处前碰面，而我付出了代价，发现“准时”这件事对他而言是一项生活守则：因为我迟到了四分钟，而北野武和他那票人没有等我。他们已经走了。

这名电影人的日常生活，规律到每分钟都照着计划走。从此以后，我学会每次约会至少都提早十分钟到。还好，我很快就在浅草找到他。他那辆石榴红色的劳斯莱斯才刚在“六区百老汇”[1]中央停好车。那是一条与“国际通”垂直的行人徒步区。一小票徒弟恭敬地鞠躬迎接他。北野武注意到我的出现，对我比了个手势，要我跟着他。往前走50多米后，他在一间老剧院前停下，用手指着这间剧院：这就是著名的“法国座”，过去是一家提供喜剧表演与脱衣舞节目的酒馆，是北野武最早登台表演的地方。

* * *

1 六区百老汇，全长约300米的商店街，电影院与表演场地林立。

我以前就是在这里当电梯小弟、清洁工、灯光助理、舞台技术人员和临时演员，然后才第一次登台表演。在这栋建筑里，我真的曾经马不停蹄地工作……

到现在，我还是对浅草情有独钟。这是一个由许多小小天堂组成的古老区域，不认识这里的街道和邻近住宅区的人，就永远没办法对东京、东京的精神有丝毫理解；而不认识日本传统艺术的人，也没办法真正了解日本。以文德斯为例好了，他是个优秀的电影工作者，很有才华，来过日本好几次。如果我更早一点认识他，就会立刻带他来浅草，看看我小时候生长的环境，看看这一区的某些街道。这样他就会见识到另一种日本，就在与东京市中心距离 30 分钟的地方。很可惜，这样的日本，他没有见到。他不认识这部分的日本，没办法了解什么是真正的日本……

* * *

浅草在广大的武藏野平原上是非常渺小的一个点，这里侥幸留存着江户时代（1603—1868）的日本。江户，是东京的旧名。这个古老的小渔村从平安时代（794—1192）就有人居住，与其商业命脉之一的隅田川相邻，呈现出另一个时代的日本形象，原汁原味，富有庶民色彩，这里至今仍保有众多的传说与信仰。这是属于下町的东京，居住着以热情好客和爱赚钱闻名的俭朴家庭。几个帮派组织也在这里操纵着赌博与逸乐的黑暗世界。这个地区由无数条交通干道和小路划分成格子状，并被两条长长的步道贯穿，其中一条满是商号（贩卖玩具、用品、衣服、油炸品、仙贝），另一条则满是剧院与表演场所。这两条路都通往浅草寺，一座兴建于公元 645 年、供奉观音的寺庙。

根据传说，寺内供奉的那尊观音神像是在公元628年由一对渔夫兄弟在隅田川发现的。10多个世纪以来，这尊神像经历过好几次蹂躏寺庙的大火，例如1945年美军轰炸，却总是能幸免于难。直到今天，每天还是有上千人（每逢周末假日则是上万人）前来向观音参拜。在焚香之后，这些朝圣的佛教徒会爬上设有雨檐的阶梯，进入光线柔和、以金箔与耀眼红漆装饰的主殿。风会将焚香与檀香木的细致香味散布开来。

这个“下城”（downtown）有一部分是在1945年后重建的，与高高建立在丘陵之上、现代化且较没风景、满是商业区与摩天大楼的“上层”东京遥遥相对。

* * *

第二个母亲

对很多人来说，现在到浅草，有点像是去动物园或是到野生动物园游览。这个地区变成外国旅客与外地来的日本人必到的观光景点。他们在穿过雷门之前，会先走上“仲见世诵”去看看那些摊贩。至于小朋友，他们爱死花屋敷[1]了。尽管如此，很不幸地，东京人现在不太常来这里，甚至根本不再来了。他们觉得浅草有点太粗俗或是过气，觉得这里不够好玩。这真的很可惜，因为浅草其实

1 花屋敷，即游乐园，绰号“下町的迪士尼”。

是东京少数仅存仍然保有原貌的地方之一。甚至，也许是最后一个这样的地方了……

***

站在“法国座”门口一动也不动，北野武深陷在回忆中，突然不再发一语，看起来很激动的样子。沉默好一段时间后，很突然地，他中断了参观行程，转身往回走。我们循原路走回去。然后，他指着“摇滚座”剧院。这里是日本舞台界新星，年轻的早乙女太一，固定演出的地方。

在“摇滚座”附近，我们钻进一栋大楼的入口。电梯载我们到七楼，来到齐藤智惠子女士家。高龄84岁的她，自从北野亲生母亲过世后，就成了他第二个“妈”。子孙围绕的齐藤，戴着紫色大眼镜，总是面带笑容，看来完全就像一位幸福的祖母，但她不是普通的八旬老妪。年届三十时，她决定投身大胆的演出，成为一名脱衣舞娘。她回忆道：“我当时很喜欢跳舞。而裸体这档子事，对我来说没有什么困扰。”最初她是在一家戏院播完电影后跳舞。后来，1962年，她买下一间俱乐部。不到十年后，她在日本各地拥有超过二十间小酒馆。北野武身边的某人跟我咬耳朵解释了一番。

“熟人眼中的齐藤妈妈”是个超级有钱的女人，非常有影响力。身为一家房地产王国的老板，她坐拥一栋位于拉斯韦加斯的房子，还有国内的旅馆与温泉。算起来，她应该是个亿万富翁，而且是以美金计算的亿万富翁。她解释给我听，她的财富是靠着“从20岁起单打独斗工作、存钱”建立起来的。不过，她的公寓倒是简朴又土气。这里也像一座北野武博物馆，墙壁上贴满他的电影原版海报、他和众多日本及海外重要人物的合照，以及戛纳、威尼斯电影节的纪念品，还有许多他的铅笔画与油彩画习作。“北野武就像是我儿子。从他母亲过世之后，我就是他的新妈妈。”齐藤妈妈进一步说道。她也是电影《座头市》的共同制片人。

* * *

齐藤妈妈对我来说是很重要的人。她是我的第二个母亲！

* * *

齐藤智惠子打断他继续说：“我都称呼小武‘导演’。这样叫他，是为了对他表示敬意。换成别的电影工作者，我才不会这样叫呢。但他是个有才华的导演，一位了不起的专业人士。如果说我坚持参与《座头市》的制作，那是因为我早就知道这会是一部非常成功的电影。就像许多人已经知道的，这部电影为我的人生带来好运。”

齐藤女士说到这里，北野武把话接了回去。很显然地，她的恭维让他觉得难为情。他回想起刚离开大学时，唯一的希望就是在浅草崭露头角。

* * *

人生真正的学校

1972 年的时候，我是个一文不名的年轻人。真的是一毛钱也没有。当时 25 岁的我，无所事事坐在明治大学校园的长椅上，脑子里只有一

个梦想：当演员，尤其是喜剧演员。打从1968年5月起，我看到朋友中的某些人，为了一些政治理念站出来表态。他们加入的那些学运阵营、学生反体制运动，有时候非常暴力。

我呢，也选择了我的阵营：娱乐界。我是周遭所有人当中，唯一作出这种选择的人。他们大多数人深信我的脑袋一定有什么地方不太对劲，显然觉得我是个非常奇怪的家伙。

那个时候，70年代初，东京只有一个地方让我有机会实现梦想，那就是浅草。我认识这里的每一条大街、每一条小巷、一大票商店，以及所有表演厅。我离开大学的长椅，可不是为了待在水深火热里，所以没多久后，我就把所有时间都耗在这个梦想之地，抱着在表演界签下一纸合约的希望。现在可能很难想象，但是在那个时代，浅草是非常热闹的地方，“非常火热”。在这里可以遇到女舞者、脱衣舞娘、妓女，还有正要回象舄町的艺伎。象舄町是浅草最具春色的区域，也有很多传统餐厅。在小酒馆里，常常可以看到脱衣舞娘与喜剧演员打交道。

这一区也有很多放映日本片与外国片的电影院。我和我哥，当年就是在其中一家电影院被《最长的一天》这部电影征服了。晚上，无止无尽的饮酒作乐让酒吧热闹滚滚，男人一口喝干数量多得惊人的烧酎调酒[1]。我呢，则是经常去神谷酒吧喝酒浇愁，或在佐久间喝个烂醉。我在这一区的小餐馆度过许多热闹的夜晚，例如“筑紫”（Tsukushi）这家很受剧场人欢迎的餐馆。浅草当时是个具有魔力的地方。

事实上，浅草是我人生真正的学校：最早的朋友、最初的恋情、最

1　烧酎调酒，一种以烧酎（马铃薯、米、麦酿制的烈酒）、柠檬汁、葡萄柚汁和苏打水为底调制的鸡尾酒。

早的惨事、最初的幸福……都是发生在这里的老街上。有些清晨，烂醉的我跌跌撞撞走在街上，因为一晚上吞了好几升的啤酒和清酒。也是在这里，我披上了喜剧演员的外衣。在这块东拼西凑而成的区域，做什么都很辛苦，也上演着全世界都可见的悲惨情节。我拼了命想办法过日子。那是我人生中的一段“狂牛”岁月！

我的肚子饿得要命，有一次甚至硬着头皮去跟流浪汉借钱买一盘咖哩虾仁来吃。几天后，这个可怜的男人跑来要我还钱，当着众人的面大吼大叫，逼我还了他相当于那笔饭钱十倍的金额！这个游民是浅草的人物之一，因为在那个时候，地方上最有名气的人，听好了，就是流浪汉。对！身无分文、游来荡去的小贩与流浪汉，这里所有人都认识他们，而且对他们礼遇有加。

当年在我消磨最多时间的地方，有两个“伟大的”边缘人，非常特别，我很清楚记得他们。这两人都很有名，用他们自己的方式在生存，有点像这一区的明星。其中一个是头发花白的老人，60来岁，经常醉醺醺的。他名字叫阿清，是个命运悲惨的男人，却很受戏剧圈内的人喜爱。传说他很年轻时就离开他的出生地九州岛——日本西南方的大岛——来东京开店，后来疯狂爱上一个浅草脱衣舞娘，为她花光所有积蓄、抛弃一切，最后沦落到酗酒和乞讨的田地。这一区的喜剧演员和舞女都很喜欢他，不断给他一些零用钱，好让他有钱吃饭。[1]

1 东京第六区的流浪汉，北野武说到这些流浪汉的命运时，让我想到川端康成的《浅草红团》，1929—1930年间在《朝日新闻》上连载。这位后来的诺贝尔文学奖得主，以记者一般经过淬炼的眼光，描写了1920年代末期浅草与周边地区的凄惨街头：“这里是死刑犯和人力车夫的地盘”、“此时我正与弓子在浅草寺中散步，时间接近下午三点，流浪汉们正深深沉睡着，可以听到公鸡阵阵啼叫声，以及银杏叶落地的声音……”——原注很多人看过阿清跟这里另一个名人做伴喝个酩酊大醉——就是那个赫赫有名的渥美清。渥美清也是浅草的大明星，很受本地居民喜爱。尽管他当年身无分文，穷到无家可归，却是个正直仁厚的人。他一直都没有得到任何机会，直到终于有一天，幸运女神对他微笑了。50年代末期，他进入浅草大道上的剧院——确切来说，就是“法国座”，当时我师父深见千三郎还没在那里工作——然后演出几个角色和好几部成功的电影，摇身一变为日本人最熟悉的面孔：知名系列电影《寅次郎的故事》的主角（共48部）。

《寅次郎的故事》的导演是山田洋次。老实说，我觉得这个导演不是很亲切。在日本，人家说他是“片场的独裁者”！后来我打听过这件事，确定传言都是真的：渥美清是饰演主角寅次郎的演员，而事实上那也是他自己的人生故事。真是令人难以置信！在因为这一系列电影走出乞讨生活之前，渥美清曾经是浅草最年轻的边缘人之一……这是什么样的命运啊！报纸和电视抢走他的故事，从中塑造了一个偶像，却未必知道：寅次郎这个角色对应的，正是属于渥美清个人早年在东京贫民区的悲惨日常生活。[1]

1 长久以来，共48集的《寅次郎的故事》是日本最具代表性的社会写实片。生于1931年的导演山田洋次，借着寅次郎这个角色，创造了一个已成为传奇的通俗人物。他至今仍是当代日本最为大众熟知的电影人之一。北野武后来曾多次表明自己跟他没有半点理念相投的感觉。——原注

当清洁工与电梯小弟

当年我来到浅草时，被一些剧院的导演或员工指着鼻子嘲笑过不少次。我想找喜剧演员工作的期待一直落空，就算有人雇用我，也都是很短期的工作。靠着不厌其烦一间一间不断询问，终于得到一个为自己打开新视野的工作：在“法国座”当卑微的电梯小弟。这里也以在两场脱衣舞秀间的空当演出讽刺节目闻名。

“法国座”是一间中型剧院，位置在浅草寺附近，由东洋工业株式会社经营管理，大厅约有两百个座位。这家歌舞厅当时汇聚了一些有才华的喜剧表演者，也有一些可笑的怪人，一些段子老得掉牙的喜剧演员。在这里，你可以遇到东京最奇怪的人，以及许多业余爱好者演出一些品味堪忧的短剧。不过，观众倒是对“法国座”忠心耿耿，特地来看某些著名的短剧笑一笑，当中包括《瘫痪者》《流动摊贩》这几出粗俗的喜剧，内容建立在一连串的鸡同鸭讲上，引起观众哄堂大笑。

我真的是拐着弯才进入表演的世界。就这么刚好，当时“法国座”在征一名电梯操作员。电梯小弟耶！你可以想象吗？要是我没有在对的时候搭上线，就不会得到这个机会。但是被雇用后，我很快就泄了气，因为这份庶务工作很累人。我每天得在剧院开门营业前两个小时上班，也就是说，中午以前必须到剧院，然后先要擦亮电梯、入口的大门，接下来是扫楼梯，从一楼扫到三楼，最后再用大拖把将这些地方拖干净。一整天下来，除了打扫，我还要照顾客人，把他们送上楼后再送下楼，一直到剧院打烊。清洁工与电梯小弟的生活，远比喜剧演员的难熬得多。我在“法国座”吃了不少苦头。不过，当时我还是很高兴能够归属于表演的世界中。

* * *

在浅草，所有人都互相认识，或是看起来好像互相认识。大家喜爱爵士乐的程度，一如对怀旧抒情老歌的喜爱。大家嬉闹着，用满嘴的俚语招呼彼此。这里白天还算平静，入夜以后就非常热闹，场面很狂热。

在北野武独自或与友人一起闲逛的这些街道上，弥漫着一种显而易见的浮躁感，一种颇庸俗的气氛，日本人会用“情色—猎奇”这个字眼来形容。这个词汇诞生于大阪，是“色情”（eroticism）与“怪诞”（grotesque）的复合缩写。在美国占领时期（1945—1952）造成的清教徒浪潮之前，30年代反动分子中的政客就已经反对过某些平民区的“伤风败俗”与“道德宽松”风气。不过，当时政客在国会中发表的那些唤起昔日禁欲价值观的论述，并未对浅草造成丝毫影响。这个地区的欢宴从不曾停止过，只有明治时期（1868—1912）最保守的那几年间例外，当时正在重建一种受到严厉儒家思想影响的天皇体系。1958年颁布的禁止卖淫法规便是受它的启发而来。还有就是1945年恐怖轰炸时，因为整个区域都被烧毁了。

* * *

进“法国座”好几个月后，我还是睡在人家分给我的一个狭小隔间里，被褥也脏兮兮的。那个房间很阴沉，斑驳的墙壁渗着湿气。很久很久以后，剧院总监才让我住进一间小公寓，他自己和其他“法国座”艺人都住在里面，所以别人称呼那里是“演员村”。那也是一间陋室，房间很小，有自来水、燃气和电。我在那里住了很久，租金是几千日元。

我记得，因为那里的门没有锁，所以自己去买了一个小号密码锁。凌晨左右我巡过酒吧一圈，喝得烂醉回来时，都要花好几分钟才能想起正确的号码……那栋楼就在浅草三丁目那一堆房舍当中，千束大道的前端，距离江东区中心的红灯区只有几步远。那是栋小小的、非常丑陋、采光不足的建筑，看起来就像监狱一样。

恩师深见千三郎

就在这样的苦难中，风终于开始往对的方向吹。多亏了“法国座”老板兼总监，本名久保七十二的演员深见千三郎，我才得以脱离苦海。他是 50 年代末期在“摇滚座”出道，十年后成为“摇滚座”总监，然后才在 1970 年接下“法国座”的管理职位。在很自然的情况下，我看了他构思、写下的短剧，当中有许多都让我觉得很有趣。慢慢地，我成了他的学生。

在深见千三郎身边，我很快就明白这人是个了不起的艺人。他是一位举世无双的喜剧表演者，才华无边。他大半辈子都在跟艺人打交道，在庶民东京的剧院与小酒馆的世界。他对所有表演厅了如指掌。要说我的一切都归功于他还不够，因为在浅草，随着时间过去，他教会我一切，成了我在表演与思想上的老师。他教我演戏、歌唱、舞蹈、踢踏舞……不断、再三告诫我：“一个不会唱歌、不会跳舞的演员，不是真正的演员。”

拜他之赐，在完全出乎意料的偶然下，我第一次登上舞台。那是个星期天。那一天，幸运女神到来。一名喜剧演员没来剧院上班。他生病了，必须尽快找人代班。就这样，我师父当场决定要我来演他的角色……当时我没有任何舞台经验，只在“法国座”后台以观众的身份欣赏过节目，但我把握住了这个机会。

那个生病演员的角色是一个变装癖。从没上过台的我，那天突然必须扮成女人演戏！但我没有犹豫，立刻套上一件洋装、帮自己化妆，然后直接上台，几乎连背那几句台词的时间都没有。这个经验相当关键。我的表现不算太差，我师父甚至觉得我表演得蛮好的。之后我又以这个角色上台演了第二次、第三次。然后，渐渐地，我开始诠释别的角色，有时候是非常下流的角色，完全出自我师父天马行空的想象。

“双拍”崛起

尽管如此，我的“瘦牛”的岁月还没完全结束，后来我又花了些时间才成为演员。

这一行很封闭，但是因为某些尖酸毒辣的笑话与段子，还有我越来越常在台上扮演的某些角色，我终于开始受到注意。在当时，最激励我的一点，就是我的“工作”让我可以嘲弄一切。我爱死这样做了。我游走在几种截然不同的风格之间，以恶搞为乐，嘲讽一切，不管什么都拿来取笑。观众真的就是为了这种风格激烈的嘲弄与笑料来看我们的表演。我知道观众很习惯一些颇传统的情节，一些老掉牙的陈腔滥调，还有那种多少是脚本里预设的停顿，于是我想了一些很特别的东西，让他们发笑。在大部分的对白里，我在观众没料到我会说话的地方冒出来，把胜算押在惊讶的效果上……结果，把观众逗得很乐。

我在“法国座”让自己的喜剧技巧更上一层楼。然后，在这家剧院待得够了后，转换跑道去做其他事的时机来了。1974年，我遇到后来最忠实的演出搭档、伙伴与同谋：比我更早进入“法国座”的演员兼子二郎。有一天，他提议我们俩组成搭档，一起表演漫才。

* * *

在日本最受欢迎也最普遍的“漫才”，是一种装傻与讽刺搞笑的类型，由两个演员站着演出一段由一串飞快又尖锐的对话构成的短剧。这个以斗嘴为形式的表演艺术总是建立在同样的喜剧公式上：一个人扮演严肃理性的吐槽者，另一人则扮演心不在焉而且通常很可笑的笨蛋。漫才这项表演艺术是在公元8—10世纪间，在京都、奈良，以及（尤其是）大阪的通俗剧院中蔚为风尚。

* * *

问题是，我完全没有相关的经验。在遇见二郎桑[1]之前，我对漫才的认识不多。在浅草，我从来没去看过漫才，也不曾想象过自己有一天会表演漫才，甚至因此成为“漫才师”（漫才喜剧演员）。但是没关系，才华不是二郎最关注的事。他当时的目的只是要名也要利。

二郎想要尽快离开“法国座”，希望在别的地方做出成绩、赚更多

1　桑（San），一种通俗的后缀称谓，主要是中性的，带有亲热的暗示色彩，在日本的日常用语中很常见。这个字的意思无法翻译成法语；它字面上的意思并不是“先生”或“女士”，而且可以被用在很多种词的后面，像是名字、绰号、动物的名称、假名或一个职业，于是住家附近的鱼贩会被称为“sakanaya san”。北野武常使用这个缀词。为了方便译本的阅读，在北野武的同意下，我们决定拿掉接下来字里行间众多的“桑”。——原注

钱。后来我们也真的做到了。

因为跟二郎搭档，而且多亏了漫才，我赢得了光荣的头衔，成功终于到来。在漫才的舞台上，要有个人扮演傻瓜来陪衬恶毒的另一人，我们就这样组成“双拍”二人组。那是 1974 年。我的艺名“拍子武”就是在这一刻诞生的，而他呢，是“拍子清”（Beat Kiyoshi）。于是，当深见师父继续在“法国座”逗观众发笑的同时，我和拍子清开始以漫才在一些新潮的喜剧院、小酒馆表演节目。我们以笑话的荒诞滑稽与尖酸刻薄闻名，针锋相对的反应无人能出其右，像机器一样精准。跟他一起在舞台上，我可以调整自己的节奏，精确地掌握时间。我们这个双人组很快就跻身“优秀漫才”之列。

一开始，在还没有这类经验的时候，我一直以为双人组喜剧很简单，不就是面对观众站着、讲一些好笑又荒谬的事吗……但事实上，它比我想的复杂棘手多了。有时候，有的故事完全无法让观众发笑，根本笑不出来。我慢慢地学到，漫才有一部分是受到坐在场里的那些人支配的，受他们的反应牵制。然后我才搞懂：在台上只能说一种故事——那些让观众捧腹大笑的故事——那就是：好故事。于是我和我的搭档一起，学会了只说这些好故事，而且把这些故事串联在一起。不过，最重要的一点应该是，我们的漫才是当时最放肆的漫才表演之一。我们的大胆和吹嘘完全没有极限，很巧妙地玩弄着禁忌。人家以为我们讲到那些最不得体的主题时，应该是像踩在鸡蛋上那样小心翼翼，我们却轻松愉快地跨越那条线，而这正是激得观众哄堂大笑的地方。

我们一点也不怕观众的反应。我很可能会去逗某个坐在最前面几排的老太太，跟她说：“欧巴桑，留下来陪我们，听完我们的故事之前不可以死！”我也不会害怕去斥责某位坐在观众席中的本地帮派分子，有办法对他说："我相信你绝对不会用你的手指头做承诺！"[1]我可以向你保证，老太太和那个帮派分子，他们两个都会开怀大笑。观众席上，所有人笑得合不拢嘴。

每天晚上，我都觉得好像在跟观众决斗一样，目的就是要逗他们发笑。后来我发现，漫才说到底跟我挺合的。身为喜剧演员，这个练习成为我的一部分。要是我发现观众席中只有一个人没笑，我就会只想着那个人，施展所有招数来逗笑他。这种新风格的喜剧，让我同时感觉自由、快乐又自在。我还得说一点，有时候我整个人喝得醉醺醺，连在舞台上都可以处于一种你们无法想象的酩酊状态。

那时我还只是个年轻演员，百无禁忌，没办法控制。说到这里，就得提到把我和二郎连接在一起的那种特殊关系。他就好比一个驯兽师，而我呢，是那头野兽。如果我的搭档不是这样的人，我相信我们的漫才绝对不会长久。二郎他也不希望拆伙，因为，跟我在一起，他很肯定绝对不会饿肚子。就这样，我们这个二人组很顺利地走下去。接下来对我们来说，事情进展得飞快。我们还来不及搞清楚怎么回事，就得到世间的肯定。

70 年代的日本，打从一开始就享受着诸多的经济成就。当时，全日本弥漫着一种很明显的幸福感。东京的中产阶级开始清楚感觉到跟 60 年代末期简朴风气相去甚远的差异。就我个人来说，当时我对钱一点也不感兴趣，完全没想到钱的事。我没有特别想赚钱，目标只有一个：要以喜剧演员的身份存在、受到认可。这其实不是容易的事。有好

1　帮派分子，在日本，约有 22 个帮派集团，统领大约 8.5 万名的成员。他们活跃于社会上数不清的领域当中，长久以来会用自断小指的方式，来向他们的头目认错与忏悔。北野武敢跟一个帮派分子讲他的手指头，尽管对方只是一个小喽啰，也是一件很"刺激"的事。——原注

几次，人家很清楚让我知道他们不喜欢我。在真的出人头地前，我常被业界的人晾在一边。事实上，我是凑巧碰上出乎自己意料的好运才成了演员，实现了当初引领我到浅草来的梦想。

* * *

跻身浅草名人，北野武也加入了住过浅草的艺人与作家之列。例如川端康成（1899—1972），20年代在浅草定居下来，当时这里还是东京声名狼藉的地区之一。其他还有许多鬼魂徘徊在浅草的巷弄中，都是些文学界的重要人物，包括永井荷风、井上靖——从那些老照片上可以看到，围绕在他们身边的全是演员和歌舞厅舞娘——还有三岛由纪夫。导演小津安二郎、演员高仓健，也是这个庶民东京的代表人物。这个传统的区域，在20世纪也曾经很前卫。日本与亚洲的第一条地铁，就是1927年在这里通车的。这条地铁将浅草与邻近的上野文化区连接在一起，后者林立着东京诸多传统与装饰艺术的博物馆。

* * *

很快地，许多广播电台越来越常播放我们的短剧。70年代中期，我们首次在电视上亮相后，开始经常受邀到摄影棚录像。日本人在家里的荧光幕上发现了我们的面孔。80年代初期，我觉得自己好像飞上天了。就像在梦里一样，我终于看到自己成为名符其实的演员。

我跟拍子清一起，继续在舞台上娱乐大家。大学生尤其喜欢我们的短剧，欣赏我们充满活力又无礼的风格。继续跟舞台、通俗剧院保持直接的连接，对我来说是绝对必要的。就算活跃于电视圈，我还是坚持一定要在舞台上参一角。事实上，把我和我来自东京北部的根连在一起的就是这一点。成了小屏幕上的一号人物后，我还是继续写搞笑短剧。然后，80年代初期的某一天，事实证明我们的“双拍”冒险确实结束了。时候到了，二郎和我该为我们的冒险——至少暂时地——画下终点。从那时起，我就很少再见到他——这种事没法解释……我们在上节目的时候偶尔会遇到对方，最近则是在拍电影的片厂遇过。

师父为我的成就干杯，但是……

过了更久后，也是在80年代初，我心生回去看师父深见千三郎的念头。他在浅草街头综艺剧院这个圈子非常有名，主流媒体却没有多少人认识他。当时我想感谢他曾经帮我那么多。做弟子的，尝到成功的滋味后，总该做点什么来报答师父。当人家学徒的，在达到自己的目标时，当然要向造就自己的那个人致意。我呢，尤其想感谢他，是因为我知道，在无意识中，他永远都是我的师父。因为，在各方面，我都无法超越他，而且一定还会持续很长时间都超越不了。我的吉他弹得没他好，踢踏舞跳得没他好，舞刀弄剑也没他那种灵巧度。我想不到自己能在哪件事上达到他的高度，更不用说超越他。

于是，1983年当时，我去见了他，还孝敬了他一点钱。那时我已经有点名气。师父非常高兴，也很骄傲他的前弟子是那么成功，还能对他，嗯，就说……有所回报吧。他是那么感动、那么满意，看到我成为他眼中真正的艺人，能够独当一面在舞台上演出，甚至还出现在电视上。这让他当天晚上跑去跟每个店家大肆宣扬我的成就，还在好几家日式小酒馆里飘飘然地为我的成功喝一杯。不过，对于这一天，我其实抱着很强烈的内疚。因为，师父用我孝敬他的那点小钱买了烟和酒，在夜里还是凌晨时，醉醺醺地回到自己家，然后他那间位于三楼的小公寓发生了一场火警。某个邻居听到叫喊声，打电话叫消防队来。

我师父没来得及逃出火场。这个可怜的男人被烧死了。警察在靠近房门的地方找到他烧焦的尸体。调查员在房里找到一个烟屁股，认为没有捻熄的香烟很可能就是起火的原因。几个小时后，我得知这个可怕的消息，就在富士电视台录《我们是搞笑一族》这个节目时。这个打击太大，把我完全击垮，一个字也说不出来，震惊到整个人呆掉了。他过世的那一天，《读卖新闻》与《朝日新闻》在晚报上为他刊登了几篇文章。这条新闻在浅草引起很大的骚动……我把剪报留下来了，以后再拿给你看。一直到今天，我还是很难过，感觉到一种沉重的苦涩，还有某种罪恶感。我老是在想，是不是我害死了师父。要是我没用那个方式感谢他，也许那天晚上他就不会喝那么多酒、不会去买香烟……我想，当我离开"法国座"的时候，师父一定开始觉得很孤单，最后在酒精的影响下、在最大的孤独中死去。

* * *

1983 年 2 月 2 日出刊的《读卖新闻》正式宣告了深见千三郎的死讯："搞笑大师在孤独中死于一场大火中。深见大师的生命，有 35 年贡献给浅草的通俗剧院，拍子武是其弟子之一。"

* * *

许多年来，我几乎每天练踢踏舞来向他致敬。几乎每天。甚至最近几年，我练踢踏舞练得太勤，因此荒废了钢琴！在我的电影里，我刻意不在跳踢踏舞的场面出现——像《座头市》结尾的那场戏——因为我跳得还不够好。等到我的程度够了，我才会在电影里跳踢踏舞。

至于漫才，师父总是告诉我，那不是一门艺术。这个表演类型之所以流传开来，全是拜那些双人搭档之赐，当中有许多是吉本兴业[1]栽培出来的。我跟他们其中某个在东京发展、最有意思的搞笑演员很熟。以前，他跟我老是斗嘴斗个不停，因为我不同意他的观点。现在我们终于相处得很好，像老朋友一样互相问候。

1　吉本兴业，日本综艺界龙头，在大阪与东京设有公司，1950年代起便致力于漫才的推广，现今旗下有数百个漫才双人组艺人。

第二部　抓住机会，跃上电视荧屏

第三话　拍子武——另一个我

* * *

从舞台到小屏幕只有一步之遥，北野武很快就跨过这一步，甚至还在小屏幕上发光发热。他很快就以“拍子武”的名号成名，成为一位多才多艺的小屏幕大明星，以及言谈应对非常劲爆的电视喜剧演员。回顾80年代的日本电视圈，他很快成了观众心目中的头号开心果，一名为社会舒压解闷的小丑。当时正值日本从泡沫经济获利的时刻。

* * *

一支单一年份的葡萄酒，再怎么样也好过一支薄酒莱（Beaujolais）新酒，不是吗？电影就是一种有可能产出单一年份葡萄酒的艺术。我在拍电影时，都会这样告诉自己。它就像生产一支列级酒庄葡萄酒（grand cru classé）必须经过非常复杂的酿造过程一样。身为演员时的我，也是同样的情形。我宁可被当成一支单一年份葡萄酒来接受评断——可以的话，还要是一支有个性的单一年份葡萄酒。在小屏幕上，身为拍子武，情况就有点不同。我一直想在电视界达到的成就，就好比汽车界里的经典款那样。我不会紧抓着已经结束的东西不放。我喜欢的是加速，然后扬长而去。

全家的骄傲

我头一次发现电视这东西，是在 1956 年。当时我们家是那一带第一个拥有电视机的家庭[1]，是我大哥买回来的。很快地，这台黑白电视机变成一样备受崇拜的东西，成了我们全家的骄傲，没多久后还成了那一带所有人的骄傲。

打从有了这台电视机起，邻居开始越来越常到我们家走动。我们家变成这一带所有居民的聚集场所，而且往往不是来讨论地方上的事，而是来看电视。当时我 9 岁，还在上小学，就已经体会到小屏幕对人有多大的催眠力了。尽管如此，在那个时代，电视文化还不是很重要，人们还不会把自己关在家里、盯着发亮的小荧光幕看好几个小时。那是比较后来的事。进了中学后，我才明白电视已经在人们的日常生活中扮演更重要的角色。

1　日本的第一台电视机于 1939 年问世，由日本电气（NEC）与东芝（Toshiba）共同研发出来。但日本的电视台却从 1953 年起进展神速，十年后，就有为数 72 家的国营电视台、64 家的民营电视台，整合为一个涵盖国土 90% 地区的联播网。——原注

我的小屏幕处女秀

虽然我终于在浅草成功登台，但说到踏入电视圈，又是另一回事。当时，我偶尔会听到人家说“双拍”永远上不了电视。70年代期间，上电视的其实都是为了打歌，而且都是些不怎样的歌！看到某些人猛打歪歌，我给自己定了个目标：挑战电视圈，而且是用我自己的方法，让我也有机会成为小屏幕知名“艺人”。但这当中有个麻烦：当时在这个圈子里，只有综艺歌手才会被认可为明星。所以，我至少必须让那些没什么才华的家伙黯然失色、取代他们的位置，而且表现得比他们还好，才能让人家接受我的短剧。幸好，没才华的人这么多，让这件事没有想象中复杂。

在那段浅草岁月后，我成了个受欢迎的电视喜剧演员，漫才在小屏幕上越来越受重视。我和二郎一起，在1974年被太田经纪公司（Ota Pro）相中并且签约。那是一家制作公司，负责人很喜欢我们的表演，就这样雇用了我们，完全没有犹豫，也没在条件上吹毛求疵。他们委托我们俩主持一个脱口秀节目：《喜剧演员对抗疯狂大爆笑》。那是我生平头一次踏入电视摄影棚，经验让人难忘。拍子武从此被确定成为我的艺名。我开始在小屏幕上娱乐观众，后来的事，大家都知道，一直到今天，我还在电视频道上继续卖弄自己。

我们在电视上出现的次数越来越多。在摄影棚的录像现场，我觉得好像在打仗似的，就像在通俗剧院登台表演时一样，唯一的差别只有：从现在起，我必须让更广大的观众发笑——那人数，远超出我们的想象。很快地，在电视上表演漫才不再像是决斗，而是一项运动。

在一个名叫《漫才》的节目里，几个搞笑双人组，每星期得在电视观众面前，跟四五组喜剧演员对决。我觉得自己好像在拳击擂台上。那真的就是在比到底谁是最强的。这些二人组，有时候甚至是三人组，上场表演一段搞笑剧或短剧，彼此间有一股难以想象的竞争感。要是在一段对答中没逗笑观众、话没接好，或在短剧中有什么闪失，保证你下星期就不会出现在节目现场。那是名符其实的大赛，连续进行好几星期，只有最强的人可以“存活”。每一次上阵，我感觉自己像参加竞赛的运动员一样。我告诉自己：“我是最棒的。我是这个项目的世界冠军……”要是有演员的表现比我好，我就会很沮丧，像被打倒在地的拳击手，爬不起来……

得奖了！

我跟拍子清出道两年后，发生了一件令人高兴的大事。我们在1976年得到NHK的一项大奖——“NHK全国漫才冠军大赏”优胜。不论对拍子清或我而言，这个奖完全在意料之外，因为我们想得这个奖已经想了三年，更别提NHK是当时最具指针性的电视频道。这个奖，让我们心头暖暖的。这是一项很重要的肯定。对我们来说，这表示我们真的出头了。

那是一段非常特别的时期。我们越是低俗，观众就越喜欢我们；评论家越讨厌我们，我们就越炙手可热。但那位延揽我们上NHK频道演出的制作人被开除了，因为他没办法控制我们的用词。于是，电视台摄影棚里开始流通几张清单，标明不能在电视上讲的禁忌字眼。然而，就像其他喜剧演员一样，我喜欢挑战这项禁令，结果被罚好几个月不能上电视。制裁的效果，至少可以说挺滑稽的：我们越被打压，就越受欢迎！

几年后，大约在1980到1981年左右，真的兴起了一股漫才的热潮，从大阪开始流行。当时很流行搞笑双人组，每天都有新的组合出现，演员的发展也都不错。在漫才开始冒出头的时候，拍子清和我已经赚了很多钱。于是他帮自己买下长久以来梦寐以求的东西：一辆新车，还有一只镶钻的奢华手表。我也一样，好好利用了这笔财富。

小时候，我常看到有钱人家的小孩和他们父母一起坐在漂亮的轿车里，心里梦想着这些漂亮的车子。青少年时期的我，对机械、动力系统很感兴趣，而且还不只汽车，而是对一般机器都很着迷。于是我也展开我的“报复”，为自己买下第一辆车——而且不是随便哪种车都好——我买了一辆保时捷911。不过，就算有驾照，保时捷也不是每个人都能轻松驾驭的。这样的跑车一到手，第一天我就做出蠢事。我觉得自己好像变成不会开车一样，上了高速公路，却没有完全把手刹车放开，也常常没踩对离合器。突然间，我听到一声很大的爆破声，以为我车子开太快，弄坏了引擎或变速器。结果你猜怎么了？车子最后起火了。我眼睁睁看着车子在路肩上烧成灰！当时我简直气疯了，也有一点目瞪口呆。

随着时间过去，我预见的事发生了。当落语[1]开始在小屏幕上闯出一点成绩，电视的漫才浪潮停止了。不过，虽然漫才不再热门，就我个人而言，一切却还是挺顺利的。电视台主管想请我们主持新的节目。我变得很有自信，甚至有点自信过头……有一天，我没有多想就在上节目前喝个烂醉，结果失去理智，大剌剌地在电视上露出我的屁股。

1　落语，日本传统表演艺术之一，由一名叙述者坐在舞台上讲述滑稽的故事。

真是见鬼了！想也知道这样做会造成什么丑闻。我马上被炒鱿鱼。神圣不可侵犯的NHK再也不想听任何人提起我的名字。可是，不管受到什么制裁都没关系，因为每一次，我都会在几星期或几个月后带着新的节目点子重返摄影棚。人家很快就把我找回去上节目……

总之，保时捷的意外，没能阻止我对车子表现出不理智的一面。一段时间后——比我的摩托车意外还要更早之前——我帮自己买了一辆敞篷车：林肯“大陆”，请人改装了引擎，让车子跑得更快。纯粹就是发神经！除此之外，我还弄来一辆法拉利。后来我对车子的兴趣开始转淡，宁愿把自由的时间拿来做别的事，比如跟女人喝几杯……

性与爱

女人绝对是很可怕的，而且我很清楚自己在说什么……结婚之前，我必须承认，我是个用情非常不专的人，同时又挺早熟的。青春期过后，我就已经知道男女之事是怎么回事……我觉得，那个时候的我，玩过头了。

* * *

北野武与女人：引人入胜的话题。

在他的电影中，女人一下子是朋友，一下子是姐妹、母亲、情人，或是引起丑闻的性玩物。这些女人被爱、被强奸、被抛弃，生病了或充满热情……除了在《性爱狂想曲》《3—4×10月》或是《双面北野武》中例外。上述这几部片的主角，在不经心的状况下，就征服了女人的心。

北野武从不曾大胆拍摄真正的情色场面，肢体的拥抱也很有限。在他的电影中，好像有一种无法解释的过度拘谨。好几次，在话题转向时，我装出若无其事的样子，企图问他这方面的问题。不知道是出于害羞还是困窘，他总是先陷入出人意料的沉默，然后岔开话题。最后，在我的坚持下，他终于同意讲得更深入一点……

* * *

我的第一次性关系下场很惨：我染上了某种淋病。最后我进了医院，被迫接受打针治疗……不过呢，这件事没有转移我对女孩子的注意力。正好相反！在那之后，我真的变成一个好色之徒，没完没了地累积相关经验，也不排斥艳遇自动上门。我经历过许多风流韵事，就说……这方面我算蛮成功的吧。

上大学以后，我深深爱上一个女孩，跟这个年纪比我小的女大学生有过一段很长的恋情。那是一个出身比较卑微的女孩子。我们陷入热恋，而且马上开始约会。这事说来可能让人很惊讶，但是，我们一开始的关系真的只是柏拉图式的而已，交往一年后，才发生第一次性关系。我们在一起很长一段时间。七年。她是个好女孩。事过境迁，我想，我和她的关系真的很像人们口中所谓的初恋。

这女孩散发着一种不可思议的光芒，让一种祥和的光辉围绕着你。她接受我的一切，总是非常平静。当我决定离开“法国座”时，她甚至没有生气。但是她不喜欢我的某些朋友，照她的说法，这些朋友对我产生不好的影响……她说的应该没错。我认真考虑过自己可以跟她过一辈子，但是渐渐地，这段关系让我觉得好像变得太“舒服”了，甚至令人觉得沉闷。她和我，归根究底，就是好过了头。当时我觉得这女孩最后会让我失去光彩，让我干涸枯竭，但我内心深处正燃烧着对舞台与戏剧的热情。于是，我离开了她……

经历这段漫长的恋情后，基于反作用，我养成了一个习惯：只要遇到新对象，总是马上就上床。就说我只想着做爱这档子事吧。20岁到30岁这些年间，我过得非常活跃，有过一大堆风流韵事与暧昧关系。我跟许多在浅草和东京其他庶民区、酒吧或小酒馆这些地方结识的女人约会。有一天晚上，我做了个梦，或者，应该说是个噩梦：我认识的女人占满了一列火车的所有座位……其实，这种狂热很可能是在掩饰烦闷和沮丧。我必须不断给自己找乐子——这一点对我来说很重要。对肾上腺素的永恒追求，让我同时保持清醒，也保持警戒。

尽管如此，日本女人有一点很独特：在忠于他人之前，她们会首先忠于自己。好几次，我跟我很喜欢的女人分手，因为比起她们，我更爱我的艺人与演员生涯。所以，不管拿什么来换，我都不会为了一个女人牺牲我的谋生技艺，以及我热爱的舞台、喜剧……就算我们彼此相爱也一样。所以我的风流韵事都不会持续太久。

还有，我从来不想跟一个本来就人见人爱或是好人家出身的女孩子交往。那会让我觉得很无聊。我总是跟与我来自相同社会阶层的女孩子打交道。我相信这是因为我父母的缘故。他们老是告诉我：“不可以怀有跟自己身份地位不符的非分之想。”

然后，我遇见了我太太：干子。她会认识我，是因为在舞台上协助我的漫才短剧。她的娘家姓氏是松田，本身也是喜剧演员，演出包括舞台剧、漫才，还有其他表演。后来她不再演戏，开始协助我、支持我，为我中断了一切。关于这一点，我到现在还是很佩服她。1978 年，我把她娶进门，生了两个孩子，儿子阿笃在 1981 年出生，女儿井子在次年出生。

我必须承认，我太太为我带来某种平静，某种安定。当好运开始对我微笑，当我开始得到许多成就时，她差不多已经掌管了所有大小事——这是日本的传统，她一面管理我所有的金钱收入，一面循序渐进地把钱拿去投资房地产。这种做法以西方观点看来也许很不可思议，但在大部分日本夫妇之间都是这样，太太拥有相当的权力。这一点，大家通常不会去多想。长久以来，我太太对我所有的财产了如指掌，我自己却不清楚！她是很能干的女人，打理了一切。每个月，她会给我一叠现金，那就是我的零用钱。

结婚以前，我觉得自己好像变成了“女性心灵顾问”。因为我不会隐瞒自己这一点：我喜欢女人，享受肉体的欢乐……就像所有人一样，不是吗？当我跟女人在一起，我就觉得很快乐，不管在哪里都一样！女人对我来说，是灵感的泉源，我觉得自己可以自在地谈论她们。但是，跟女人在一起的时候，我总会觉得有点害怕，就算是年纪比我小很多的女人，也会让我怯场，甚至变成像个大姐姐一样。我母亲是个能干的女人，所以我可能有某种“恋母情结”，直到今天依然如此，只要我跟女人在一起，这个情结就会冒出来，让我陷入羞怯的深渊。

有一天，好像是在法国还是意大利吧，有个记者问我是否有过爱情方面的遗憾、悔恨，因为失败收场的风流韵事而产生的罪恶感。我想我是这样回答他的：所有被我拒绝或抛弃的女性朋友大概都在某个地方等着我——不是准备好香蕉皮站在街角，就是在公园里带着下毒的饭团。

无论如何，我对自己遇上的女人都不怎么信任。我很清楚，最先吸引她们、让她们感兴趣的，八成是我的名人身份、我的名号，是拍子武、北野武，是我的形象、我的声望、我赚的钱。而且不管怎样，就算明天我跌到谷底，我知道自己永远都会回到我太太身边。就是这样，我别无选择。

星期五事件

我在电视圈出道并获得初步成功后没多久，我就变成许多人心目中的“小武”（Take-chan），一个亲切又爱开玩笑的电视人物。

到了80年代中期，我已经人气颇旺。不过，我大概有双重人格吧，也很可能是被成功冲昏了头。

一件麻烦事——其实是我宁可不要发生、名符其实的飞来横祸——就这样落到我的头上。1986年，我手上有好几个电视节目，常常让我疲惫不堪。在这些人家委托我的节目中，有一个叫做《我们是搞笑一族》，我负责规划这个节目的所有细节。我别无选择，必须插手这个节目的所有层面，而且不允许出错。我累坏了，被工作吞没。你可能已经知道那个事件。八卦杂志《星期五》编辑部攻击事件，就是这时候发生的。

***

“星期五事件”在日本造成很大的骚动。1986年12月9日，在十来个帮手的陪同下，北野武来到《星期五》周刊编辑部兴师问罪。这份杂志是由东京的讲谈社出版的。

***

我打算痛扁某个狗仔。他拍到了我一个年轻女性朋友的照片。让我气炸的是,《星期五》杂志的狗仔用非常粗暴的方式跟我这个女性友人攀谈。她既不是明星也不是艺人，只是一位“普通”的女性，而因为她拒绝回答他们的问题，他们就来硬的，在肢体上发生冲撞，然后在杂志里介绍这名女子是我的“情妇”。

让我无法接受的是，那些狗仔这样侵犯我这个女性朋友。这个过程，坦白说，把我气坏了，而我生气的时候，最好不要接近我……我真的会爆炸！这种下三烂的事真的让我很愤慨。这个周刊编造谎言和操弄的手法，真的很不入流。那张他们偷拍的照片，就像有人从我这里偷走什么东西，然后登在八卦杂志上，配上加油添醋捏造的说明文字，让我火大到想直接去《星期五》编辑部说个清楚……后来陪我到场声援的有几个朋友——好吧，其实是从我的合作伙伴和学生当中挑选出的 11 个小伙子。结果，说我们兴师问罪的行动造成了混乱……这种说法都还算保守了。

* * *

在北野武的生活中与工作中，他从不单独行动。他拒绝单独行动。自 1983 年起，他身边便围绕着一群名符其实的家臣——也可以说是忠心耿耿的“仆从”——认真算起来，一直有三十个左右，组成了北野武昵称的“军团”。

他的所有弟子都隶属北野事务所（Office Kitano）。这是他的艺人经纪兼制作公司，担任社长的是知名制作人森昌行，北野武的一个密友。“军团”这个字眼就是他想出来的点子。他也是最了解北野武的人。

军团成员都是小屏幕人物，全都很出名，是拍子武在电视上的队友，而且几乎都是优秀的笑匠与知名演员。北野武就是这样，身边总是围绕着好几位追随者。他们也都出身贫穷，大多没读多少书，或根本没念过书。这些人并非全来自电视圈，当中有一位曾经是寿司师傅。北野武以某种方式接纳了他们，把他们当成家庭成员一般来保护。这一票人跟他维系着一种非常强烈的事业与情感连接。不太熟悉这种关系的西方人，对此会相当讶异。军团成员大多称呼北野武为“大人”。2007年底，跟在他身边十年的一个喜剧演员脱离了军团，在这个圈子引起很大的骚动。

***

抵达讲谈社、来到周刊办公室时，我们可没花时间打招呼，而是在编辑部的大厅大搞破坏，甚至拿灭火器来喷办公室。

不过，我向你保证，我对自己的行为并不引以为傲。在日本，没有多少人接受我的公开道歉。但话说回来，尽管社会大众很难接受这种行为、这种复仇的举动——这的确挺暴力的——他们还是站在我这边。很多人可以理解我的愤怒，比较不能理解我的反应。事发几天后，很奇妙地，我对那家八卦杂志竟然不再感到怨恨了。我发现记恨没什么用。报复之后，要做的是赎罪。

因为这件蠢事，我跟警察扯上了关系，也卷入司法诉讼。我被逮捕，被警方拘留了24小时。真想让你看看那些警察当时的样子！当他们发现闹事的人是我时，惊讶得不得了，甚至有人觉得很不安。他们问我，闯入《星期五》办公室是不是我的主意，想知道我是不是单独作出这个决定。当然，我是这场灾难的主要负责人，也应该承担全部的责任，不可能要任何其他人来替我顶罪。星期五事件玷污的是我的名誉。最后，在完成法定程序后，一个警员跟我要了签名。

***

北野武后来在他自己写的书中承认，当时他失去冷静，对周刊编辑部中的12个人暴力相向，“甚至以为自己杀了其中一人”……

***

但这样还是没用，每个参与报复行动的成员都遭到起诉。这件事让我们所有人都被判了监禁六个月的刑期，得予以缓刑，后来转为工作上的制裁。事实上，我有六个月的时间被禁止出现在电视上。这个处分很严厉，不过，在日本，所有肢体暴力都会受到非常严厉的处罚。事实上，“星期五事件”让我的日常活动很长一段时间受到限制。

这件麻烦事的另一个后果是：我太太和我分手了。只能说是命运的恶作剧。另一本八卦杂志几个月后揭露了另一名我所爱的年轻女子身份。她是个可爱、让人没办法对她生气的女人，而且很单纯。我被她深深吸引了，为她放弃了酒精、其他女人……我和我太太干子因此疏远了一段时间，但是没有离婚，最后我们也重修旧好了。

经历这次的冲动事件和相关处分之后，我真的以为我的电视搞笑艺人生涯完蛋了。为了这种蠢事一转眼间毁掉自己的事业，感觉就跟当年我瞬间取代某个生病的演员、登上“法国座”的舞台一样。整个事件，看起来简直就像是一场职业生涯的自杀。我开始出现焦虑、恐慌的毛病，开始做噩梦……眼前浮现自己坐牢，甚至死掉的样子。那段日子真的很糟。有好一段时间，大众媒体紧抓着这个事件大肆报道。有些杂志与八卦报刊穷追猛打，写了一堆蠢事来维持销量。当时的日本，大家谈论的只有我、军团成员，以及我们报复讲谈社的后果……

* * *

多年来，讲谈社这家知名出版社一直很难接受这段插曲。“星期五事件”长久以来仍是讲谈社的敏感话题。这家出版社里没有人试图确认或否定这件事。他们对此可能耿耿于怀的证据是：在1993年讲谈社以英文出版的那部厚达1925页、标题为《日本》的精美图文百科全书。在这部百科全书中，依字母顺序排列介绍了所有日本文学、政治、艺术或电影的相关人物，而在诗人北村透谷（Kitamura Tokoku）与相扑力士“北之湖”（Kitanoumi）之间，北野武（Kitano Takeshi）似乎被遗忘了……京都的神社“北野天满宫”（Kitano-Temman-gu）倒是好好地出现在书中。

* * *

不过，整件事最令人惊讶的是，经过上电视的禁令惩处，六个月后我又回到电视圈，几乎就像什么事都没发生过一样，也丝毫没有失去我的人气。对这样的结果，觉得最惊讶的人其实是我。

根据当时NHK做的一项民调，我仍然是该台观众最喜爱的电视节目主持人。在电视观众心目中，我比事件发生前还要受欢迎。经历了这些波折，1987年在我生命中是“大扫除的一年”，是剧烈变化的一刻。这一年，我离开了从1974年起打理我事业的太田制作经纪公司，成立了自己的公司：北野事务所。

事后，我表达了对“星期五事件”的遗憾，后悔诉诸暴力的行径。不过，在我心底，我的遗憾是有所保留的，我的后悔只有一半是真心的。

军团成员

这些军团成员的出身背景，在“星期五事件”中几乎演变成另一个话题。被媒体揭露后，他们的出身被摊在光天化日下，连我也为这些事实吓了一跳。我的年轻弟子中，有人坐过牢，当中甚至有一个是帮派分子的小孩。

我觉得自己要为他们的被捕负责，决定到死都要照顾他们。因为我，有些人的犯罪记录比以前更沉重了……我非常担心。他们很多人既没有收入，也没有饭吃，不知何去何从。在事件过后，我当然不能丢下他们不管。

我最早的弟子当中，有一位原本是喜剧演员，后来在日本变得非常有名，他就是“东东”，本名东国原英夫，当时也受到“星期五事件”牵连。他是令人赞叹的演员，参加过我的几个节目，像是《百战百胜王》或《Super Jockey》，在节目中展现了惊人的搞笑能力，让观众笑到流泪。他有能力成为一位主持电视节目的喜剧演员，也是个很好的电影演员。在我的电影《性爱狂想曲》里，他真的表现很出色。但你可以想象吗，他现在是宫崎县知事[1]！我不是在开玩笑。他以高出对手候选人七万票的票数当选。宫崎县有一个特色：历任所有知事全都因为贪污被逮捕过。“东东”加入我的阵营时，才刚满23岁。然后，有一天，他离开我的制作公司，展开全新生活。接下来，他投身政治，直到成为宫崎县知事。这是一件非同凡响的大事，连我也不敢置信。真的很不可思议！

另一个跟了我至少二十年的忠实追随者，是井口薰仁。他是个喜剧

1 知事，相当于县长。东国原英夫于2007年就任宫崎县知事，2011年任期届满卸任。

演员，也是很厉害的演员，才华在我的电影《座头市》中显而易见。他就有个很“紧绷”的出身。他的父亲是个真正的硬汉，娶了好几个老婆。他和我有很多共同点，也同样尽全力在追逐梦想。他跟我一样，是一个斗士，永远不放弃。他在我这帮人当中，是最有经验也最年长的演员之一。

另一位军团成员武重勉，本名西村刚（北野武的左右手、司机，也是演员），是很有个性的男人，非常聪明，父母亲是小学老师。他也是很独特的个案，因为他跟其他人不一样，受过非常良好的教育。他是很正直的人，我对他寄予厚望。他在《玩偶》中表现非常出色。距离现在十多年前，他无论如何都想认识我，于是在摄影棚外等我。最后，他去跟我身边的人表态，说想要成为我的弟子。

在我其他的弟子中，有个北乡（Al Kitago），本名北乡淳。北乡（也在《玩偶》里出现过）的成长过程，跟其他小孩和青少年不一样。他父亲来自韩国，后来离家出走，多亏某个电视团队的调查报道，才发现了他。他父亲当时是流浪汉，最后潦倒过世。北乡的母亲也来自韩国，她的身体还很好。北乡没有接受正常教育，这点不令人意外。他中学念了一半就辍学，变成一个“茧居族”。在日本，“茧居族”是指躲在家里不见任何人的孩子或前青春期青少年。他们把自己关在家里好几天、好几星期，甚至好几个月。他们患了某种自闭症，有些人不再去上学，但其实他们颇有潜力。这真的是日本社会的一种病态。许多年后，北乡不希望人家知道他当过“茧居族”。不过他姐姐把他带去村越那里，他是我的弟子之一，当然就把这件事跟我说了。当我跟北乡谈起这件事，他可是一副大惊失色的样子！不过请注意，别把“茧居族”和“御宅族”这两个词搞混了。御宅族在日本指的多半也是那些躲在自己家里的人，不论年轻人或成年人都一样，着迷于各种“电子项圈”，电玩、漫画与动画的男女主角，诸如此类的东西。北乡当年不是御宅族。你知道他和我是怎么认识的吗？有一天，他通过广播听见我说的话，内容让他非常感动，于是想尽办法要见到我。事实上，大部分的军团成员，都是在这种出乎我意料的情况下认识的。

军团成员中还有一个叫三又又三，本名三又忠久，是个很厉害的喜剧演员，什么都会。他名义上的父亲是个退休医生。发现他成天都在给自己开处方，还注射一些我不知道是啥玩意儿的奇怪液体时，我真的一点都不惊讶！其实又三是在小时候被领养的，对这件事从未真正释怀，大概因此留下某种心理创伤和情结。他是神经很纤细的人。他的父母很有钱，但这一点对他来说是不够的。他离开家庭，孤身找到自己的路，多亏了戏剧、舞台艺术和喜剧……

村越又[1]，本名村越与次，是我的另一个弟子。他是个乡下人，一个 country boy！样子看起来挺温和的，却懂得武术，在帝京大学练过剑道。他没有父亲，是个非常勇敢的男孩子，也充满优点与才华。而且，从他在我女儿忙碌时像亲爸爸一样看顾我的外孙女起，他又有了新的责任。他当保姆当得真好！

其他还有小菜毛豆、松尾伴内、邓肯、拉夏板前、伟大的义太夫、井手蕗荠、浅草小子、〆鲭鱼当、锅子缶、宫之松、源氏萤火虫、健太伊丽莎白三世……

讲起我的军团成员，我可以讲上好几小时，例如鸠山来留夫——我给他取这种名字，是因为他长得实在很像民主党党魁兼现任首相鸠山由

1　村越又，后易名为近藤梦。

纪夫[1]。另外还有甘比诺·小林、东京名物大神本铺五百年、赤 P-Man、牧田运动，还有其他许多人……当中也包括艺人山本梦娜，还有江口朋美，后者是我每周一主持电视论坛的播报员。我的团队可不是光只有男性。

不过，当年我成为喜剧演员时，样子一点也不像那种渴望众人围绕的人——这在日本是很传统的事——但心里倒是梦想过，希望将来有一天，能有自己的弟子为伴。

老实跟你说，为什么我会有这样的想法：我从以前就一直很想，现在也还梦想着，组成一支棒球队！我跟你保证，这不是在说笑。而且，二十年前，我真的有过自己的棒球队“武军团”，还打进了业余联盟！记得当时我还在广播中号召联盟其他球队来跟我们对战。

小时候我曾经想象过自己长大后担任投手，因为投球那种坦率又强健的动作令我着迷。我梦想过当投手，却从来没认真考虑过这件事。今天虽然我没了棒球队，却有许多弟子。这个赫赫有名的“武军团”全是些“bad guys”，坏小子——这种普遍流传的谣言让大家都这么看待他们……但是有他们相伴，让我得到安慰，既有乐趣，也不怕受孤独所苦。我喜欢他们围绕在我身边，因为要是我是自己一个人，恐怕会做出一些蠢事。另外，当我失眠睡不着，可以要求他们留下来陪我，一直到半夜，甚至到天亮。跟他们在一起，我可以真正地放开怀。我们讲话很大声，吵吵闹闹，尽情发泄。大家一起度过很多时光，我也相信他们喜欢这种团队精神。某些夜里，我是在这些弟子略带醉意的喧哗声中入睡的。

他们当中大部分的人，是在不期而遇的情况下认识我，也有一些是

1　鸠山由纪夫，2009 年 9 月至 2010 年 6 月间任日本首相，合计只在任 265 日，为近期日本任期最短的首相之一。

通过人介绍的……现在人数有二十人左右。我从来不曾立下任何收受或选择弟子的标准，因为没有必要。我欣赏他们每一个人。我不想歧视他们。还有就是，我觉得演艺界是他们今天最后的栖身之处。对他们而言，这是最自然的地方，在这个圈子里感觉很好。事实上，他们不能再往下掉了！他们待在我身边，是因为他们无处可去。

我必须收容他们。有几个不怀好意的媒体，曾经针对我某些弟子说过一些蠢话。这些媒体写的东西通常都不是真的，虽然他们当中有几个确实有吸毒的前科……

现在，如果说这几年来一切都很好，那是因为我避免跟他们当中任何一个太过亲近。我们之间很单纯，就是长幼的关系，大家可以想象的那种。我想我对他们来说，有点像是父亲的角色，又或者是第二个父亲。这一点很奇妙，因为连我自己都不知道真正的父子关系是什么样子。我跟我父亲之间也没有很实在的关系。就像我前面说的，整个童年时期，我应该只跟他说过三四次话。大部分的时候，他就只是在骂孩子。

相反地，我跟军团成员之间比较像父子间的关系：我对他们没有任何期望或期待，这样感觉蛮自在的。我们之间就是应该这样：开心、自在。

也许，有军团成员围绕在我身边，具有某种类似治疗的作用。我相信，跟他们在一起的时候，我会稍微努力表现出自己好的那一面，做他们的榜样。在我与他们之间保持这样的距离，就像所有师父与弟子之间那样。而且，如果他们当中有人变得很出名，我一点也不会忌妒。他们在爬的，是我以前也爬过的梯子。他们应该以他们自己的风格得到成功。

记得有一天我这样说过："我有两个小孩，儿子和女儿。我当然爱他们，不过有时候，我觉得我爱军团成员更甚于我的亲生小孩。"这也是一种表态，意思是，多亏了他们的存在，我的家人才有饭吃。我的家人也欠他们很多。如果有人要我在家人与弟子间作选择，我很可能会选择军团成员！

不断重新来过

发生“星期五事件”后，我以为我的人生毁了、事业就此完蛋了，结果并没有……六个月后，不可思议地，我回来了。这是我无法想象的，真的完全出乎我的意料。我毫发无伤地在电视上复出，跟几年后的情况相同：发生车祸意外、跟死亡擦肩而过，然后在七个月内又一次重返摄影棚。

只不过，那次摩托车意外这么严重，让我几乎毁容，脑袋肿得跟西瓜一样。我本来非常笃定自己再也没办法回电视圈，更别提电影了，毕竟电影的每个特写镜头都比电视屏幕上看到的还要清楚一百倍，甚至一千倍。结果，有如奇迹一般，我又回来了。

经历所有这些波折之后，我有一种异样的感觉，那就是：一切都以同样的方式重新开始，就像某种永恒的“重新来过”。这种感觉让人还蛮开心的。

第四话　小屏幕，我的综合保险

电视，是我的综合保险。我做电视超过三十年，我想，今天的我可以说正处于事业生涯的高峰，好像坐在宝座上那样。从那时起一直到现在，我都在摄影棚内娱乐电视观众，自己也尽情享受，乐在其中。我也向日本国民披露无数与社会相关的问题，用大家熟悉的尖牙利嘴去刻意挑衅我的同胞。有一件事是肯定的：我向大众灌输一些观念，但如果我是政治人物，社会大众就不会接受我说这些话。

＊＊＊

还有另一件事也是确定的：拍子武是全日本最知名的公众人物，是全日本的明星，唯一一位集合那么多种表演类型（舞台喜剧、电视、电影）的知名人物，而且每一项都很成功。在日本，以他为主题的书籍不下两百本。

＊＊＊

电视赋予我一种真正的自由，尤其是身为电影工作者的自由，因为假如我的下一部片不受欢迎，我也不会被逼到穷途末路。有电视的支持，我可以切换类型、花时间去探索我感兴趣的电影题材，来场大冒险。因为就财务而言，我大部分的电影几乎没为我带来任何收益——《座头市》是例外，这部电影的票房非常成功，帮我赚进好几十亿日元，好几百万美金……我确实在赚钱，赚很多钱，但主要是电视的功劳。我是靠电视节目致富的。我每天都上电视，几乎从不间断，差不多全年无休，出现在好几家民营电视频道的摄影棚内。我从来不觉得疲惫，每个节目都主持得很开心。这确实跟我对工作上瘾有关。我就是没办法停下来。对我来说，电视是一帖药，让我不觉得焦虑。

我不明白为什么会有人想去度假！要是把我送到海边、送到沙滩上一个星期，我很快就会觉得无聊，第二天就开始工作，穿着泳装写剧本，或是在旅馆房间的阳台上写企划。

我的时间分配非常简单：一个星期做电视，下个星期导演、拍片（不是我自己拍，就是演出其他人的作品），或任何电影相关工作。这二十多年来，我就是这样过日子，这样度过大部分时间。在电视与电影之间交替活动，从来不会无法兼顾。何况我从来不觉得我是在工作，反而比较像在玩乐。而且，坦白说，在很大的程度上，我不在乎电视！我其实不像人们以为的那样，对电视投入我的全部心力。

打从我在威尼斯抱回金狮奖和银狮奖后，我发现日本电视圈的人对我表现得更敬重了。也许是因为他们跟电影圈的人相较之下有某种自卑感？那些电视制作人也一样，他们对我抱着更大的尊重，因为我也为大银幕拍电影。

其实，我主持电视节目有点像在从事一项运动。电视让我维持身材，度过一段好时光。我保持精神的清醒，自得其乐。但话说回来，也不是永远都这样……有时候在摄影棚录像或做现场节目，因为前一晚睡太少，再加上来宾的话太无聊时，我会偷偷打瞌睡。

当然，每星期要顾到那么多节目，要主持、制作这些节目，的确需要一点组织和相当的纪律。一整年下来，我一天都没休息。我的日常生活在好几个月前就事先计划、决定、安排好。我的生活是依照众多棚内录像或现场直播节目的日程时间表来排定的。春天时，我的时间表总是已经排到十二月。到了冬天时，我来年夏天的时程也已经计划好。就是这样。

很显然我是因为电视，才能这样拥有某种慑人的权力。这种权力不管怎么样，总会妨碍到某些人，也会激起一些怨恨、敌意，甚至忌妒。每当日本有哪个机构想颁奖给我，想表扬我制作或主持的某个电视节目时，往往会出现某些有力人士认为没有这个必要，说我已经够有名了、把奖颁给别人比较有意义。这种事对我没有半点影响，我已经司空见惯，才不在乎呢。在日本，有些人认为我是有影响力的人——甚至是最有影响力的人之一，但事实上，我的影响力应该比人家以为的来得有限吧，尽管今天我和我的制作团队一起主持、制作的周播电视节目有八个。

这些节目涵盖了不同的类型：娱乐、综艺、搞笑、谈话、辩论等，节目邀请的来宾有些是艺人，有一搭没一搭地对各种主题发表评论……其他节目就比较像脱口秀，或是一些游戏，甚至不正经的节目，当中有一个我长久以来最喜欢的节目叫做《人人都能成为毕加索》。在这个节目里，我很喜欢不时邀请一些魔术师来上节目，因为他们可以娱乐观众，让人放松。魔术总是让我觉得非常有趣，小时候常在街上看一些假魔术师耍把戏，印象非常深刻。魔术最棒的一点，就是它既可以在剧院的舞台上呈现，例如拉斯韦加斯某家豪华大饭店里，也可以简单一点，在比较亲密的气氛下进行，例如围着厨房的饭桌。而且，它的条件也十分适合电视的摄影棚。

我的每个电视节目，平均都有1000万到1500万名观众收看。大致来说，收视率差不多都在12—15个百分点之间。这种情况在今天的日本算非常不错，一个百分点对应的观众人数差不多是100万，甚至还要更多。我听人说，日本今天差不多有150多个电视频道，有线电视频道包括在内。你知道，这样的成绩算非常体面，让人想起伟大的时代：80年代与90年代初的电视黄金时代。当时固定收看我节目的观众有2000万到2500万人。

其实，目前电视界有那么多频道和竞争者，我不是很在乎，因为我没什么很直接的感觉。这也许是因为我的节目从以前到现在一直都很多样，收看我节目的观众也形形色色，不是“一种”观众，而是“一些”观众群，忠实又专注，包括年轻人、成年人，男人、女人，而且为数众多。他们喜欢看我在电视上做些什么。我相信真的就是这么单纯而已。

不过，“这些”专注的观众群也很有可能放弃我的节目。比起以前，现在的娱乐和消遣多太多了，电视观众在节目题材上也有越来越多的选择。而且，日本的电视节目改变了很多，观众变得越来越多样化，被切割成无数的族群，越来越难单凭收视率来断定一个节目的质量。

但是我最忠实的观众——他们组成了俱乐部——好像真的对我的竞争对手没什么兴趣。相对地，如果他们不喜欢我的某个节目，我就会毫不犹豫把那个节目收掉。也就是说，当某个节目的收视率掉落得太明显，我会停掉这个节目。

第五话　电视，无疆界的娱乐

* * *

30多年来，北野武一直是个电视动物。他顶着“拍子武”这个名号担任大牌主持人，主持过一大票节目，包括严肃的谈话节目、华丽的通俗表演。他表现出的形象，是公认的搞笑、不具政治正确性的大师。日本人看过他以各种装扮现身，例如夏威夷舞者、骑士、农夫、老太婆，甚至只穿着内衣，或是不穿内衣全裸演出，同时还一直强调他是个“非常害羞的人”。当观众看到某个喜剧演员被北野武硬丢进一个装满热水的游泳池时，全都笑弯了腰。

在《天才·北野武给你元气电视!!》这个一直都很著名的节目中，拍子武变身一个巨大的操偶师，在一间缩小尺寸的剧院里操纵着他自己的人偶。他讲笑话，而且还成功地——就像奥森·韦尔斯（Orson Welles）在他那个时代的美国广播节目中做的事——让许多日本人以为外星人已经登陆地球，一连持续好几星期。来自外层空间的神秘生物产下一颗巨蛋，而拍子武与他的团队在日本乡间现场追踪这颗蛋，在全日本引起某种程度的惊慌。

拍子武总有办法做出惊人之举。这二十年来，他变成日本小屏幕的明星，收视率的王牌，娱乐、吹捧、嘲讽艺术的专家。他通常不甚在意知性媒体对他的批评；他们认为他的风格“粗俗”、“可耻”、“丢脸”；对于他的节目极受欢迎，他们更是不为所动。十几年来，拍子武冷静下来，并在热门时段推出越来越多较严肃的节目，主题具有社会性、教学性、医学性、科学性——总是以一般大众为观众群。这是吸引广告客户的必要条件，他对此也毫不讳言。

层级分明到极点的日本社会，既强调义务，又少不了严格的规定，有时令人感觉非常拘束，但日本的民营电视台却很矛盾地名列亚洲最自由的电视环境之一。而我们这位大牌主持人知道如何操控这种局面并从中获利。他言谈上的自由度、他的放肆，在日本群岛上无人能出其右。直到今天，他还是那么受欢迎，让日本的电视节目抢着要他。

在日本，节目主持人不只是一张脸蛋或一个声音。拍子武每星期在不同频道上主持八个节目。他在一个又一个频道上，让观众接受他的风格，这是个令人惊讶的事实。在节目录像现场，他几乎从来不看摄影机，两眼一直盯着来宾。有时候他会盯着地板或画面监视器，一边快速地说话，偶尔会在茫然中稍作停顿。当他确实望向摄影机时，他的羞怯又再度显现出来。这种腼腆加上挑衅，是他的魅力所在。有一晚在他家，北野武邀请军团成员与几位友人前来，在巨型屏幕上观赏几部DVD，类似他昔日电视节目的“精选”放映会。很快地，大家狂笑成一片。但北野武看起来好像还非常激动，沉浸在回忆中……

* * *

1980年代初期，我在电视上变装成好几种角色出现：忍者、小鸡、吸血鬼、旱獭、婴儿、巨型白萝卜、武士、弹吉他的雪人……我定期穿

上最疯狂的搞笑服装在节目中现身。再怎么可笑的伪装，都没让我却步。有些人说我疯了，其他人则吓坏了，但大多数的人在荧光幕前笑得像鲸鱼那样张大了嘴。

在电视上，经过《漫才》节目的历练后，我先是穿上披风与紧身衣，成为电视上的一名超级英雄：小武超人。这个创意来自 1981 年一出连续剧的剧名，灵感则来自日本“爆米花”文化的象征。我当时是某种日本超人，但样子俗多了！我会去对抗一些变种人，他们一个比一个还要可笑，统统是些孩子耳熟能详而且非常喜爱的角色。

几年下来，一种有别于大家先前见过的喜剧节目风格，出现在我们的小屏幕上。那是一个独创品牌，一种崭新的类型，表面上近似 80 年代英国的“另类喜剧”——在那个时代，班尼·希尔（Benny Hill）在英国大获全胜。后来，我主持的节目数量多到我数不清，有谈话节目、猜谜节目，以及各类的游戏节目。

《我们是搞笑一族》

接下来，我跟我的伙伴们一起投入一个名叫《我们是搞笑一族》的轻松节目，非常好笑，在富士电视台播出。这个节目里出现过的众多喜剧演员，后来都成了电视界的重要人物，像是明石家秋刀鱼、山田邦子……当时的观众相当忠实，家家户户都在每星期六傍晚的晚餐时间收看这个节目，大家都笑得很开心。

《天才·北野武给你元气电视！!》

我的《元气电视》在80年代极受欢迎，在忠实伙伴、军团成员与固定来宾——例如女演员木内绿、艺人兵藤雪、高田纯次，还有知名“日本武士”电影演员松方弘树——的围绕下，我每一集的表现都非常出格。这节目很成功，让我主持了漫长的十个年头，从1985年到1996年……我可以保证，那些来摄影棚参观录像的观众，回家以后不会错过任何一集播出。

我们想了一些最最疯狂、白痴又滑稽、令人难以置信的笑料。这些笑料越是惊人，就越多人观看，而且，它们越挑衅，收视率就越高；越是白痴荒谬，人们就笑得越厉害。我很肯定，不论面对多疯狂的点子，我们也从来没有任何犹豫。所有想得到的点子，我都敢尝试，不怕把自己搞得很可笑，每一集也都花上大笔制作费。

在这个节目中，我们真的是什么都敢做，像是大清早到一些熟睡的日本喜剧演员家里，请一个重金属摇滚乐团把他们叫醒，或是逼两队喜剧演员把望远镜戴在眼睛上踢一场足球赛。再不然，就是跑去滑雪场，让一些赤裸的陌生人以为他们就要搭雪橇冲进一座温泉的热水池，结果雪橇风也似的穿过一道假墙，狂奔一百米后，停在滑雪场正中央、满是一般滑雪者的滑雪道上。

节目里有个老人很受观众喜欢，还挺有规律地出现在我们的剧目中，名叫浪越德治郎，以铁一般的强健体格闻名。有一天，高龄81岁的他，竟然答应去坐浅草花屋敷游乐园的过山车，一架小型摄影机就固定在他的座位前，好让观众可以一路看到他的表情。电视机前的观众看到他的脸色变得越来越苍白，大笑到停不下来。但是在录像时，其实我们担心得要死，怕他的心脏停掉！看到他抵达终点时露出的笑脸，观众笑得更大声了。这么做还蛮像虐待狂的，这一点我承认，可是说实在的，真的太好玩了。附带一提，浪越德先生的职业是整骨师兼脊椎按摩师。要说他为什么在日本会那么出名，那是因为有一天他运气好，有幸曾为过境东京的玛丽莲·梦露按摩。

＊＊＊

美国与欧洲的有线电视频道购买日本电视游戏节目已经行之多年，有些节目还是以原音播出。最有名的节目包括《忍者战士》，在法国 W9 频道播出；还有《隧道二人组：托大家的福》（法文节目名为《地狱之墙》），被 TMC 频道买下，由法国名制作人德沙凡（Christophe Dechavanne）的制作公司改编——这是世界上卖得最好的日本电视游戏节目。其他堪称典范的节目还有《龙潭虎穴》，内容呈现的是企业老板资助穷困创作者的计划，过程中难免羞辱他们一番；然后还有《百战百胜王》，80 年代末期由拍子武制作的节目，在国外变成重要的经典节目。

＊＊＊

《百战百胜王》

美国有线电视频道播出的《最终极淘汰挑战 MXC》（*Most Extreme Elimination Challenge*）节目，灵感直接取自我二十多年前主持的《百战百胜王》。我很肯定，在 80 年代中期，这是日本最受欢迎的电视节目之一，创下不少收视率纪录。人家告诉我说《最终极淘汰挑战 MXC》在美国观众中已经形成一种接近邪教崇拜般的人气。这个节目也被好几个欧洲国家改编播出：在英国，是知名喜剧演员克雷格·查尔斯（Craig Charles）主持；在法国，我想是在 M6 频道播出吧；它在希腊很受年轻人欢迎；而且从 80 年代末期也开始在意大利的 UNO TV 播出，人家告诉我这节目把意大利人逗得很开心。

***

《百战百胜王》的概念很单纯，就是日本陷入了危机，“拍子武”与他的同党拥有至高无上的权力。为了推翻他、拆穿他的奸计，一名将军成立了一支战斗部队，一支由日本各地招募而来的一百名志愿者所组成的精英特遣队。但是狡猾的“拍子武”什么都料到了，撤退到他的堡垒中，到处设置了陷阱与负责护卫的卫兵。他还可以仰仗他那颗邪恶的心，透过一大堆屏幕，兴高采烈地欣赏挑战者的不幸与磨难。

***

我的角色就是折磨那些参赛者！我必须说明一点，这个节目的本质比较偏滑稽好笑，希望尽量别给人虐待狂的感觉。可怜的挑战者总共有一百人左右，全都是志愿参加者，必须通过一些艰难的体能考验，才能抵达我的城堡。成功的大概会有十来个，他们赢得当面挑战我的权力。能够一路闯关到底的幸运儿，就能在这个游戏中赢得美好的结果。

节目设计的考验都挺神经质的，比如挑战者必须像抓着藤蔓的泰山那样把自己抛到空中、降落在水潭中央一块小不拉叽的岩石上，但大部分的人最后都会落水。[1]

《拍子武的TV擒抱》

我很喜欢，而且，或许花了最多心思的谈话性节目是《拍子武的TV擒抱》(*TV Tackle*)。这个节目，我在朝日电视台已经主持超过20年，到现在还是很受欢迎。每隔两周的星期六，我们会预先录制两集，然后在每周一晚间播出。这是日本电视圈一周开始的指标性节目，可以吸引两千万名观众，有时候还更多。在摄影棚内，男女政治人物、卸任部长、参议员、大学教授、企业领袖、独立评论员与记者就时事进行辩论。在我身边，还有优雅的大竹诚担任辩论主持人。他跟我共事已经很久了，也参与演出了我的电影《大佬》与《阿基里斯与龟》。

在录像现场，经常讨论的议题包括经济和就业、政府改革、首相的政策、政党的生命、教育、国内与国际动向、朝鲜、阿富汗、伊拉克、

1 日本游戏节目，一篇2008年4月12日刊登于《解放报》的专栏文章标题为《日本游戏节目志在必得》，伊莎贝拉·罗勃兹（Isabelle Roberts）与拉斐尔·嘉立果（Raphaël Garrigos）再度谈到日本电视游戏节目在西方电视频道获得的成功，尤其提到北野武发明的游戏所造成的反响："日本游戏节目大举迈向西方世界的真正矛头，是电影人北野武与他的《百战百胜王》。在电影界还算得上很有节制的北野，在电视圈是个十足的疯子，他的《百战百胜王》会让各位觉得盖·吕克斯（Guy Lux）节目的斗牛竞赛不过是场视频会议。这个节目于1986年到1989年间在日本播出，之后到处都在回放，节目内容是一连串的体能考验，可以的话，尽量在烂泥巴里进行，而且考验一个比一个愚蠢，赢得游戏不比迎面撞上一扇门还重要。"——原注

中美关系、欧盟、贪污与丑闻事件……话语很尖锐，没有来宾能免于议论或批评，所以参加这个节目是有风险的。每个人都确切了解：他们在录像现场要做的是“电视上的告白”，并参与这场游戏。尤其是对政治人物而言，这是独一无二的机会，能跟一般观众、选民直接沟通。

我可以保证，《TV 擒抱》这个节目非常受某些政治人物重视。他们正处于困境，渴望改变形象，向大众传递信息。当录像现场的交流变得激烈起来，我的角色就是丢出一句好笑话，缓和一下气氛。

最常参与辩论的人士中，有位年长的老者——要是我没记错，他的年纪已经超过 80 岁——对许多议题都经验丰富，叫做滨田幸一，人称“滨幸”。这位亲近保守党的前议员是个观察入微的政治学家，对国际政治议题懂得尤其多，也因此会为国内安全的议题辩护。他也具有那种非常罕见的天分，让电视观众深受吸引，甚至把观众逗得很乐。他很受人尊敬。要是有哪个来宾找他的碴或骂他，他会开口冷嘲热讽，让对方哑口无言，用的是像“你谁啊你！说这种话？我不知道是谁请你来这个摄影棚的，但你说话的样子像个卖布的！”这样恶毒的攻击。

这个政治辩论节目邀请的其他主要来宾，值得一提的还有身为政治学者、大学教授与政治家的舛添要一。他是国会议员，也曾经担任厚生省大臣。传闻看好他，把他放在日本未来首相的候选名单上……还有一次，我们请到麻原彰晃来到录像现场，就是那个赫赫有名的奥姆真理教前任教主，目前在坐牢。他是 1995 年东京地铁站沙林毒气攻击事件的始作俑者。当时，我曾经被指控为所有坏事的罪魁祸首，有些人甚至直截了当问我是不是奥姆真理教的一员。真的让我很错愕。

* * *

2007 年 2 月 24 日。《TV 擒抱》开始录像前，拍子武在他的休息室里，平静地盘腿坐在榻榻米上。他在一张茶几上做数学题，画着一些几何图形。15 分钟后，他来到摄影棚，风也似的跟所有来宾打过招呼，然后就定位。在第一场录像中，他看起来好像很无聊一样。当那个大名鼎鼎的滨田幸一针对朝鲜问题发表冗长的独白时，拍子武昏昏欲睡、打起瞌睡。与此同时，他的来宾中有一位卸任的财政大臣，也在就国防或重新审视宪法的问题高谈阔论……

第二段录像之前，在后台，北野武上电视时的约聘发型师 Yoshio Unno 同意回答几个问题。“我帮他整理发型已经 20 年。我是称呼他‘大人’的其中之一，他团队中的其他人则称呼他‘导演’。”什么是他最喜欢的发型？“白金色头发，就像在他的电影《座头市》里那样。”

20 年来，为北野武的电视访问与节目担任服装助理的市村幸子插嘴说道：“他最令人惊讶的一点，是他的活力。他从来不休息。这股活力，是一大堆东西加在一起的结果。有时候，他看起来很疲惫。但是大部分时候，他都一副精力旺盛的样子，让人觉得像个年轻人，甚至像个玩不停的孩子。”她最欣赏北野武哪一部电影的服装？“《座头市》……那是知名设计师山本耀司设计、构思、挑选的。那是北野桑出的点子，然后山本耀司为他特别打造出来。他们两个早在合作《大佬》这部电影时就认识了。我知道大导演黑泽明的女儿黑泽和子也对《座头市》的服装概念有所贡献。山本耀司也创作了《玩偶》这部片的服装。那是用京都一种专门的布料制成的，非常少见，也非常美丽。”

* * *

《奇怪耶，日本人！》

在《奇怪耶，日本人！》这个1998年到2002年间在日本TBS电视台播出的节目中，我会邀请好几十位，确切来说是100名住在日本而且日文讲得很好的外国人来上节目，谈他们对日本社会、日本人的看法，还有他们在这个国家里的日常生活。内容一点也不沉闷，这点我敢保证！讨论的主题本来很严肃，但因为有这么多来宾，节目总是有可能偏离主题，在嘘声或争执中结束。应邀来上节目的有中国人、韩国人、非洲人、阿拉伯人、欧洲人、美国人，还有太平洋岛国的人……他们会详细叙述在日本日常生活中遭遇的挫败与惨事，包括家常便饭般的种族歧视、沟通问题、文化差异、工作上的剥削、遭到排挤、跟行政机关打交道的噩梦……讲着讲着就变成日本的历史问题、男女不平等问题、食物的问题、时尚的问题、彼此的风俗与习惯问题……

虽然这个节目遭到很多批评，受欢迎的程度还是令人难以想象，收视率非常可观，在有些人眼里收视率甚至太高了，为此我还受到一些压力，还听说有几家广告商忧心忡忡打电话给电视台高层……这个节目吓坏了许多日本人，但也让很多日本人觉得很有趣。你说，一个现场节目让外国人自由地批评他们居住的国家，应该也算一种创举了，不是吗？这样的节目能够一做四年，只有一个原因：因为我坚持。

在很多人看来，这个节目有助于促进日本民风的转变，从那之后，不论接待外国人或社会融合等各方面都有进步，彼此间也更加体谅。近几年来，日本国内对于多元族群共同生活付出了更多努力，只是还不算完美……甚至还差得远呢，但种族主义与某些歧视倒是确实有改善了。话说回来，不论来自海外或是在日本出生的外国人，例如许多中国人，或那些所谓“在日朝鲜人”和“在日韩国人”，也不是唯一被排挤的受害者。[1]

日本有一种叫做“秽多”的古老社会阶级，在10世纪以前出现，我们称为“部落民”。身为这个阶级后代的日本人，直到今天仍然受到歧视。打从日本的中世纪起，他们就跟“秽物”的概念结合在一起：那些与血液、死亡、兽皮、皮革等有接触的男男女女，在我们的集体意识中就是“污秽的”。要知道，在日本，好几世纪以前，“非人”（hinin）这种概念还广为大众接受……在古代日本，社会上的歧视是这么根深蒂固，导致这些偏见继续自然而然存在，直到明治维新前都是这样。在江户时代，一直到19世纪末，明治时代初期，都存在着社会阶层与等级，层层分类，程度强弱在各个地区则或多或少不同，有领主的阶级、商人的阶级，或像在日本群岛南部的最大岛九州岛那样，有所谓的“人下”阶级，组成分子是当时的奴隶。这些歧视，现在完全消失了吗？并没有。

《奇怪耶，日本人！》这个节目最后还是停了。我相信，要是我继续做这个节目，日本那些极右派分子可能会用尽一切手段把我暗杀了。这可不是说笑！

1　在日朝鲜人，祖籍朝鲜、在日本出生的人。在日韩国人，祖籍韩国、在日本出生的人。在日本，韩裔人士的数量估计有53万人。

《世界大惊奇》

我经常穿着怪异的服装主持这个节目，20 年来，每周一在日本电视台的第四频道播出。《世界大惊奇》打从开播以来，概念一直没变过，都是针对各式各样主题奇特、令人震慑，有时候也让人感动的报道加以评论，内容多半关于外国的文明与文化，例如埃及金字塔、阿兹特克与玛雅神话，或是关于外星人的谣言，比方美国“罗斯威尔”事件。这个节目不是要对一般观众介绍旅游胜地，而是以超越刻板的框架为目标，例如有一个著名的埃及学者吉村作治，就把埃及看作古老的阿拉伯文明来介绍。我不认为他的研究有真正的科学性，因为世界各地许多埃及学者长久以来都深信法老王文明是非洲黑人文明——这一点在希罗多德的时代就已经有记载了！人种的混杂是之后随着美索不达米亚移民到来才造成的。在这里，我想借机说明一点：没有任何一个民族优于另一个民族——我非常痛恨某些人自以为比其他人种更优越的行径。

这个节目也揭穿某些“神秘”的传闻，以及过于简化的陈腔滥调，所有探讨主题都经过筛选，而且是向某些频道或外国制作公司买来的，通常都是些会让观众大吃一惊的画面。节目上也常播放一些关于急诊室医疗的系列单元。

在这个节目，就跟做其他节目时一样，很多时候我到录像现场时，没有事先跟来宾打过招呼，而且在跟某些来宾互动时，不是很有绅士风度。我承认，我不是觉得这个节目每次都很有趣，就像我录其他许多节目时一样……但大家别忘了，在电视圈工作是我的义务。别无选择！我得努力赚钱才能养活我那一大家子！

《人人都能成为毕加索》

* * *

在摄影棚录制《拍子武的TV擒抱》这个指标性谈话节目时，我注意到拍子武的仪态有时候可以糟到什么样的程度。他的穿着颇体面，通常都是深色西装。不过，一旦他坐下来，整个人就往一边沉下去，弓着背，弯向右边，然后再弯向左边，一只手撑着头，要不就是以右手的袖口遮住脸上的线条，手掌张开对着摄影机，仿佛被羞怯的浪潮淹没了一样……他的面部神经抽搐，好像很不舒服的样子。他把脖子扭向一边，然后又扭向另一边，频频伸手去捏脸颊上麻痹的部分，但那些观众一点也看不出有任何不自在的样子。录像现场与后台的来宾、助理与技术人员全都对此习以为常。

* * *

我想，我最喜欢而且是最近十年来带给我最大乐趣的节目，就是在东京电视台十二频道播出的《人人都能成为毕加索》。它真的是我们电视圈最受欢迎的节目之一，有大约1500万名电视观众持续收看这个节目。

《人人都能成为毕加索》带领观众关注所有类型的艺术表现。在节目上，我试着和我邀请的来宾一起传达某些信息，一些关于艺术世界的热切想法。奇怪的是，主持这个节目好几年后，我跟我的制作人才发现，我们还没做过毕加索的主题，而这个节目的名称却是向这个20世纪的伟大画家致敬！

于是2008年底，我们以一系列特别节目弥补了这个缺憾。我本人对这系列节目相当引以为傲，焦点放在毕加索那七位妻子与缪斯身上，说明了这些女人如何帮助他，让他的好几个关键概念得以成型、创作出几幅伟大的作品。他爱过的其中一个女人，就是他放弃立体派、加入新古典主义的原因。

＊＊＊

2007年2月23日，北野武在东京媒体中心（Tokyo Media Center）的摄影棚录制他的《人人都能成为毕加索》。它位于首都西边的成城学园，距离市中心30分钟车程。有一些电视观众受邀来参加录像，现场观众大多是女性。在拍子武来到现场前，他的两位徒弟——喜剧演员赤P-Man与北乡——负责搞笑让观众耐心等待。助理工作人员都开怀大笑。

录像的时候，马立克（Mr.Maric）都在场。他是日本最知名的魔术师暨幻术家之一，自诩为“肢体娱乐者”。马立克的把戏让拍子武大为着迷。当他隔空把一支香烟变小的时候，北野武开玩笑地对他粗鲁喊道：“喂，马立克，小心点，制造商会告我们喔！”

＊＊＊

后来，2009年初，我决定结束《人人都能成为毕加索》，把时段让给一个全新的节目《北野武：日本的伙伴》。它在同一天、同一时段播出，邀请的来宾来自各界，有日本人也有外国人。为什么要停掉《人人都能成为毕加索》？节目制作人和我都觉得，从2008年底起，美国发生严重的经济危机，对日本经济、社会造成破坏性的影响，所以我们的节目时段应该用作其他更具体的用途，要能触及民众的日常生活。我们觉得艺术已经不再适合作为我们亲近民众的唯一导线了。

而且，有改变是件好事。我讨厌因循守旧，不喜欢没完没了地重复。做人一定要懂得质疑自己，对自己提出适当的问题，跟着时代改变。

《拍子武：奇迹经验！不可思议》

《不可思议》也是我非常喜欢的节目。我主持这个富士电视台第八频道播出的节目很长一段时间，它的议题大多是跟超越自我、运动、体能相关，尤其是身体不听使唤必须靠意志力的案例。这个节目介绍一些因为意外而残障的人士、因为某种疾病而瘫痪的运动员、生来就有某种畸形而必须克服困难的人。它更是一个关于互助和道义的节目，赢得观众很大的反响。

《最终警告！北野武的恐怖家庭医学》

这个2004年推出、每周二晚上八点在朝日电视台播出的节目，我们可以把它归类为“医学综艺秀”。它很受欢迎，开播两年后，收视率达到最高峰，有20.8%，大约有2000万名观众。其实这是个医疗节目，具有教学目的，但也很刺激！在解说的部分讲得颇为详细，所以这节目有时候会比较血腥……

我们请来医生在录像现场给一般大众上一些很重要的课。专科医生谈论某个健康问题、适当的治疗方式，或单单就只是偏头痛的结果……收看这个节目，许多正苦于某种病痛、未必有能力与知识正确照顾自己的民众，都能得到有用的信息，更清楚理解攸关自身健康的问题，还有比较可能的治疗方式。

《北野武的驹泽大学数学研究》

还记得我很喜欢数学吧？北野武突然制作、主持另一个教育性与科学性节目，当时让所有人大吃一惊，节目名称是《北野武的驹泽大学数学研究》。这不是我第一次主持这样的教育性节目。90年代起，我就已经在富士电视台负责《平成教育委员会》节目。

每周四晚上播出的《驹泽大学数学研究》是我很重视的节目，通常是跟一些大学教授一起主持，偶尔跟一位数学上非常有天分的非洲裔女大学生搭档。她来自贝宁，日语进步神速。我们一起研究数学问题，为大学生解说，一面安慰自己：希望观众能在电视屏幕前度过一段开心的时光。

节目规则很简单。摄影棚内，受邀来的东京大学学生还有我本人，必须解答那些教授提出来的问题，同一时间，有四名数学很差的北野武军团成员，要在棚外想办法“具体地”、用不那么抽象的方式，来解答棚内提出的问题。许多观众和数学迷都很喜欢这个节目。我们在大学生或来自日本与其他国家的来宾之间举办了许多场问答竞赛，2008年底，有个特别聪明的韩国年轻歌手金桢勋在一集特别节目中赢得了比赛。

* * *

这个节目让北野武在2007年摘下在日本非常受重视的一个奖项：日本数学会（Mathematical Society of Japan）大奖，并且获2007

年国际艾美奖提名。美国的艾美奖，每年都奖励美国与外国最优秀的电视节目——体育节目除外——和最优秀的电视圈专业人士。

* * *

这个节目得到国际电视科学与艺术学会的提名，入围2007年国际艾美奖的“教育节目”类别。当时在这个奖项获选入围的还有阿根廷、西班牙和英国的节目，最后是BBC的节目得到评审青睐。BBC当晚在九项竞赛中拿了七个奖！最高荣誉奖——艾美创办人奖——是颁给戈尔（Al Gore）那部批判气候变暖的电影《难以忽视的真相》。

* * *

北野武很欣赏晚会上罗伯特·德尼罗简短却一针见血的演说。这位美国演员很感性地宣告，这个世界的未来“有多依赖电视的普及，其程度可能会让很多人非常惊讶”。

* * *

《七日情报新闻主播》

* * *

北野武是真的永远停不下来……

* * *

2008年起，我在TBS电视台主持一个全新节目，节目中邀请来宾针对每周新闻的重要事件和时下新闻人物进行现场评论。这个频道的制作人想在星期六晚上十点到十一点半的黄金时段间推出一个吸引更多观众的节目，于是邀请我跟他们一起策划。

节目的概念相当有意思。在这一个半小时内，来宾对国内与国际新闻进行反应，再现场转播出去。这种做法可以达到出乎意料、直接反应的效果。事实上，从很久以前，我就很想制作、主持这种类型的节目，形式非常自由，达到在棚内录像无法展现的新鲜感。

《七日情报》很显然是我最成功的电视节目之一，也是我头一次比较像在扮演一名记者，而不是主持人。这个节目的收视率已经超过20%，有超过2000万的观众在晚间时段收看了头两次播出，说明了本节目引起的瞩目！

第六话　堕落的电视人

我们常听人家说：日本的电视节目质量不怎么样，娱乐性甚于一切。日本电视节目的水平确实蛮低的，甚至可以说非常低，尤其拿来跟某些国外的节目比较时。这一点，在新闻处理上特别明显。我们必须承认：日本电视的格局有限。

“自 1945 年以来，日本的文化被拍子武荒谬化了。他让我们的文化变得郁闷而病态。”有一天，某个日本杂志记者针对我的某个节目这么写道，就这样把日本电视节目的平庸之罪扣到我头上。写出这样的东西，显然就是忘了一个更普遍的真相：长久以来，二十年了，日本人不再欣赏我们优秀文化遗产的真正价值，喜欢花更多时间窝在小屏幕前，而不是去剧院观赏几出歌舞伎、能剧、通俗剧或现代剧创作……每逢周末，大部分日本人宁愿从早到晚待在电视机前放松自己。日本甚至没有真正的文化政策，也没有真正的文化部来激发民众更大的好奇心……

拿“拍子武”当箭靶

我常读到也常听到各种关于我的负面报道。要知道，在日本，有很多人喜欢恶意中伤我。某些自信满满的评论者从来不放过我，有些人是真的一点也不喜欢我，而且厌恶我的所作所为——他们自有他们的理由——不管在电视圈或电影界都一样。这种情况，在日本新闻界和某些学者当中尤其明显。自从90年代初期起，他们就把我视为电视圈许多失控状况的始作俑者。

在日本，有人散布过关于我的荒唐谣言，把我说成坏小子，比如“流氓一个”。我曾经被说成对年轻人具有负面影响力的人。

日本曾经钱多到滚滚四流，尤其是在80年代。我们在金融与房地产上的“泡沫”其实已经破灭，却不愿意承认这个事实，因为日本仍继续展现出相当的经济成果。所以在权力圈内，所有的掌权者，包括政治、经济与金融、媒体与广告界，大家宁可蒙着双眼度日，也不愿意去倾听某些不协调的声音正在警告我们不要太不懂节制。当时在许多环境中都弥漫着一种普遍性的傲慢，包括媒体界，当中以电视圈最严重。我在电视上的化身，拍子武，于是成了一个梦寐以求的箭靶，某些报章和电视频道的理想猎物。对他们来说，我象征某种形式的堕落。不过我从来没有上当，也没有真的受到这些批评的影响或伤害。它们没有对我造成任何冲击。那些大放厥词的，永远是想法太过简化的人。

“自我规范”的电视界

日本的公共广播电视台 NHK 有个很棘手的问题。除了财务状况之外，我认为这个国营频道的最大难处，就是不懂内部竞争是何物。这个电视台不按照健康的竞争原则进行改变，谁都可以轻松地在不同办公室与部门间，度过他人生的三十年岁月，只做过两三个节目，然后退休养老去。在 NHK 的制作群里，到底有几个真正在实干的人？

拿 NHK 跟外国的公共频道来作比较——就以我每天收看的 BBC 为例吧，这个英国电视频道的节目比 NHK 的有趣一千倍；NHK 偏爱的日常时事新闻处理方式，跟 BBC 的新闻处理方式更是没的比，甚至连我常看的 CNN 也比不上。为什么？因为在日本的频道，记者都太过僵化，只会遵循电视台的规则和模式。他们没有充分的权力——大概是因为人家不把权力下放给他们，也可能是他们不主动去争取权力。因为太墨守成规和因循惯例，让人感觉他们当中大部分的人好像只会迎合成规，结果在他们所受的训练之下造就出独裁的体制。

在 NHK，权力显然掌握在电视台高层主管的手中，但也有几个官僚和政客有点过于把传播与新闻混为一谈——在此我要提醒一下，NHK 的预算是每年经过国会讨论批准的……没错，在这个国营电视台的卫星频道上，偶尔会出现一些好东西，尤其是一些很精彩的纪录片，但是很可惜，这些纪录片往往在冷门的深夜时段播放。在我看来，尽管 NHK 晚间七点新闻的收视率还不错，但这个频道还是缺乏生气，表现出麻木不仁的病症。[1]但不管怎样，它永远都会是日本民众的参考依据。每次出现任何重大危机、热门时事，比如发生大地震，全日本都会转台收看 NHK 新闻。对许多人来说，这个频道上所说的一切永远都是对的……

无论如何，我们都无法否定以下这个公认的事实：日本的电视界是审查制度的受害者。这里指的不是直接的节目审查，而是所谓的“自我规范”。日本电视圈的所有专业人士都清楚这一点，不只限于 NHK。在日本，电视制作人或导演不全然握有做新闻的自由，因为决定都来自高层，然后经过他们的副手筛选、选择；不是清除有碍广告商利益的新闻——我说的是民营频道——就是排除那些违反某些原则或不符合该频道编辑路线的新闻。这是因为他们不想面对某些施压团体的非难，例如极端政治团体、说客，还有避免一些动不动叫嚣惹事的个人找麻烦。事实上，受到非难是一种禁忌。他们用尽一切方法，就为了避免这种事。

我在我自己的节目里，有时也会受到审查规范，直到今天依然如此。有些东西，我的某些言论，就是不能过关。审查的人是谁？操刀的人是谁？当然是跟广告客户有关的电视台业务部门负责人啦！因为那些广告客户——通常都是些大厂牌——付出了大笔银子，好让他们的品牌

1 NHK 已经有十几年无法施展抱负，而且面临严重的危机：不健全的管理、一再爆发丑闻、会长辞职、权利金遭挪用、报假账、股票交易的不法行为……该台的节目表也备受争议。全日本有将近 3500 万家庭缴纳权利金，占该台年度预算的 95%，却有几十万名电视观众认为这笔费用“太昂贵”，批评“节目平庸”或“频道缺乏独立性”，因而拒付这笔权利金。2006 年，日本政府向 NHK 建议解决办法：放弃旗下的两个卫星频道，因为其节目被视为“多余的”。NHK 高层并未遵从这项建议，只能强迫集团进行重大组织重整，约有上千个职位遭到裁撤，省下 8000 万欧元。——原注

名称三番两次出现在节目中……当然啦，是在节目开头与结尾的字幕上，还有当中的广告时间。所以，绝对不能因为多出一句什么话惹恼这些广告客户。电视台太怕他们找麻烦了……这就是日本电视频道面对的现实。

假如我是某个频道的老板，绝对会推翻这一切，消灭保守主义、所有统合主义，大声抨击自我审查、规范等这些日本媒体的传染病。相信我，关于我为了保护节目内容而做了哪些努力，我还可以继续聊上好几小时。我往往必须虚晃一招、稍微修饰我的言论，才能让我的信息或某些话在电视上播出。

生病的电视媒体

对新闻记者或播报员来说，因为真正的言论自由并不存在，加上他们害怕去进行调查，所以电视新闻往往立场偏颇，也不怎么值得信赖——我不是说他们每次都这样，只是我经常觉得新闻不该用现在这种播报方式去诠释。在日本的电视产业中，在这个所谓的“娱乐”产业中，还有更糟的：他们认为投资新闻的风险太大。真相是，在日本，电视台的专职人员并不是记者，结果，确认新闻内容的真实性变成每个人的责任——甚至是义务——例如取得多方消息来源。

事实上，在我们国家，新闻会经过雕琢和改编，来满足特定的目标群众，甚至所谓的“大众”，以免冲击到他们的感受，所以，禁忌的主题被小心翼翼地回避了……我敢保证，有些让人非常不舒服的事件都会自动被日本许多的媒体消音。

你可能知道佐川的事件，那个“日本食人魔”。他在巴黎杀害、分尸了一个荷兰女子。犯下这种可怕的罪行，他应该受到严厉的惩罚，他的律师团却在一些日本要人的协助下，让法国法庭以为这个男人很单纯地就是“疯了”，应该送回日本交给专家接手。在我看来，我很肯定佐川在犯下罪行时一点都不疯。我认为日本政客施了压，好让他最后被送回日本。他们非得把他从法国司法的手中拖出来不可，因为这个令人难以置信的事件，已经让日本的形象在法国和欧洲其他地区受到严重的打击……最后，佐川被成功遣送回日本。他的自由是不是通过谈判得来的？不管怎样，事实是佐川确实备受保护。我听说他的父亲是亿万富翁，是日本国内的大资本家之一。

佐川回到日本后，你以为他受到审判了吗？你以为他被安排住进专门医院的精神科、接受他原本应该接受的治疗吗？你以为他接受了新的判决、入狱服刑了吗？佐川从来没有真正受到惩罚。想想看，那个可怜的荷兰家庭情何以堪……回到日本后，佐川的自由或许受到了监控，但他还是可以自由走动。结果，日本这里某些媒体竟然把他当名人看待，甚至更糟，把他当成一个“食人专家”。有些人给他取了“法国大学生”这样的绰号，还跟他玩得很起劲，比如邀请他到一家烧肉店接受访问，还让他打扮成生肉的样子！这样的事到现在几乎都没什么改变。这就是日本现在的状况。

* * *

世人还记得这个骇人听闻的事件。1981 年 6 月正值 32 岁，在巴黎读比较文学的学生佐川一政，先用卡宾枪杀害了他 25 岁的荷兰籍女性朋友蕾妮·哈特维特（Renée Hartevelt），然后才“跟她的尸体做爱”，还犯下食人的恶行。佐川后来解释说，在他“内心的森林”深处，想要实现一个从童年以来就一直追求的梦想：品尝西方女子的臀部。于是他把这名年轻女子的肉在冰箱里保存了三天，然后才把她的遗骸藏在两只行李箱里，丢弃在巴黎的布洛涅森林，却在那里被一对路过的情侣发现了——其中一个行李箱翻倒在地，还在他们惊愕的目光下掀开来。他遭到巴黎警方的逮捕，随即声明他的罪行是一项“艺术行为”。佐川马上遭到羁押，接受长达十二个月的精神鉴定，鉴定结果是“无需负担刑事责任”，但因为他具有“危险性”，建议住院治疗。

1983 年 3 月 30 日，法国的预审法官让－路易·布吕吉埃宣判了不起诉处分。佐川在法国一家医院住院一年后就被遣送回日本。这时，虽然有一群专家宣称他“对其行为负有责任”，但在法国宣判的不起诉处分（遣送他回日本的必要条件）却具有决定性意义——以日本的司法程序看来是如此，而这点对于让他在日本再次受审造成阻碍。于是，佐川在 1985 年 8 月获释，从此在警方的监视下度日，虽然未再度犯罪，但他有一次通过电话对一名驻东京的法国记者发出死亡威胁……

***

全方位的私有化

几乎所有日本媒体，从电视到平面媒体，都共享着一种逐利文化。我们对这种堕落一点都不陌生。我没有夸张。广告代理商赢了，可以高呼胜利。这一切都要归功于电视广告代理商抽成制，公众的意见因此受

到控制，而电视台不负责任的放任主义——这是确保不断获利的唯一途径——更助长了这种局面。我们的媒体帝国就在拿来压扁民众脑袋的强大滚筒之下，几十亿几十亿地被私有化。

从此，这种全面私有化之于日本媒体的关系，就好像援助交际之于卖淫，否则就是暴走族[1]之于暴力的关系。甚至，连笑料都被私有化了。我会批评我们公共电视台节目的守旧和贫乏，但我会更严厉批评民营频道的节目。他们受到逐利文化的腐蚀，使新闻的质量大受影响。

在日本，广告客户间接控制了报道性节目，以及某些电视新闻的内容。电视台依照那些广告代理商的喜好，来决定在他们的广告片之前或之后，要播放哪些经过同意的影像。日本竟然已经走到这一步，让广告代理商来决定节目内容。这种情况很不健康，也非常危险，必须赶紧修正过来。

这种商业上的压力会使节目质量甚至节目的存在岌岌可危。只要一场经济危机袭来，就像近二十年来在日本循环出现的状况，那些大型广告客户——例如索尼、丰田和其他品牌——就会突然砍掉他们的广告预算，造成节目预算的削减，然后突然间，制作公司或节目的表演者中就会有人被解雇。这就是过去一年多来在日本发生的状况。

我们应该想出一种新的经济模式，让质量更佳、比较不依赖广告的节目出现。不过说真的，对于改变的可能性，我不是非常乐观。这让我想到日本某些珠宝商的保险制度：虽然他们是窃案受害者，但碰到打劫时一样可以很开心，因为他们绝对会得到赔偿。

1　暴走族，日本的年轻流氓，骑着经过改装、发出噪音的摩托车到处跑，通常与黑道走得很近。

在电视上开心玩乐

批评过日本的“媒体制度”，还有电视对文化造成的负面影响后，我必须说，虽然很矛盾，但我确实要为自己的作为负起责任……

甚至，我要在这里披露我真正的“业务机密”：做电视节目时，我其实不是在工作。我从来都不觉得自己是在工作；相反地，我是在玩乐。事实上，我就像在球场上比赛的足球选手。场上的球员不去想其他任何事，只想着球赛，因为他失去了所有时间的概念。而且，在球赛中——在每一集的节目中，我都觉得非常满足。就算在我累得半死的时候，我还是爱死了我在做的事。

我玩得很疯，也很高兴自己某些节目得到全日本最高的收视率。哪天要是我觉得受够了、电视观众也觉得受够了的时候，我就会明说，然后离开去做别的事，像是继续拍更多的电影，或是花更多时间在绘画上……

不过，就现在来说，要我不再制作和主持节目、不再继续在电视上度过美好的时光……这种想法本身就完全难以想象！光想到它，就让我害怕！

我最喜欢的节目

有时间的时候，我经常看电视。我很喜欢跟动物相关的纪录片，特别偏爱探索频道、国家地理频道和历史频道。此外，我很想养一只宠物，却没办法忍受看到一只动物被关在我家里。我可以去动物园，去森林里或在电视机屏幕上观赏动物，可是，眼睁睁看着一只宠物被关在四面墙内，我就是办不到。说到这一点，我觉得，我们这些富裕的社会不应该光喂养那好几百万只宠物猫、狗，而应该多关注一点这个世界上好几百万个快饿死的孩子……

* * *

某天晚上，我们约在北野武家里碰面。这个电影人正在看国家地理频道上播出的一部鲸鱼纪录片。这正是大好机会，可以问他对于日本捕鲸这个争议性话题的看法。

* * *

我不见得会控诉那些支持捕鲸的人……但是说到底，这是个超出我能理解范围的议题，只是，我知道我没办法完全认同像“绿色和平”这种环保组织和某些国家提出的批评。日本不是唯一捕鲸的国家和地区，比方说，韩国就是另一个猎捕、食用鲸鱼的国家。在台湾地区的一些餐厅里，也找得到鲸鱼肉，而那当然不是日本人抓来的……另外还有一些北欧国家也脱不了关系。

总之，这是一个很难回答的问题，而且很容易让人血脉偾张。事实上，每个国家对待某些种类动物的残酷方式，都有可议之处。这种“双重标准”的做法，让我觉得不太顺眼。简单来说，我觉得大家很常用鲸鱼的事找日本的碴，却不同样正视西班牙对待斗牛，或澳洲杀害袋鼠的问题，但话说回来，袋鼠确实不是濒临绝种的动物……

在这里，我要说个小故事：美国人曾经花了五百万美元拯救一只偏离水域的鲸鱼。但是，真的有必要花那么多钱来救这只可怜的鲸鱼吗？对我个人来说，我觉得这笔钱可以花在别的用途上，例如优先拨给那些生病或没东西吃的孩子。我注意到，人们经常动员起来捍卫那些珍稀动物，却不赶着去救援他们陷入困境的同类……

第三部　在电影界展翅高飞

第七话　踏入电影这一行

＊＊＊

北野武对电影的志向，从遇见大岛渚之后开始萌芽。他是《战场上的快乐圣诞》这部电影的导演。北野武走上导演这条路，完全出于偶然，过程很迂回，而且起步很晚，却很快就在镜头后造就耀眼的成果。

在浅草“法国座”当清洁工兼见习演员出道的25年后，北野武的电影《花火》在威尼斯电影节胜出，摘下金狮奖。之后，1999年，轮到《菊次郎的夏天》这部北野武自己担任编剧、导演、主角与剪辑的片子，入选戛纳电影节竞赛类名单。好莱坞的某些电影工作者，像是昆汀·塔伦蒂诺，就对他的电影风格赞誉有加。英国演员裘·德洛还曾经在2007年写了一封表达仰慕之情的信给他。北野武后来在某天晚上曾经读给我听。

然而，北野武对自己的电影作品却一直非常挑剔，勉强承认他最好的电影也许就是《花火》，尽管他也毫不掩饰地欣赏自己的另一部大师之作——而且还是古装武侠片——令人惊艳的《座头市》。

＊＊＊

认识我而且持续收看我节目二十年或三十年之久的电视观众，已经习惯看到我搞笑。所以，当我二十多年前开始以导演的姿态崭露头角时，人们有点难以想象我也会拍电影，有些人甚至不希望我成为电影导演。他们没办法接受这件事，一直到《花火》获得成功后，才勉为其难地让步……

甚至还未必呢！我身为电视演员、谐星、主持人的角色，过去一直那么根深蒂固深植在他们脑海中，让他们从没真正准备好看到我在电影中诠释戏剧性或硬汉的角色……

事实上，在日本，人们忘了我其实一直都在拍电影，不论身为导演或演员都一样，许多电视观众却不肯接受这一点。直到现在，有些人看到我在电影里演出时还会发笑，以为我在演短剧。他们拒绝认真看待我。

《战场上的快乐圣诞》的震撼

1983 年，我 36 岁的时候，因为《战场上的快乐圣诞》这部大岛渚的重要作品，世人开始接受我的演员身份。这部片的故事发生在 1942 年印度尼西亚爪哇群岛上的某个战俘营，一群英国士兵被自以为拥有占领者权力的日本士兵囚禁。这部片打从在院线上映起，就在许多国家激起热烈反响。

当初他们提议要我演出这部电影里的一个角色时，对我来说真的是个惊喜。一切进行得飞快：有人来找我，然后，我还没来得及多考虑，就确定在《战场上的快乐圣诞》中扮演一个关键角色。

我来到拍摄片场，既不是以助理的身份，也不是以技术人员、导播或清洁工的身份，而是以演员的身份，来演出一个严肃的角色。我到达片场的时候是个外行人。他们介绍我认识一个叫大卫·鲍伊（David Bowie）的人。他是英国华丽派摇滚歌手，之前我多少听说过他。大岛渚邀我跟鲍伊还有坂本龙一碰面，他们俩当时在自己的国家都已经很出名了。虽然我知道鲍伊的名号，但他的畅销曲我一首都不清楚。饰演电影中另一个关键人物的坂本龙一，在日本和许多其他国家，地位也已经如日中天。当时我知道他是 YMO[1]乐团的成员。此外，坂本龙一也为本片谱下非常美丽动人的音乐。

那是我第一次在片场见到担任导演的大岛渚。他很吓人。我当时觉得他很像一个正在指挥军队的帝王，几十个演员和技术人员任他差遣，让我印象十分深刻。那时的大岛渚对我来说，就像一个大师。他的每部电影在海外都备受期待。当时他已经被当成某种异端知识分子看待。

* * *

的确，大岛渚在 1960 年已经执导他的电影作品中被公认为最具政治性意图的《日本夜与雾》（松竹电影公司制作出品）。那是一部独一无二的巨作，闪闪发亮且令人不安，但在日本招来许多攻击。

* * *

说真的，《战场上的快乐圣诞》刚开始拍摄的时候，我还搞不太清

1　YMO，黄色魔术交响乐团（Yellow Magic Orchestra）。

楚自己身在何处。我根本什么都不懂，更不知道自己为什么会在这里。我研读剧本，记下我的台词，在拍摄的空当反复练习这些台词，然后，只要站到摄影机前就乖乖表演。人家告诉我做什么，我就做什么。我完全不明白为什么演出这个角色的殊荣，会落到我的头上。我演的是一个上士，名字叫原，一个奇怪又粗鲁的男人，性情阴沉暴戾，游走在虐待狂的边缘，但是到头来，他其实不是那么没人性。这是一个出类拔萃的反英雄角色。原上士性情不定，而且只要酒喝多了一点，就会变忧郁。就是在这部电影里，我说出赫赫有名的最后一句台词："圣诞快乐，劳伦斯先生。"（Merry Christmas, Mr. Lawrence.）因为这部片，日本人发现我也可以使坏……

* * *

北野武没说的是，正是因为饰演这个配角——只有酒精才能让他冷静下来的粗野家伙——同时多亏了那句经典台词，让他从观众与影评人那里得到的注目，完全不逊于饰演赛利尔斯少校（Jack Celiers）的大卫·鲍伊，以及出色诠释世野井大尉的坂本龙一。

* * *

大岛渚与我

大岛渚对我的影响很深远，到今天仍然是我心中最重要的人物之一。遇到他之前，我不过是一个喜剧演员，纯粹因为运气好，偶然成为演员，后来又交好运，成为有幸在电视圈占一席之地的电视节目主持人。认识大岛渚之后，他的工作方式影响了我，也有助于我理解电影与剧本的写作。他在我人生中扮演的角色非常重要，是他让我明白：拍电影和当演员可以是一件很棒的事。

* * *

有个小故事说当年大岛渚坚持要北野武摆脱喜剧的单一路线，因为大岛渚在他身上看见一个大银幕上的天生杀手……我们的主角后来证实了这一点。

* * *

大岛渚给了我很多建议。对我的角色，他有一些很确定的想法。他认为我不光只会让人发笑，觉得我身上藏着一个铁石心肠的男人：一个完美的罪犯！多亏了他，我才得到一个没有任何喜感的角色，在一部电视剧里扮演危险的杀人犯。这个角色相当成功。[1]

直到今天还是如此，我发现我仍然经常谈到大岛渚。也许我从来不曾停止谈论他吧。事实上，说我崇拜他还太保守了。跟他一起度过的有趣时光，现在还经常浮现在我的记忆中。

记得有一天在拍摄《战场上的快乐圣诞》很特别的一场戏，大岛非常专注，摄影机开始转动。在这场戏中，一只停在岩石上的蜥蜴应该开始跑，然后摄影机要跟拍它的动作，但是真的很倒霉，那只蜥蜴就是一动也不动。大岛渚身旁的技术人员什么都试过了，用尽了所有方法，没

1　指 TBS 电视台的《昭和四十六年大久保清犯罪实录》剧集（1983 年）。北野武在剧中饰演连续杀人犯大久保清。

办法，蜥蜴就是不动。每次尝试拍摄都失败了，必须重来。那只蜥蜴动也不动，好像正为自己搞砸这一切而幸灾乐祸……真想让你看到大岛渚当时的样子！他气疯了，一点也不觉得这个情况很有趣。我看到他对着蜥蜴大吼大叫，样子就像在骂某个技术人员一样，根本笑到直不起腰。

事实上，大岛渚在拍片时是会骂人的，这件事很有名。那是他的风格。他老是对着技术人员大吼，但是我不吃这一套。我不太欣赏会大吼大叫的人。在我的拍片现场，我甚至明令禁止大家对彼此吼叫，因为拍片现场的压力已经够大了，没必要再增加大家的压力。所以，当人家要我在《御法度》——大岛渚另一部很成功的片子——里饰演一角时，我开出了我的条件。当时大岛渚已经坐在轮椅上，我对他说："如果您大吼大叫，我就回家！如果您骂人骂太凶，我就离开片场！"

我还记得拍《战场上的快乐圣诞》时另一个难忘的片段，当时必须以仰角拍摄一个主要角色，角度大到摄影机几乎要贴地了。大岛渚对他的工作团队说："挖个洞！我要把摄影机架在里面！"做法大费周章，但因为这场戏不是很重要的景，所以我跟他说："为什么不直接把那个人架高呢？"所有人当场目瞪口呆！大岛渚跟着转身对他的助理大吼："白痴！为什么你没有早点想到这个方法？"大岛渚之后就不再动了。我看他激动得很。

如果我还能再见到他，我很想问他几个问题，想知道他的看法。现在全世界的电影界都受到动画片、3D 电影与合成影像电影的侵略，我想问他对电影的未来是怎么想的。我要问他："您觉得电影要往哪里去？"然后，因为大岛渚以他电影中非常露骨的性交场面闻名，他的社会色情作品[1]曾经受电影审查制度的限制，所以我也要问他："您觉得言论自由要往哪里去？电影会走向更大的自由吗？还是会反而被政治正确性牵制？今天的日本会接受您最大胆的电影作品吗？"我会向他提出这些问题，因为大岛渚不只是伟大的电影工作者，也是很有远见的梦想家。

类型的颠覆

我拍电影首先其实是为了娱乐自己。这也许是我喜欢修修弄弄的癖好在作祟……我有点把我的每部电影当成一件玩具、一样物品。我发现没有比拍电影更开心的事了，而我仿佛看到自己像个在玩陀螺的孩子……

在我的前几部电影里，我想礼赞那些被当代社会忽视的人，想要谈谈那些脱序、边缘化的人。我们太轻易、太不经心地把他们扫到一边，连想都没想过就这样做，就像在扫门角一样。尤其在 90 年代时，电影对我来说，已经变成一种表达和思考的方式：拍电影让我发挥我的批判意识。

我还要补充一点，今天我身为导演，关注的事物之一，就是想在艺术的立体派和电影之间建立起某种关系。这是一个我还没完全攻破的目标，但我已经用我最受到否定的电影对此作出回应，那就是《双面北野武》与《导演万岁！》。我努力在被拍摄的东西、被看见的，以及看起

1　例如那部举世闻名、1976 年由法日共同制作的《感官世界》。它的日本片名是《爱情斗牛》，当年上映时让保守派的人士大为震惊。

来像真的东西之间的关联上下功夫。就像在一个镜头里有好几个连续事件，一部影片中也有好几个段落。不过，在我看来，以立体派观点来处理的电影，它的构成关键是：拍摄和剪辑时，不一定要串连、协调好所有连贯事件。这对导演来说，真的是很伤脑筋的事。

在《阿基里斯与龟》这部关于内在冒险的电影里，我想把重点放在立体派与电影之间的关联上。在我看来，如果有需要的话，这个关联可能有助于打破影像的独裁性：借由揭露表象后真正、确实的东西为何，借由透露我们所看到的、以为被看到的事物跟真相之间的断点。当然这种东西在银幕上无法吸引观众的注意力，不过，建立这样的联系，是我无论如何都要实现的一个梦想。

我认为，所谓影剧工业，处理的是人们最感性的一面。它不是什么肮脏或不健康的事业——像我们有时会听到人家讲的那样——只是众多事业的其中一种而已。演员、电影工作者、像黑泽明那样的大导演，或是色情片演员，说到底都是一样的。每个人都以自己的方式宽衣解带。每个人都让自己的感情裸裎相见。我从来不曾取笑过色情片演员，因为我自己就跟他们一样。

在《菊次郎的夏天》（1999 年）这部电影里，我面对了我自己的童年，以及我的母亲、父亲——不止生父，还有教我剧场艺术的师父深见千三郎、给我第一个电影要角的大岛渚，他们都可以算是我的父亲……在《玩偶》（2002 年）中，我吐露了我对爱情与死亡的看法。而差不多就在我出意外的十年后，《座头市》（2003 年）阐述的是一场复活，也阐述我对艺人与演员成就的想法。

如果说我成功地在电影工业中开创了第二事业，我觉得，主要是因为我出生在日本。这是一个很奇怪的国家。事实上，这里跟西方国家截然不同。在西方，通常必须看过很多影片，而且在艺术学校或电影学校学过电影，才有希望成为电影工作者。在日本，你不用上学就可以成为电影工作者，而且不管你拥有什么样的才华都行。身为电视节目主持人，我的工作就是娱乐观众，而且从来没学过电影。然而，这些年下来，我也拍出了卖座电影，还出口到国外。在日本，《座头市》在将近680间戏院上映，吸引了200万名观众……而且不只这样，我甚至还在横滨的美术大学教电影！这种事，只有在一个国家里才有可能发生，那就是日本。

我进入电影圈的方式，有点像大家来到这个世上那样：完全出于偶然，而且是43岁才开始。我不能说电影是我的爱好之一，因为我一直到12岁还是13岁的时候，才知道电影和漫画的存在。在这之前，我对这一类的消遣，或这些美国人所谓的“娱乐”，完全一无所知。我的父母亲不准我们——就是我的两个哥哥和我去看电影。不管怎样，那时候在我成长的东京庶民区，在战后最初的那些年，也没有几家电影院……

可以确定的是，我的第一份喜剧演员工作，对我后来的发展有极大影响。这些年下来，我拍了好几部电影，全都本着我对颠覆类型的不变喜好，本着想要嘲弄一切的不变渴望。就像以往在我的短剧里，我喜欢偏离正道，在大家最料不到的地方让悬疑性冒出来。

到今天，电影依然让我着迷的一点，是它赋予我们的那种“能力”：在说一个故事的时间里，作为导演、演员，甚至观众，可以把我们从时间中抽离，置身时间之外。在一小时、两小时或三小时，甚至在一部短片的几分钟之间，每一部影片，不论哪一种类型，都在叙述一段跟人类生命平行的故事，而且一个镜头接着一个镜头，展现出它的影像。我觉得，当人类共同的时间跟电影影像动态的时间形成同步，正说明了“第八艺术”的造梦能力。

在我的电影里，我经常努力以最单纯、最显而易见的方式，来描绘我的剧中人物各自用不同方式去感知的时间。电影容许这么做，而导演拥有这种权力，去揭露不同情境的相对关系。我们可以专注在某个细节上，从好几个角度拍摄，并且在两位演员对话时，花比较长的时间拍摄其中一位演员而不是另一位。我喜欢展现出拍摄情境的主观性。

同样地，当我创作电影剧本，然后把它改编到大银幕上时，我会以某种方式把自己当成文乐的艺术家。文乐是日本的传统偶剧，我的电影《玩偶》就是从它得到灵感。而在《双面北野武》中，大家看到一种蜕变。在银幕上，一只毛毛虫变成了蝴蝶。我的人物也在银幕上改头换面——我就是这样看待他们，像那些蜕变的昆虫。

我希望从今以后远离我刚起步时偏爱的类型。有些朋友、影迷或影评人为此责备我，因为他们喜欢我超暴力、忧郁警匪片中的大量鲜血。虽然有很多影迷还在赞扬我最早拍摄的电影《凶暴的男人》，但事情就是这样……即使我的下一部电影可能还是很暴力，但我还是决定了，未来不见得继续拍动作片。话说，我刚拍完我的下一部电影。它没有名称，至少目前还没有。对我来说，开拍一部没片名的电影，是很稀松平常的事。在资料文件上，这部电影的片名目前还是《北野武第十五部电影》[1]。

---

1 《北野武第十五部电影》，即《极恶非道》（*Outrage*），2010 年上映。

《凶暴的男人》

1989年

***

在这部有如日本版《紧急追捕令》(*Dirty Harry*)的不凡警匪片中，北野武首次置身摄影机之后，拍摄了他的电影处女作。奥山和由担任制片的这部电影里，北野武饰演我妻，一个粗暴、有仇必报的神秘警察。他的神经非常敏锐，受困于层级体系，在警察当中与贪腐作战。我妻自行伸张正义，一向毫不犹豫采取以暴制暴的手段。很快地，他变得跟自己追捕的暴徒更相似，不再像个平凡的老百姓。当他发现某个黑道帮派是他挚友之死、小妹被强暴的罪魁祸首，冷酷无情地为他们展开复仇。

尽管这部电影有一些明显的缺点，却仍因北野武精湛的表现而受到瞩目。一部拥有罕见特色的冷酷电影，结果让电影爱好者惊喜，更让许多人大吃一惊。他们无法想象拍子武这个小屏幕笑匠竟然能扮演这种角色。这部片受到影评人的普遍好评。北野武赢得了他的赌注。《凶暴的男人》在黑色警匪片的类型中，写下划时代的一页。

***

《凶暴的男人》是我执导的第一部作品，也是名符其实的挑战。如果用“荒诞奇特”来形容完成这部片子的经过，真是一点也不为过。当我决心接下这部片时，在当时真的是一场风险极大的赌注。那时，我已经以演员身份演了好一段时间，却还不曾单独拍摄过长片。本来预定执

导演筒的人不是我，而是深作欣二，我只是出演主角而已，但是因为他坚持要求 60 个拍摄工作日，而我只能给他 40 天，而且为了配合我的电视节目，每两星期只能拍摄一星期，深作不能接受我的工作日程表，于是我说出心里的想法——不只说给自己听，还当着他的面说。我说，要是我来拍，有办法在两个月以内拍出这部电影。深作立刻退出这个拍摄计划。尽管如此，制片人想拍这部片的意愿并没有受到影响。

当时的日本正处于一个新时期，大家开始看到一些非电影圈的人登上大银幕。一些作家开始着手写剧本，其他人则尝试当导演。至于《凶暴的男人》面对的难题，松竹电影公司的首席制片奥山和由想到一个应变之道……他以为让电视界的拍子武来导《凶暴的男人》会造成轰动！对他来说，我有没有能力执导这部电影也许不是那么重要，因为他很清楚：不管怎样，只要有个能力很强的副导演协助，我一定可以全身而退。

尽管如此，乍听到提议时，我还是免不了犹豫一番。的确，这个想法非常诱人，可是我真的有办法做到吗？但另一方面，我又觉得，对某件事一窍不通，有时可能变成一个强项，甚至是一项优势。趁着在兴头上，我答应了下来，心想："不要担心，一定会顺利的！"就这样，我意外接替了深作欣二，盲目地投入这场冒险，没有任何准备，心里也没有半点不开心。

这毕竟是一个全新的挑战。我想要放手一搏，试试我的运气。我开出的条件之一是：我有权力修改剧本——而我也确实这么做了，只留下故事情节，全神贯注在主要人物上：我妻，还有他的妹妹。因为我想赋予他们的关系更多深度，这是电影的关键之一。人们可能会以为《凶暴的男人》（也许是因为片名的关系）是第 N 部关于暴力、黑道、警察的电影……不过，在我看来，它主要是一部关于血、血缘的电影。在日本，谈论“家族血缘”是一个文化禁忌。但是在这部电影里，我妻的妹妹是不正常的，有一点疯狂。我妻很清楚这一点。最后，如果说他冷血地杀了她，那是因为怕自己染上与她一样的疯狂。那个跟他对战的帮派分子胆敢跟他说：“你疯了！跟你妹一样疯！”结果我妻干掉对手，却也无法克制自己，杀掉了他的妹妹。

这是我初试导演身手的机会，拍摄过程本身就是一项考验。在日本，一部电影开拍的头几天，所有新手导演都背负着一个诅咒：捉弄菜鸟的根深蒂固传统。不过，我没有忘记某个权威的榜样：大岛渚当年在《战场上的快乐圣诞》片场展露的那种威严。于是，在《凶暴的男人》的拍摄现场，我坚守住原则，用我的方式让别人尊重我。

片子刚开拍时，我还在录一个叫做《日本通宵》(*All Night Nippon*)广播节目，于是整组团队必须移驾到广播的录音间来跟我开会。而拍摄的第一天，剧组人员瞪大眼看到我穿着剑道服、手里拿着一支竹剑来到片场！这么做确实发挥了效果，尤其是对那些打算浑水摸鱼或想整我的资深技术人员。他们从此不太敢找我的碴。另外，我虽然很菜，却仍享有一个优势：我有电视棚拍导演的经验，而他们没有。所以，拍《凶暴的男人》的时候，我虽然有我的不安，但那些技术人员对我的评价，我想应该比我对他们的评价还来得高。

总之，我很快就把自己的偏见撇到一边，然后发现电影跟电视完全不能相提并论。在我的电视节目里，用到的摄影机不会少于五台，可以随我高兴加拍不同角度的镜头，拍电影时却只有一台主要摄影机，不管加拍任何角度的镜头都得靠这一台。这个震撼真的很大！日复一日，我迫不及待想知道更多知识，想掌握眼前可用的所有新技术工具。我就是这样发现了电影片场的景深、灯光变化、场面调度的复杂性。在《凶暴的男人》中，我增加了一连串的固定镜位，它们几乎变得跟我的角色一样死硬。后来人家告诉我，说这些固定镜位画面成了我的注册商标之一。另外，片里也有不少无声的场面。在我看来，这似乎有助于增加电影的张力。

* * *

那张力实在很强大！但北野武本人好像没怎么意识到他的风格对无数电影爱好者造成的冲击……1996年，在东京国际电影节期间举办的一场北野武作品座谈会上，身为《奏鸣曲》影迷的台湾导演侯孝贤比较了他与北野武的观点，拿他自己的作品与这位日本导演的电影来对照——这两个男人彼此认识，也互相欣赏——当时侯孝贤说："他的电影一直处于现实的冰冷。北野武很小心避免过度倾泻像悲伤或渴望之类的情感。"

* * *

这部片在我看来，只是表现平平而已。这是一部很僵硬的电影，因为我在拍摄时还蛮紧张的。而且，如果《凶暴的男人》最后看起来像一部非常阴沉的警匪片，那是因为我刻意加重这种黑暗、焦虑的感觉，通过我妻极端的性格与神经质，而他这种独来独往的警察，只对会招致暴力的行动感兴趣。这是一部还算写实的电影，但结构蛮少见的，之后没有任何导演敢拍像这样的电影。这部片由一些时间很长、安静到几乎让人烦躁的无声段落构成，然后突然爆发出暴力。一种很吓人的暴力。节奏从头到尾都一样，挺可怕的。《凶暴的男人》说到底是一部拍坏的电影，没有避开某些暗礁（通常在电影学院会学到要避开的那种），但效果很震撼。

在这部电影中，观众最后会发现自己面对的是一个不太熟悉的日本，没人真的接触过这样的日本。背景是郊区的住宅区，灰色调的建筑，还有一些不知道是否还在生产的工厂。日本的黑色电影，场景经常都是这个样子。相反地，我注意到香港电影中常出现大量的大自然与都市的宽阔空间——比如王家卫的电影——跟日本恰好相反。我们在日本的拍片地点往往是混凝土建筑，不然就是哪个我不知道的厂房。

在此顺便告诉大家一件事。电影人想在东京的哪条街或哪一区拍片都可以，条件是必须先跟掌控该地区的黑道帮派进行协商。你必须证明是自己人、付一笔“权利金”，数目可能高达十万日元，才能在那里拍摄几小时。要是我可以把拍摄场景设在大自然里，我会更高兴。把摄影机架在可以让肺部灌满清新空气的风景中，可以的话，最好是海边……

《3—4×10月》

1990年

* * *

《3—4×10月》提前揭露了北野武喜爱的几个主题与命题：直截了当、无声、令人焦虑的暴力，以及对棒球的热爱、对帮派分子的兴趣、辛辣的幽默、游戏、大海、岛屿，还有冲绳的自然风光……

《3—4×10月》的故事是关于一个倒霉的青年棒球队“老鹰队”，

由一位酒吧老板担任教练。他曾经是帮派“大友组”的成员，掌管此帮的是个粗暴的黑道头子。棒球队的队员既平庸又笨拙，不管在球场上或球场外都一样；还要被迫面对帮派分子的义务，以及做了断的冷酷现实，不管在东京或在冲绳都一样。在银幕上，北野武饰演外号“大哥”的歹徒，傲慢又大男人主义，就像他的老样子：难以捉摸的人物，在僵硬的面具下，表情变化降到最低的程度。《3—4×10月》受到外国影评人的注目，在意大利都灵电影节得到一项特别奖。

* * *

才刚勉强、费力完成《凶暴的男人》，在没时间喘口气的情况下，我又在1990年开始我的第二部电影《3—4×10月》，另一部警匪片。当时我对这个新计划更有信心，也受到周遭所有朋友与制片的继续支持。我感觉自己对剧本握有完美的掌控——这是个复杂又高潮迭起的故事——还有拍摄工作也是。在计划初期说明电影的故事时，发行公司并不认同，负责人很担心。他们很明确告诉我，这种内容的电影不会获得商业上的成功。发行商说，片子里应该有个黑道分子当主角。我本来没有意愿演这个角色，但是他们很坚持，说如果我不演，就很难执行这部电影，所以我帮自己量身定做了一个角色。还真是悲哀啊我！

隔一段时间后再看这部电影，我才明白我犯的错。我就像答应任性孩子的要求一样，把自己搬上银幕，而最后的结果，我认为很两极化。

从技术的观点来看，这次的经验倒是挺丰富的。我写剧本、拍摄、剪辑，还参与演出。我选了确切的运镜角度，感觉大家好像终于让我拥有发展我个人风格的可能性。在这部使用喜剧甚至闹剧手法的电影中，我认为，大家可以说奠定我风格的那些元素都齐了：荒谬的对话与情境、讽刺、暴力、具有正反两面效果又无厘头的黑色幽默、荒谬的杀戮场面，还有以大海为背景、强化人类的渺小与悲惨……拍摄过程中，我决定尽量少操控摄影机，所以增加了固定镜位的构图，镜头尽可能紧跟着我的剧中人，并反映出某种宿命的观点。

最后，尽管这部片是我拍过的最得我心的片子之一，票房表现还是非常失败，勉强打平制作成本而已。也许有些观众或影评人不喜欢看到我在大银幕上以那么反派的角色出现吧。我饰演的人物——上原，是个很坏的黑道分子，最后终于倒下。他真的是个很可恶的家伙。

《那年夏天，宁静的海》

1991 年

* * *

在第三部电影中，北野武切断了与《凶暴的男人》与《3—4 × 10 月》的关联，也跟他饶舌成癖的电视形象大异其趣。这次他没有参与演出，但主要角色的特征上可以看到他的风格。

《那年夏天，宁静的海》是一部多愁善感的剧情片，主要在讲幸福与悲伤。导演发想了阿茂的故事，一个年轻、耳聋的清洁工，在垃圾堆里发现一块坏掉的冲浪板后，对冲浪产生了热情。他的女朋友也是聋子，她的爱似乎保护他不受海浪泡沫的影响。在累人的练习与苛刻的竞赛下，这个年轻人大有进步，但不久后，大海就要拆散这一对恋人……这部电影在日本颇受欢迎，获选东京国际电影节的竞赛片，还在日本与国外好几个电影节中拿下众多奖项。

* * *

拍了第二部暴力电影后，我改变了基调与品味，把一个纯爱故事搬上银幕。那就是《那年夏天，宁静的海》，被部分影评人评为“像谜一样”的电影。我自己倒觉得它比较像是一部“启蒙”电影，同时也是谈死亡的电影。不过到头来，这部电影在我身上留下的，比较是一种苦涩感，尽管那是我第一次担任自己电影的制片。我没有追根究底去探究原因。直到现在，我还是不知道为什么。也许是因为厌烦吧……

但这并未阻止某些影评人称赞这部电影“形体掌握得当”。一些专栏作家、影迷与观众，赞扬这部片的影像很美。我是真的下了功夫，对取镜的完美尽了最大的关注，在运镜时用了一些罕见、原创的跟拍镜头，来拍摄人物的移动。拍片的时候，我永远会在剧本上保留相当程度的自由。这种状况确实有可能发生，甚至还蛮常见。我很喜欢预留一些即兴空间。

我掌镜的时候，会把我不感兴趣的东西逐出视野。我拍摄的方式也颇迅速，可以说非常果断……我喜欢用大量的固定镜位长镜头，不用变焦镜头，也不太会用到俯角的镜头。

很显然，在《那年夏天，宁静的海》这部电影中，我用了很多连续性的固定镜位，没用到变焦镜头，为的是不要透露太多细节，不管是针对一个情况，还是某个人物，包括他脸上的表情、他的精神状态。拍摄时，技术人员想要施展更多镜头运动，我却完全不打算那么做，坚持自己的静态构图。因为我认为固定镜位反而可以带来一种神秘，某种我很喜欢的“粗糙的重建”。我觉得我的每个镜头都是“一个心理方程式”的结果，随着电影一幕幕进行，在我的精心设计下，让观众产生自己的想法，他自己觉得最好的想法。这可以给人带来最大的安慰与乐趣。追求娱乐是一种执着。

在这部电影中，大海、泡沫、背景海浪的节奏、蓝色或多云的天空，还有刻意放缓的动作，可以让某些观众陶醉并乐在其中；这些很显然是来自可以感动人的感性美学效果。

第八话　面对死亡

***

北野武继续谈他的电影，然后话题又巧妙地回到他在1994年发生的摩托车事故。这个事件在日本激起许多荒诞的谣言。北野武表示，他是在酒精的影响下，三更半夜撞上一道护栏，搞到头破血流。

这场意外的后果，是他右半边的脸从此瘫痪，而且留下一道疤痕。我们很难不注意到他脸部的神经性抽搐。那是极度焦虑留下的标记。有时候，他看起来好像不太舒服。每个小时有一到两次，他会抬起脸来，往眼里注入眼药水。他没办法好好合上右眼，还会定时地捏捏右脸颊，显然是因为感觉一阵扩散的疼痛。

***

《奏鸣曲》

1993年

* * *

《奏鸣曲》画下一个转折点，北野武得到肯定的时候到了。这部电影在法国获选参加科尼亚克电影节（Festival du Film Policier de Cognac）。

* * *

在院线上映时，许多喜欢我前几部电影的影评人和观众给予《奏鸣曲》好评。但它不是一部容易让人接受的电影……总之，不是那种大众取向的电影。

我很喜欢《奏鸣曲》。这部片让我理解到：身为电影工作者，我跨越了一个重要阶段。此外，在学钢琴的时候，当我们开始弹奏鸣曲时，不就是开始具备某些良好基础的迹象吗？

* * *

《奏鸣曲》在法国院线上映两年前，获选进入戛纳电影节竞赛类“一种注目”单元，1995 年在科尼亚克电影节抱回影评人大奖。这部北野武的第四部长片，在欧陆留下了某种“获得肯定的认证”（在法国，《电影笔记》提到此片为“年度新发现”）。

《奏鸣曲》是一部弹药味很重而且脱序的电影，主角为一些帮派分子。这是一座由暴力与诙谐构成的纪念碑，一部真枪实弹的笑闹剧。但是在诙谐的速写下，依然再度显露出这位电影工作者的黑暗面，通过他搬上银幕的这些无所事事的帮派分子，这些“坏男孩”受到一股恐慌驱使，展开复仇的举动。

这部电影讲的是村川的故事。他是帮派老大北岛的左右手，后者会毫不犹豫地除去所有挡他路的人。不过，村川开始对诸多暴力感到厌烦，决定改变自己的生活。他听从帮派第二号人物高桥的提议，去冲绳透透气，借口前去协助一个正在与敌对帮派宣战的友帮。当第一记枪声响起时，情况失控了，演变成村川与其同党必须躲在海边一栋空屋里避风头的局面。这时，本片出现一个意料之外的转折。在这个天堂般的场景中，这些帮派分子像孩子一样找乐子，度过一段美好时光。他们放烟火，在沙滩上玩耍，假装在比相扑，还发懒晒太阳。这些匪徒找回了失去的纯真。但很不幸地，村川被诱入一个陷阱，而且很快就别无选择，只能出于荣誉所迫，再度拿起武器。

在日本，北野武以这第四部长片确实展现了他身为电影导演的风格，一种纯化到极致的风格，几乎到了抽象的地步。广大的电影家族向这位自学的导演致敬。此外，他作为演员的演技也近乎完美。《奏鸣曲》相当成功，实至名归，也在国外得到极佳的影评。尽管如此，令人很惊讶的，本片在日本不怎么受欢迎，甚至得到负面的评价。

***

拍摄这部电影时，我压根没想过它会得到这样的结果，在那么多国家受到这么多赞赏，尤其是在欧洲。久石让谱曲的电影原声带，也因为这部电影的成功而大受欢迎。但是在日本，很不幸地，《奏鸣曲》没有受到专业影评人的青睐。尽管它在国外的电影节得到一连串奖项……这部片也入选 1993 年英国 BBC“近六十年百大佳片”名单，甚至得到我不配得到的殊荣：跻身黑泽明《乱》这部片的左右……

《奏鸣曲》犀利地描绘了传统帮派分子和真实反英雄人物的画像。

我想让那些对立的帮派分子在银幕上看起来具有某种天真的孩子气。在没有太刻意的场面调度下，主角村川与他的同党在沙滩上玩耍的那场戏，确实是有点丑化他们，但是《奏鸣曲》上映后，我从没收到任何黑道团体的威胁。不过，可以确定的是：那些帮派分子，至少他们当中有很多人，确实都看过这部电影。从我得到的某些反响来看，有些人甚至非常喜欢这部片！

有一天，一名英国记者问我《奏鸣曲》到底是一部喜剧还是一场噩梦。我回答他，对我来说，这是“一场噩梦中的喜剧”，而且确实就是如此。《奏鸣曲》中，没有惊奇，死亡依约而来。考虑到和谐、连贯、逻辑，这些非常日本的东西，主角如预期那样地自我了断。No way to fool around！（没办法蒙混过去！）因为如果村川不死，观众就会觉得他没受到惩罚。要知道，日本观众很喜欢我们给他们想要的东西。他们比较喜欢故事按照期待的方式结束，带着某种宿命论观点，还有最少量的血迹。

《奏鸣曲》中的匪徒比真的还要像真的。这些人在犯下错误和罪行后，毫不迟疑自我了断，眉头都不皱一下，仿佛按照惯例和习俗，这样做是再确切不过的事。日本社会原谅他们，就是因为这样。从这个观点来看，我们可以说《奏鸣曲》是一部本质上很……日本的电影。总之，对我来说，它画下了一个转折点。在某种程度上，一个周期到这里告一段落。“应该做点别的事”的时候到了。我想打破一切……

要知道，日本人与西方人截然相反。日本人从来不认为自杀是负面的行为、是一项罪过。在帮派中尤其如此。这种拼命到底的观念，让我想到伊斯兰激进主义教派那种绝不妥协的保守主义。一些极端的教徒甚至深信，借着安拉的名义自我了断，可以赢得真正的生命。他们读着《古兰经》的经文自杀，但是，在我看来，这不是勇敢的表现。至于日本那些自杀的极端主义分子，通常都是出于对阶级次序的尊重才这么做！在二次世界大战期间，日本人称为“神风特攻队”的那些人，就是以天皇之名自寻死路。但不管怎样，我都不认为自杀的男人或女人是所谓的勇者。

在我展开电影工作者生涯的初期，英国人对我拍电影的方式很有共鸣，对我最脱序的片子都给予绝佳的评价，有时甚至过度赞誉。我记得英国的伦敦电影节曾经放映过《奏鸣曲》。在步入放映厅时，我受到久久的掌声欢迎，气氛非常热烈。真是难忘的一刻！

《性爱狂想曲》

1995 年

* * *

在颇受好评的《奏鸣曲》后，北野武拍了《性爱狂想曲》这部轻浮又无厘头的喜剧片。这部电影令人大惊失色，日本一些影评人、媒体与几名学者嚷嚷这部电影简直就是丑闻一桩！

北野武想象出一个朝男的角色，一个还是少往来为妙的男子。他为性痴迷，不管人在哪里，都不计代价地要邂逅新的女性，而且无论在任何情况下都要做爱。因为梦想在车里发生性关系，朝男偷银行的钱，作奸犯科好买下一辆车。为了更方便寻找艳遇、施展他的偷窥癖和好色恶习，他遇到一位愿意帮助他、把他变成隐形人的疯狂学者。很快地，他有了新的性幻想：在飞机的头等舱做那档子事。

* * *

在《奏鸣曲》后，我换到了摄影机的另一头，拍摄我的第一部喜剧电影《性爱狂想曲》。

客观一点来说，这是一部“失败之作”。如果说这部电影在日本不受欢迎，而且被东京的影评界鄙视，都还算说得太客气了。这部片得到的反应，简单来说就是“凄惨”两个字。我被大大修理了一顿。欧洲影评人的反应比较客气，但也没有任何发行商愿意承担风险，让这部片子在院线上映。

但是，对我个人来说，这部片子深得我心。尽管我常说不欣赏自己拍的电影，却觉得这部片子挺成功的，尤其是，它非常大胆，还没上映就已经被最保守的影评人厌恶。这一点让我更喜欢它了。毫无疑问，这部片不具任何意义。它是一部荒诞、带有被虐倾向、乱七八糟的喜剧！更别提这部片是在很特殊的情况下才在日本的院线上映：我发生车祸前，就已经拍好这部片，却直到我养伤期间才推出上映。

正如大家知道的，我发生意外的时间是《性爱狂想曲》上映的一年前，在1994年8月2日那天。我的前一部片，就是受到欧洲尤其是英国影评人欣赏的《奏鸣曲》，在日本受到某些颇具影响力的报章杂志和专栏作家的抨击。这些猛烈又无情的批评，让我很受伤，非常难过又不知所措，因此陷入消沉。

想自我了断

隔了一段时间来看，我觉得自己那时已经筋疲力尽，工作过量又烦躁，被过多的项目榨干了。当时我觉得自己好像在原地打转，没有能力重新开始。我重复提出过去已经用过的创意发展路线，寻找新鲜感、新鲜空气，在其他人身上寻找新事物，却什么都没找到。渐渐地，我来到一个关键的临界点，一种很极端的状态。然后，就在那一晚，我骑摩托车出了事。那场意外，摔车……

关于那场意外，我没有确切的记忆。一切都发生得那么快。只记得意外发生前一晚，我在一间居酒屋，身边围绕着朋友。那个时期，我很常被狗仔队跟，为了甩掉他们，我会想都不想就选择摩托车代步。那天晚上，我出发去赴一个秘密约会，时间在凌晨三点，然后就出事了。我撞到栏杆上，把自己压扁了。被人发现时，我已经面目全非。

人家跟我说，当时医生们推断我可能是蓄意、不顾一切地骑向死亡，完全没踩刹车地猛加速。就像我对自己的脑袋开一枪一样。对于这一点，我自己倒不是那么确定，但是在致命的撞击前那一刹那，也许我喊了一声“GO！”然后就冲了。我想我大概没把我的半罩式安全帽系好。最后，我的头嵌进东京路边的钢材里。

人家把我救走时，我的状况很糟：浑身是血，头部破成碎片，身上多处骨折。我完全毁容，半边脸被捣碎了。我的下巴碎了，头盖骨有好几处骨折，一只眼睛也受到波及。我的样子很可怕，容貌毁损得那么严重，连急救人员都没认出我来！

被送到医院急救后不久，医生判断我的状态稳定，只是还处于昏迷中。我被推离急诊室。本来之后还要动一场头盖骨手术——开颅手术——后来没开成，因为我醒过来后，很干脆地拒绝了，觉得这种手术的风险太高。那些医生认为我的神经系统还在运作，但他们想确认一下，所以建议求助外科手术，还说“其实是很简单的步骤”、“没那么严重”、“不过是例行公事”……我昏迷时，有些人相信我就快死了，甚至我的亲朋好友当中也有人以为我完蛋了，觉得我伤得那么重，恢复期会很艰难、非常痛苦。最后，我逃过一劫。昏迷两天后，我终于醒了。

我还记得当时的苏醒过程……平静又祥和。我张开眼睛。天花板是白色的。当时我不确定自己是不是在做梦。有那么一会儿，我以为我前晚去了某个女子的家，以为只要转过头，就可以看见她的脸。可是我身边没有任何人。

后来才知道，当我在天快亮时被送到这间位于新宿的医院急诊室，本来没几个人在照顾我。等院方发现眼前这个难以辨认又血淋淋的伤员是北野武时，他们对我的关注马上翻倍，越来越多的医生和护士跑来。我是那样面目全非，他们当机立断帮我的脸动了手术。当然我对那里每个帮我急救的医护人员都很感激，却也忍不住想到：日本的医院和医疗体系，一定有什么地方不太对。因为如果我不是北野武，而是某个默默无名的老百姓，在同样的情况下被送到急诊室，应该不会那么快得到同等的照护——高质量，真的非常专业、标准、完美的照料。

从昏迷中醒过来后，一开始，我完全没办法控制自己的身体，也没力气握住任何东西。我经历了一段痛苦的时期，躺在床上，觉得自己根本就是半生不死。我很清楚感觉到自己可以逃过一死，却又同时觉得很不快乐。我不太清楚自己是否渴望再活下去。

很长一段时间以后，我才觉得好多了。身体状态的进展非常缓慢，但我心里知道我不想放弃自己，所以付出必要的努力来往上爬。我的合作伙伴，包括我的合伙人森昌行，都非常担心，因为我认不得他们，搞混他们的名字。这情况持续了很长一段时间，后来我甚至故意装作认不出他们来给自己找乐子。真相揭晓时，大伙儿一起大笑了一场。最坏的时候已经过去。

我活了下来，只是这场意外也留下许多阴影。离开医院时，我明白自己必须接受一件事：我的右半边脸差不多永远瘫痪了，而我必须以这张新面孔活下去。几个星期下来，我知道我再也不是同一个北野武。那场意外搅乱了我身上很多东西，不只就生理上来说，连心理上也受到冲击。

我经常觉得自己的身体就像一具人偶，而名为北野武的这一具“人偶”遭遇了一场意外。生理上的折磨会提升人的高度；如此剧烈的痛苦，会让人心神脱离、飘浮到另一个世界。某些日子里，我会有种奇怪的感觉，好像身上有什么东西失常了。那感觉，有点像我在跟身体的 DNA 决斗。尽管如此，被这场试炼搞得疲惫不堪、筋疲力尽，我还是不希望事情有任何不同。假如我该死——当时我这么想——那也是 DNA 就已经决定的事。

我的脑子倒是运作得很好，甚至可以说非常活跃：处于一种极度焦虑的状态。我渴望尽快面对那些正在等着我的挑战，又担心自己再也无法回到意外发生之前的那个我：一个电视人、电影人……当时真的很煎熬。

至于事业上，这又是另一个噩梦了。没有收入，我就没办法让公司好好运作，而且我也不想让人家以为我以后什么都不行了，所以我的目标是以最佳状态复出。我没办法放弃，没办法告诉自己：“你自己看看，只能这样了吧……这场意外毁了你的事业，大家再见了……”这是绝对不可能的事。

我一向懂得检讨自己做的蠢事，不管是失去理智或是自杀性的行为，然后承受这些行为导致的后果，尤其是外界的批评和他人的排斥。我都认了。甚至在“星期五事件”后，我都成功地再次回到电视摄影棚。可是这一次，在意外之后，事情变得很不同。我想要重拾工作，好像什么事都没发生一样，或至少，“几乎”什么事都没发生。但其实，我还没准备好重新活跃起来——身体上我还办不到。虽然我活下来了，虽然我还活着、想重拾原本的生活，但确实有一些限制存在。

我该怎么办？只能抱着勇气和耐心，只能坚持下去，希望总有一天能再开始拍片，并且在电视圈重操旧业……事情的经过就是如此。

我生命的一部分

对于这次事故，我周遭的人通常会试着寻找不同的解释。我自己觉得没有其他解释。它了不起就是一次伪装的意外——或许其实是一场失败的自杀，但我活下来了，就那么简单，虽然这一切本来是可以避免的。有些朋友说，经过这次的创伤经验后，我发现了另一个世界，一个有益的世界。他们觉得，某种意义上来说，我的人生变得更好了。我并不这么认为。我不觉得我的人生变得比较好。正好相反吧！因为我从此有了一张要命的脸啊……直到今天，当我在镜子里看到这张脸时，还是会常常笑出来。

这场该死的意外后，我酒喝得比较少了。但是在康复治疗进行得如火如荼的期间，我有几个晚上还喝得比意外发生前多出两倍以上，甚至还因为喝酒喝到肝病发作……可是那又怎样？我还是喝个不停。而且我告诉自己：“小武，你别担心，我会慢慢地杀掉你……”当时我觉得身体很不舒服，而这一点也反映在精神状态上。我想，我也是在做给那些亲朋好友看。我想要他们的注意力，却不要他们的怜悯。我想要让他们看到、向他们证明：在内心深处，我还是同一个人。不过，有一点倒也是真的，那就是意外之后，我别无选择，被迫减少喝酒的量。

从那之后，我必须注意身体上的不适，它们已经成为我生命中的一部分，连电影也受到影响。这场意外彻底改变了我身为演员的表演方式。因为这场车祸，我必须去控制并准确掌握全新的面部表情和肢体表现方式。除此之外，我走路变得有点跛，因为我有只腿比另一只短了一点点。

再来是，半边面部麻痹让我无法正确地说话。我没办法好好地发出某些音，比如“pa pi pu pe po”，或是某些字。不过，这就是现实。我接受了这一切，而且无论如何，还是继续工作。

总之，我不是一边想着工作一边接受治疗。治疗我的，正是工作。我努力让自己在面对工作时绝不退缩。就我来说，这是好好安排并平衡生活的最好办法，把行程维持在类似意外发生前的密度。

甚至，我们可以说，这场意外以某种方式撼动了我的人生……那是一种正面的方式吧，有点像1945年“二战”结束时的日本——都已经趴到地上了，只能重新出发……当然，意外发生后，我喝酒开始有节制，也停掉以前偶尔会打的高尔夫球。在复原阶段过后，我开始积极重拾踢踏舞，不是把它当成康复运动，而比较像是乐在其中的嗜好。要不是这样认真跳踢踏舞，我大概永远不会有意愿拍摄《座头市》吧。就这样，踢踏舞引领我往好的方向前进，还帮助我保持身材，不管是对身为演员或导演来说都一样。

而且，我喜欢工作。我讨厌把时间浪费在沙滩上放松、喝酒、打高尔夫，或是闲闲没事干，比如去夏威夷。这种情况会让我紧张，而且可能会让我烦躁到最高点。我只要动手做一件事，就一定要得到具体的结果，还要讲究速度和效率。

第九话　赎罪与花火

* * *

《坏孩子的天空》是一部向拳击致敬的电影，也是北野武摩托车意外后的复出作品。通过新志与小马的故事——两人是同班同学，学业成绩落后，喜欢逃学——北野武传达了青少年的困惑，以及日本年轻人固有的问题。

北野武专注细腻地描述了这两个偏离正道的好朋友之间的差异。这两人可以说是南辕北辙。小马是个说话很大声、蛮横好斗的家伙，新志则非常内向。小马跟一位同学发生激烈争吵、被打倒在地后，决心报复，加入了一家拳击社，新志也跟着加入。命运却讽刺地让新志在拳击场上展现更大的天分，甚至足以投入职业选手生涯，小马后来则是加入黑道帮派。多年后，这两个老朋友重逢了……这部电影风光地入选戛纳电影节的“导演双周”单元。

* * *

《坏孩子的天空》

1996 年

《坏孩子的天空》是那种出于经验，会令人印象深刻的电影。我在拍摄这部片的时候，就好像坐上回到过去的时光机。经过那桩意外和接下来那段瘫痪在床的过程，《坏孩子的天空》是让我重新适应社会的一部电影。

* * *

停顿，回忆，饶富意味、久久的微笑……

* * *

在《坏孩子的天空》前，我才刚完成《性爱狂想曲》这部完全无厘头的喜剧。这部片在意外发生前就拍完了，却在我复原后才在院线上映。它受到非常严苛的批评，令人难以下咽。成功拍完《坏孩子的天空》，象征我已经走出那段艰难的时期。有些人以为我已经完蛋，再也不可能回到电视圈，更别提电影圈。这部电影是我的反击。

我认为这部电影谈到许多爱与人生的问题。我的制片人森昌行希望我只要写剧本就好，像人家写书那样。同时，他也希望我不要出现在银幕上，单纯负责执导就好。继《那年夏天，宁静的海》后，这是第二部我没有参与演出的电影，却是我第一部运用了所谓“理论”的电影，也就是比较正统的导演手法。我不敢用“专业”两个字，因为我不太喜欢这个字眼。我对于成为“专业人士”——或试图成为这样的人——这种想法，感到某种恐惧，也有一点不好意思。在这部片之前，我在片场上都是爱怎么拍就怎么拍，从没认真研究过电影，只是凭着直觉套用自己的理论，毕竟我已经看过很多电影——当然还是不够多，但我认为那样对我来说已经足够了。

我做电影的方法，其实非常天真。我的上一部电影《性爱狂想曲》毫无疑问是搞砸了，在某些电影爱好者眼中可能是一部很糟的作品。这点我承认。它确实是一部不怎么样的电影。此外，拍摄那部电影时，我在片场还跟拍摄团队发生争执。技术人员不站在我这边。他们听我发号施令，但不能分享我的情绪，也不赞成我所有的决定。这部电影的双重脱序幽默，没有获得全员一致的认同。我很清楚这一点，也因为这样而不开心。我觉得自己很孤单，却没办法让自己停下来，结果就是直接撞墙。有点像我骑摩托车往路边护栏直接冲去那样。

所以，《坏孩子的天空》是一部解救、救赎的电影。我想拍一部单纯的电影，标志着一次崭新的出发，目标是娱乐观众，同时也要达到某种艺术层次，这样才有机会得到国际影评人的青睐。这个赌注赢了，因为《坏孩子的天空》是我继《奏鸣曲》之后，第二部获选参加戛纳电影节的电影，后来也顺利在好几个国家发行，受到热烈好评。

那场意外之后，我意识到自己不能再表现得像以前那个喜剧演员一样。我觉得很羞耻。当然，已经太迟了，因为我没那么年轻了。于是我决定为自己定下新的目标，一个新的遵循方向。我尝试重拾钢琴、跳踢踏舞，还有读书。身体上，我已经不再是同一个人了，但我不能停留在那里，留在意外之前的原地。我必须再一次奋起，而且必须赚钱养家。这就是我后来所做的。

拍摄《坏孩子的天空》期间，我已经回到电视摄影棚，但是我忍不住问自己：我的末日是否已经来到？因为我的节目收视率下降了。这种情况一直持续到《花火》的拍摄初期，那正好是一部集结了先前危机和我个人问题的电影。

《花火》

1997 年

* * *

花和火——是烟火的意思——爱情与死亡。《花火》无疑是北野武的作品中，最了不起的一部，一部力道强劲的电影，一部令人崇拜的电影，也是他最精练、最成功的作品。

没必要跟北野武辩论安乐死是否有理。在《花火》中，警探西佳敬杀了他罹患绝症的妻子美幸（由岸本加世子非常出色地诠释）。在杀掉她之前，他温柔地把她紧抱在怀里。除了这段揪心的爱情之外，在插入画面和北野武画作（展现枯萎的花朵与烟火）的固定镜位画面间，这部电影描述这位性情抑郁、内敛、冷静的警探如何堕入地狱，以及他抵死对抗匪徒的经过。妻子的病况让他受到重创，他的同事堀部（由北野武忠实的合作伙伴、演员大杉涟精彩诠释）又在一场与逃犯的枪战中受伤，突然半身不遂，让西佳敬大受打击，离开警察的阵营，决定以他自己的方式伸张正义……这部片让人想到“黑道电影”这个 50 年代末期出现的颠覆性类型，却又不隶属其中，因为北野武发展出了他自己的全新类型。

《花火》参加了众多国际电影节，例如纽约电影节、釜山电影节，得到无数荣耀的肯定。1997 年 9 月 6 日，在威尼斯电影节闭幕式上，北野武以这部仍留着三年前那起意外的烙印的电影，得到金狮奖。它也在圣保罗电影节中，被影评人选为最佳影片。这部片得到影评人一致的热烈推崇，后来很快又追加许多外国导演的热情仰慕。久石让的出色音乐令人着迷，一段一段地陪伴着每一场戏。音乐、导演增加的空拍与从旁跟拍镜头，一再提升了这部电影。在此之前，北野武从没拍过一部如此深沉、考究，又具有诗意的长片。《花火》这部具象征性的作品，在海内外都取得巨大的胜利。

* * *

在《花火》中，暴力是死亡的象征。一种出乎我们意料，更令人惊讶的死亡。通常，在以帮派分子为主角的故事里，观众都知道也几乎可以想象会发生什么事。死亡几乎是合情合理的。在《花火》中，我觉得情况是相反的：死亡突如其来，毫无预警。片中对话的句子都很短，这是刻意设计的。这些角色拒绝说出某些话。情感在这部片里，几乎是从空虚中诞生。看到这部电影在国外到处赢得肯定，我可不是毫无感觉……得到威尼斯电影节金狮奖，更是让我非常感动。

* * *

然后又是大海……

* * *

最后，这部电影又一次结束于沙滩上，就像《奏鸣曲》那样……我很喜欢拍面对大海的人物。这种画面让我觉得很感动。人家告诉我这已经变成我的电影的一个惯例，某种正字标记。有些影评人甚至写道：在北野武的电影里，不可能没看到海。我说过好几次，我有个梦想是拍下一个聋人看到的海。他会怎么去感觉海？我相信，任何患有感官障碍的人，他们感受世界的方式跟我们是不一样的。我对这些人总是很感兴趣，因为他们是用我们无法察觉的方式去感受周遭的事物。

颁给《花火》的那座金狮奖改变了很多事。大家因此开始把我看成一个大导演。还有就是，发生意外前，我觉得自己好像多少有点自杀倾向。在我的前几部电影中，比如《奏鸣曲》，死亡的主题纠缠不休，但我逃避去正视死亡的想法。在《花火》中则相反，我试着去接受这个宿命。在那场车祸之前，我是一个陷入困境的人，困在我的私生活里，也困在我的工作里。《花火》让我得以面对我的焦虑，并且找到方法适应它。

直到这一刻之前，我都在对抗着我所做的事。我很清楚在我心底，有什么东西破碎了，而我一直抗拒去弄清楚这一点，直到意外发生，在拍完、剪辑完《性爱狂想曲》的两个月后。想象一下，要是我归天了，《性爱狂想曲》就会成为我的最后一部电影呢……

事过境迁，回想《花火》如何让我重振旗鼓，就让我觉得很爽。这部片的拍摄进行得很顺利。它让我意识到：重新出发的机会来了，我一定要把握住这个机会。就在那时，传来《花火》入选威尼斯电影节的消息！真是千载难逢的机会。当然，我们其实早就决定要带这部电影去参加电影节。原本的打算是，如果《花火》在国外受到赏识，我在日本就有可能再次受欢迎。后来的经过也差不多是这样。

首先，在媒体特映会的隔天，报纸上出现了这些标题和赞赏："北野武的震撼"、"《花火》的惊喜"。我当时心想，有了这些好评与赞美，也许有可能得到一个奖、一个肯定，但我压根没想过自己会得到最高荣誉的金狮奖，顶多只期望得一个导演奖，或哪个演员得个什么奖……因为说真的，就连我自己的演出，都没让我完全满意。所以，当我在友人的陪伴下得知《花火》获得金狮奖时，我完全说不出话来！不论我或我团队的成员，没半个人听懂自己刚刚听到什么。等我们终于明白金狮奖颁给了《花火》时，大家都不敢相信这是真的！我感动得不得了，掌声不绝于耳，甚至在正式首映会后的座谈会上，也是掌声不断。那真是不可思议的一刻。

然后就像我之前预料的，在威尼斯摘下金狮奖后，我在日本的节目收视率开始水涨船高。几个星期后，收视率再次达到最高点。在电视台的后台，那些专业人员对我的态度也完全改变了。录像前，那些节目负责人更是常来我的休息室跟我打招呼、请我喝茶。

《菊次郎的夏天》

1999 年

* * *

北野武在入围戛纳电影节的《菊次郎的夏天》中，重新审视了他的童年。这部单纯的电影讲的是小男孩正男的故事。正男的母亲不见了——独自离开，去别的地方过新生活去了——小男孩后来得到东京下町帮派分子菊次郎（北野武父亲的名字）的照顾。他保护这个孩子，并决定陪他去找母亲。在他们的旅程中，两人遇见了一些有趣的人。拜这个小男孩之赐，这个黑道分子最后改邪归正了。

菊次郎总是穿着灯笼裤和夏威夷衫，北野武把这个腼腆男子演得惟妙惟肖。他温厚的态度很快便博得观众的好感，几乎令人动容。北野武最脆弱的一面——某种一向非常敏感的感性——就这么在银幕上流露出来。

* * *

的确，我在电影中展现的灵感，通常来自我自身的经验、我经历过的事物。《菊次郎的夏天》本来就是一部不缺柔情的电影，而且取材自我的童年。我不会假装这部电影的情节跟我的童年没有关联。正好相反，我觉得这部电影是在向我父亲致意。他是个很乖戾的男人。跟这部电影的主人公一样，我父亲的名字叫菊次郎。他的个性很内向，却把胆怯用在错误的地方。我老爸不跟他的子女说话。事实上，他不跟任何人说话。他从来不跟我说话，也不会想些好听话来讨好人。他在我还很年轻的时候就过世了。在那之后，我母亲一直拒绝跟我提起他。在这部电影里，我父亲的形象占很重要的地位。

《菊次郎的夏天》主人公是个 50 多岁的男人，拒绝承认自己的失意，对自己提出一大堆问题。他是个在感情上非常笨拙的人，不知道该跟这个 9 岁的孩子说些什么才好。正男这个孩子，整个暑假期间，意外走进他的生活。我想让《菊次郎的夏天》成为一部公路电影，用双脚走出来的公路电影，因为当我们一步一步走路的时候，那种度过时间的感觉很不一样。事实上，这是一部非常单纯的电影。

有些影评人，在这部片里看到的是一个以帮派分子为主角的新型故事，因为菊次郎是帮派分子，只是已经退休。可是，根本不是这回事！

在这部讲述日常生活某些残酷面的电影里，暴力没有用武之地。《菊次郎的夏天》也点出：当我们接受现实，并且给予它最低限度的关注时，现实就具有神奇的一面。这是一部大家都会觉得好玩的电影，因为某些重复出现的笑料与稀奇古怪的状况。但是这部片也谈到痛苦，那种我们所有人都很熟悉、精神上的苦恼。

我认为《菊次郎的夏天》很像一本相簿，让我们像在翻页一样一路看下去。我觉得它也是一部满怀柔情的作品，表现在小男孩和坏坯子间的默契上。也有人说过这是"老头与小孩间的故事"这样的话，就像在法国电影中会看到的那样……这部电影，跟我到目前为止拍过的故事截然不同。这一次，我觉得这部电影总算比较偏向生命的那一边，而不是死亡。孩子象征着希望、未来，一个更美好的世界。我想我是希望能以这部电影，向我相信的人性献上敬意。片中这两个主角都缺乏母爱，而且都还在为此难过……这样的他们，要如何尊重他人呢？

有个影评人把《菊次郎的夏天》比喻为一座"日式庭园"。我不知道这个形象是否确切，但不失为一种有创意的比喻。其实，我会拍这部片子有很多不同的原因：一部分是因为想拍喜剧，一部分是出于对童年的质疑、对双亲间关系的思考、对母亲可能怀抱的孺慕，以及一个有我父亲名字的悲剧英雄的命运。这部片也有游戏的一面，还可以看到我以前的搭档拍子清和几名军团成员。

《花火》成功之后，我开始想拍一部比较暧昧的电影，舍弃那些太"酷"或太暴力的电影。《菊次郎的夏天》让许多日本人惊讶。他们不相信我有能力拍一部关于童年、几乎称得上温柔的电影。但这部电影在日本以外的地方能被理解，而且得到好评吗？结果确实是这样，尤其是在戛纳电影节，还有随后在法国上映时。《菊次郎的夏天》在影评和票房上都有很好的成绩。

总之，我对这部电影寄予厚望，下了很大功夫，也花了许多时间。当这部电影在1999年入选戛纳电影节竞赛单元时，我记得那届的评审团主席是大卫·柯南伯格（David Cronenberg）。而人家跟我说大卫·林奇（David Lynch）很欣赏这部电影，有些影评人认为《菊次郎的夏天》有可能拿下一座大奖，只是这个希望最后还是落空了。

《大佬》

2001年

***

血腥又令人不安的《大佬》是由日本、英国与美国合资拍摄的影片，片中有几场惊人的画面。其中一幕是一名黑道分子突然把一双筷子从鼻孔插进对方的脑袋里，残暴地干掉一位对手。尽管在日本受到影评打压，这部电影却展现了一个转折点。北野武把故事掌握得很好，那些昆汀·塔伦蒂诺式的杀戮场面——让人想到《落水狗》（*Reservoir Dog*）最后的大算账——自然到仿佛没经过动作设计一般。

《大佬》这部对白很暴力的电影在美国加州拍摄，北野武与他的日本助手们必须爬出他们日本文化的茧。拍摄过程很艰辛，是一段很折磨人的经验。北野武在幕前扮演山本，一个严厉又顽固的帮派分子。他是个沉默寡言的无赖，满脸皱纹，神情紧绷，冷酷得令人心寒，一无所惧又毫不留情。他在日本帮派火拼之际，跑到洛杉矶避风头，在洛城找到辍学后成为毒贩的异母兄弟阿建，并在毒打、砍伤一个对帮派行规很在行的黑人之后，跟当地一帮歹徒结为好友。在异乡的棕榈树下，山本又重拾犯罪生活。这是一部心软者不宜的电影。

＊＊＊

《大佬》这部电影，真是说来话长！它改编自我在 1995 年发想、写下的一个故事，场景就设定在美国。因为这样，才把整个剧组拉到美国拍摄，不是出于我个人的意愿。而拍摄《大佬》的念头与机会，早在《菊次郎的夏天》前制阶段就出现了。拍这部电影最复杂的地方，除了在美国拍摄之外，就数剪辑了。原始剧本拍成的是一部大约三小时的长片，但在剪辑时浓缩成两小时。

说到底，这部片要是少了英国制片人杰瑞米·托马斯（Jeremy Thomas）坚定的支持，就不可能完成。我非常欣赏托马斯。他是个大制片家，从小就浸淫在电影的大熔炉里——出生在电影世家，父亲与叔叔都是导演。我会跟他认识，是因为他在 1983 年制作了《战场上的快乐圣诞》。之后他参与制作过大卫·柯南伯格、尼可拉斯·罗伊格（Nicolas Roeg）、史蒂芬·弗雷斯（Stephen Frears）几位大导演的作品，并以贝托鲁奇的《末代皇帝》得到极大的成就。我在带《花火》参加伦敦电影节时跟他重逢。他非常赞赏《花火》，深受感动，还说他“爱死”这部片了……从那之后，我们一直保持联络，而他无论如何都想参与《大佬》的计划。只是当时我分身乏术，一定要先拍完《菊次郎的夏天》，所以《大佬》这个计划只好暂时搁置。

在山本老大的身上，我为自己量身打造了一个角色，一个用枪声解决问题，又不太爱说话的黑道分子。这种对话上的干涸，是为了导戏的效率所做的刻意安排，简化我演这个角色要费的功夫，也更容易背下所有台词。我讨厌太长的对话，因为如果我必须讲很多话，我变成蹩脚演员的风险就更大……

我说过好几次，在美国拍这部黑帮电影是个错误——其实我是在批评美国电影工业。当外国电影工作者到美国拍片，美国电影工业老是想把他们自己的规定强加到人家身上。亚洲人到好莱坞工作很不容易，而且我说的可不止《大佬》这部片的状况：我们蛮常察觉到某种排外主义，一种不言而喻的隔离做法。我不认为这是出于一般的种族歧视，或许比较像某种大家长主义。在拍片现场，亚洲摄影师和他们的助理没什么决定权，剪辑时也没多少说话的余地，因为人家不完全信任他们。这种情况虽然不是每次都会遇到，却也蛮常发生的。

不过，当初人家提议我去洛杉矶拍《大佬》时，我做了一件失礼的事。我挑明了说："如果你们希望我到贵国拍片，我必须要求保障，版权也全部归我，否则就别找我。我绝对不会勉强自己到加州拍这部片。"另外还得说明一点，当时我有杰瑞米·托马斯撑腰，而他是英国人！终于，我们在好莱坞的谈判对象让步了，几乎接受我们所有要求：让我主要的技术负责人跟我一起去，允许我插手选角、拥有剪辑的主导权，还有他们不会改动剧本。最后，我成功签下保障权益的文件，几乎取得所有我要求的权力，也就是行动和决策的完全自由。

我敢说，事情通常不会这么简单。事实上，我这方面也有所让步、做出必要的牺牲，例如同意不照剧情顺序拍片——这跟我的习惯截然不同——并且同意缩短电影长度。我也找到一些很优秀的男演员加盟，包括奥马尔·伊普斯（Omar Epps）、真木藏人，以及优秀的女演员、梦寐以求的制片团队，虽然仍然不算结合最理想的条件。集结日、美两组人马一起进行拍摄，过程其实很艰辛。美国方面的团队工作得非常辛苦……

＊＊＊

“拍摄期间，北野武非常冷静、专注。”2008年底，我在东京遇到本片一位女演员，她回忆起当时的状况，“跟其他导演比起来，他拍得很快，每个镜头会拍一到两次，但不会更多，而且他不会要求一定照着剧本来。1999年9月，出发前往美国之前，我在一场试镜会中被选上。那天，北野武非常难过，因为他妈妈才刚过世。试镜会来了很多人，也许是为了让他暂时忘记悲伤，我决定现场演出一段喜剧，成功把他逗笑了，虽然时间很短暂。也许是因为这样，我才得到那个角色。”

＊＊＊

拍摄这部片的期间，我们度过一些非常美好的时光，也遭遇一些滑稽的插曲。我永远也不会忘记，某天拍摄一段街头的场景时，一名饰演盗匪的拉美裔年轻演员表现非常出色。我走过去跟他打招呼、问了一些问题，他说他偶尔会在当地电视或电影里演出配角。我再问他没演戏时都做些什么，结果，他告诉我：“在帮派里兼差！”没开玩笑，我们的配角是来自道上的兄弟……

《玩偶》

2002 年

* * *

北野武以这部了不起又震撼人心的《玩偶》，首次展现出电影工作者严肃与警世企图的一面。这部他最中规中矩的电影，既无幽默也无暴力，拍摄手法有如一套画册。

这部片在威尼斯电影节放映时，获得的反应颇为冷淡：习惯看到日本杀手大叔故事的影评人与参展人士，对此片的气氛感到惊讶。本片显然是作者最精致也最女性化的电影。精心摄制的《玩偶》述说着三段锥心的爱情故事，结合了遭痛苦与忧郁啃噬的女主角，以及受悔恨折磨的年轻反英雄人物。

* * *

《玩偶》是我特别看重的一部影片。它奇异的气氛，在我的电影作品中相当少见。这部片的概念非常独特。在筹备的初期，我想在大银幕上描绘当人失去爱的感觉、尊重与友情时，人与人之间可能呈现什么样貌。事实上，我觉得在我们这个时代，人们变得不知道该怎么对话了。因为生活中忙着赶来赶去、仿佛再自然不过的压力，还有家常便饭一样的大小意外，占据了大家的时间和心思，让人们失去彼此间的联系，沟通几乎失能。

这部电影由三个故事组成，灵感来自日本传统偶剧：文乐。文乐的主要作品出自这项传统艺术之父——剧作家近松门左卫门，他也曾经转而创作歌舞伎剧本——当中被称为“世话物”的剧作（历史剧），成为文乐常态剧目的核心，题材大多为人情百态、情感问题、悲伤的爱情、殉情等。当我们初次接触文乐的剧场演出，乍看之下会觉得文乐非常单纯，其实这是一种非常精致、细腻的艺术，非常美丽，就像书法一样，是一种暗示的艺术，细腻地揭露个体之间的关系。

一具文乐人形（净琉璃偶）必须由三个人操作：一名新手负责脚部的动作，副手负责用右手操纵人偶的左手。至于主要的操偶师，则掌管其余的部分，也就是头部与右手，而且他必须拥有至少二十到三十年的经验，才能达到这样的地位。

虽然不管怎样都会被观众看见，三位操偶师仍然会穿上黑衣，让自己尽可能低调。他们技术的精巧、灵敏、细腻，再再令人惊奇不已。他们的身段也必须非常柔软，才能在很长一段时间内半弯曲着双腿移动。

人偶的姿态有两种类型，一种比较写实，另一种比较雕琢，就看操偶师想表现的情感而定。在这个艺术表演中，还要搭配一名歌唱的太夫（旁白者）和伴奏的乐师。这是一种非常讲究的艺术类型，17 世纪兴起于京都、大阪地区。

构思《玩偶》时，我的想法是要把最美丽、脆弱、细腻的关系搬上银幕，就像近松门左卫门在舞台上呈现的。那些多半让人不禁感伤的关系，是属于我们这个时代的关系。我一开始想象的《玩偶》，讲的虽然是人的故事，却是由人形净琉璃偶来阐述，剧中人物都不说话。当时我甚至觉得只要用字幕表现就够了，有点像以前的默片那样。后来我放弃这个想法，改用人形净琉璃偶担任电影要角，跟人的角色共存。这样的《玩偶》，已经不完全是我本来构思的那部电影了，没有我当初想象的剧场面向，尤其是对那些最后以殉情作结、受伤害、不可能实现之爱的描述。尽管如此，最初的想法还是通过四季转换的片段在银幕上呈现了。

《玩偶》是怎么完成的，过程其实很曲折。首先是我想要改变风格，拍一部关于热烈情爱的电影，不再是黑道的故事，不再有暴力、鲜血，也不再有帮派分子——片中唯一出现的黑道人物，是个年迈的帮派头子，苦闷、心事重重、孤独、满肚子悔恨……我想拍的是一部叙述男女单纯故事的电影。打从一开始，我就想象一对形影不离的乞丐情侣，一起漂泊流浪，被一条无法摧毁的爱情锁链连接在一起。我想到一个随着四季交替进行的故事，也想到一种由不断变换的背景构成、用好几个取景角度呈现、以鲜艳色彩构成的摄影。

但是很快地，随着剧本逐渐成形，我发现这个故事没办法成立。我自问：也许，这个剧本太简单了？我感觉这个故事的推展不再如我想象的，也不认为光靠这两个人物就能撑完整部电影。就是在这样的情况下，我才想到配合最初的故事再增加两个情节，接下来就让这三个故事持续往下发展。

就在这时候，发生了完全意料之外的事。一个戏剧性的转变！我的朋友，曾经负责《大佬》服装的知名时装设计师山本耀司，老早答应要为《玩偶》制作服装。我非常开心可以再次跟他合作，但后来，山本耀司设计的服装跟故事完全搭不上！当他带着他的作品出现时，现场简直滑稽透了！

他创作的服装当然非常美丽，甚至可以说美极了。但是，流浪汉不可能穿那样的衣服啊！我只好提醒他这些服装在电影里是要给一对居无定所的男女穿的……我完全可以想象也明白山本耀司是特意这么设计的。当时情况很特殊，我知道他忙到翻了，同时在为服装秀和即将在巴黎推出的最新一季服装做准备。我完全可以想象他的行程有多满！

我了解山本耀司，知道他一定连熬了好几夜做这些服装，希望我会喜欢，努力把这项工作做到最好，所以我没办法粗暴地打发他走，也不能客气地跟他说：“如果不会太添麻烦，可不可以统统重新设计？”尽管如此，这些华美耀眼、色彩鲜艳的服装，确实造成拍摄与制作团队某种程度的不安。到底该怎么办才好？我们整个傻掉，完全被打败了。

在跟山本耀司道谢的时候，我想到了解决的方法：改剧本，加强剧场面向和叙事的形象表现。我决定把故事打乱，让角色就像文乐中的人偶一样受操纵宰制。事实上，多亏了山本耀司的服装，我才回到我最初的想法，回到净琉璃偶戏上头。这感觉有点像他独力完成了半部电影！他的服装影响了这部电影的摄制。

从任何角度看来，完成这部电影的过程都是一个崭新的经验。我筹备拍摄一部大银幕作品，题材取自传统戏剧，这还是头一遭。而且在拍摄当中，我关注的重点之一，就是怎么用摄影机的动态作业去展现古老日本的经典艺术。

同样地，为了呈现电影一开头提到的剧作《地狱的信使》，我用了四张自己稍早之前完成的画作当参考数据和剧本元素——好吧，说是剧本，其实言过其实了。因为一般来说，我工作时不太会用到分镜脚本，比较常用口头交代、说明，仰赖团队的集体作业。在《玩偶》之前，我从来不需要——也许只有在拍《花火》时除外——靠图像来“书写”情节脉络，也从来没有像构思舞台剧那样去设想一部电影的段落。

这部电影很特别的一点是，在拍摄期间，我不断要求我的男女演员“千万不要演戏”，但他们就是来演戏的！这让他们多少有一点狼狈。想想看这些演员会有什么反应，当你告诉他们尽量不要有存在感，更不要演戏，而他明明人就在电影的拍摄现场，摄影机还正在拍摄！拍片的时候，我很坚持也再三要求演员尽可能舍弃他们的专业反射和诠释的本能。我要他们在银幕上看起来就像“人形净琉璃偶”。对许多人来说，这不是简单的事。对我来说也一样，这是一次全新的尝试，要跟一大票我不认识的演员一起工作。

我之前的电影都没有太多色彩，比较偏向单色调氛围的反复重现。“北野蓝”（Kitano Blue）这个字眼，用在我大部分的电影上都很贴切。但现在我想有所突破，我想使用色彩，而且特别想拍摄四季。这个想在银幕上呈现绚丽、鲜艳、真正色彩的渴望，就是筹拍这部电影的动机之一。

电影开拍后，好运马上就来了。当年刚好秋天来得早，枫叶比预期的更早展现出一种耀眼的艳红色。这真是个意外的惊喜。反正我们本来就打算等待每个季节绽放的时刻，从秋天一路到春天。因为《玩偶》里首要的重点，就是一切稍纵即逝。我想表达的，就是日本的四季与大自然稍纵即逝这一面。另外，画作也给我很大的帮助。

《玩偶》的色彩有时候是非常刻意的，尤其是那些以红色为基调的色彩，可以用来表达热情。这些红色被凝聚在电影中某个特定的时间点，来强调那对被绳索系住的情侣在激烈情感上的戏剧性演变。他们的爱情让我们无法理解，甚至觉得害怕。那个红让我印象深刻。我很高兴电影的拍摄是在这个大自然色彩的盛会中进行的。说到这里，我忍不住觉得遗憾。现代的日本全神贯注在“business”上，扬弃了鲜艳的自然色彩、任它们缓缓消失……这种美的没落令我惋惜。日本人的文化认同就在我们眼前烟消云散。

拍摄期间，我不确定这些画面能不能在银幕上好好展现出来。而当我看到秋天场景的毛片时，简直满意极了。摄影非常美：山本耀司的服装，春天的樱花树，秋天的红叶与黄叶，一片和谐。

我知道这部电影的票房不会很成功，但我认了，因为我一直很想拍一部这种类型的作品。在我看来，《玩偶》是一出拍成电影的文乐，就像我一直梦想的那样。有人说《玩偶》这部片让我进步很多，我的电影因此更上层楼。不过，我很难消受这样的赞美，甚至光想到它就能让我沉入尴尬的大海。有点像第一次去“泡泡浴”的那种感觉……

* * *

在日本，“泡泡浴”（soap land）指的是按摩沙龙，提供性服务。男人会去这种按摩店，花钱跟按摩女郎来段滑溜溜的贴身接触。在日本，这种按摩院长久以来被称为“土耳其浴”。在接到土耳其的正式抗议后，这个日式英语名称就越来越普遍了。

* * *

这句话我说过很多次了——不管它看起来如何，《玩偶》在我眼里是一部暴力电影，反映这个社会的焦虑。这部片讲到的那些人，那些男人女人，尤其是年轻人，完全不想奋斗，不想追求现代社会赞扬的那些目标，例如无论如何都要成功、结婚、组织家庭等等。这些事在他们眼里没有意义，也没什么重要性。事实上，《玩偶》呈现了我们当中有些人如何在命运的打击下，可能落入支离破碎的下场。最后，由于那是他们自己的选择，或屈服于某种限制，电影中的人物从简单的幸福身边逃开。而他们的逃避，看起来是那么不得不，而且刻不容缓。比如，当一名年轻女子觉得自己受到背叛、被所爱的人抛弃时，决定要自我了断。在我看来，这是一种真正的暴力表现，让人措手不及的。

暴力不是只有一种面相。它可以跟2004年12月印度尼西亚苏门答腊岛大地震引发的大海啸同样残酷，当时没人料想过竟然有这么暴力的自然现象存在。一场深层大地震，然后可怕的巨浪卷走了一切……这样的暴力，跟我们在电视上同步追踪的伊拉克战争造成的破坏，完全是两回事。这场战争称得上是预先计划好的……

《玩偶》也对残障和疾病提出省思，看起来残酷到了极点，比如一名女主角领着一个盲人走在景色绝美的地方。在《玩偶》中，死亡毫无缘由地发生。每一次，当片中人物试着去碰触幸福的时候，就会被死亡击倒。这部电影展现出连接爱情和死亡之间的微妙关系。去爱，不就是一点一点地死去吗？片子里看到的那个池塘里，睡莲象征佛陀，就某种方式来说，也象征死亡。在《玩偶》里，美和转瞬即逝之间存在着连接。即使是在大银幕上，美也不会持续到永远。

《玩偶》在几个欧洲国家获得某种程度的成功，尤其是在俄罗斯。天晓得是为什么！也许是因为俄罗斯人是非常忧郁的浪漫主义者？它在莫斯科的院线推出后，持续上映了两年之久，而且还定期重新上映。由于《玩偶》在俄罗斯这么受欢迎，2007 年时有人要我帮俄罗斯电视拍一部广告片，用《玩偶》的画面向俄罗斯消费者吹嘘日本品牌松下等离子电视的优点……我真的这么做了。

这支广告终于完成时，在东京举办了一场记者会，好几名俄罗斯媒体记者与播报员出席，包括两家电视台、几家周刊、月刊与日报等媒体。我接受了很多访问，把自己累坏了。俄罗斯记者蛮幽默的。在一场访问中，有个记者认定我“在日本握有大权”，因为我制作并主持许多电视节目，也因为我这十五年来拍摄的电影，然后还大笑地加上一句，说我是“日本的普京”。我没笑，完全笑不出来……没办法把这句话当成一种恭维，因为这种比较很不公平。我啊，可从来没让车臣的人成为烈士，也没让任何人受钋元素的毒害！

***

就是在这样的情况下，一支重现《玩偶》中耀眼景色、鲜艳色彩的广告片，攻占了俄罗斯的小屏幕。在这支广告的结尾，北野武用俄文说了一个字："完美"（Prevoshodno）。当时那个占领红场的广告牌，规模大得惊人：一张十五米高、四百米宽的海报上，印着北野武染成白金色头发的巨大脸庞。

2008 年 6 月，北野武再度受邀参加第三十届莫斯科国际电影节，电影节期间放映了好几部他的电影作品，包括《凶暴的男人》《奏鸣曲》《花火》《玩偶》和《座头市》。北野武因其电影整体成就，获颁一项荣誉奖。"我很高兴在一个充满历史与传统，同时又创造出众多艺术形式的国家，得到这个奖项。"北野武当时这么宣称。电影节之外，他还在俄罗斯的首都传授了一堂真正的"电影课"。北野武是俄罗斯最受欢迎的日本人。

***

几个月前，我人在莫斯科，在那里见识到一场规模浩大的炫富行径：跟卡车一样长的豪华大礼车、法拉利、防弹奔驰轿车……跟过去的苏联相比，真是天差地远啊！这道鸿沟，在我眼里显得更为巨大，因为我在这趟旅途中读的是索尔仁尼琴的作品……这次的行程，让我再次跟俄罗斯记者面对面。他们实在太有趣了，没有对我提问题，而是往我身上丢花……

在莫斯科，他们让我在一家正对着克里姆林宫的豪华饭店落脚。有一天晚上，我听见一阵夸张的骚动声。当我打开窗户一看，还以为车臣人占领了红场！因为红场上一片黑压压的，满满都是人！原来是因为俄罗斯刚刚在一场足球赛中赢了荷兰！

《座头市》

2003 年

* * *

《座头市》是北野武的第一部古装片和武侠片，成功地投入历史剧类型，把手枪换成武士刀。时间是江户时代（1603—1868），那是属于武士的日本。在德川幕府的统治下，首都为江户（东京的旧名）。当时日本还没完全对世界开放。

电影主角阿市（座头市）是个眼盲的旅人，靠着当职业赌徒和帮人按摩维生。他的残疾背后隐藏着一个惊人的事实：他其实是一个很厉害的剑客，可以一次对上 15 个匪徒，一个个解决他们。这会儿他翻过山，来到一座被恶人银藏及其党羽控制的村庄。他们不只施行恐怖统治，还向商人敲诈钱财。在一家小餐馆中，阿市遇到两名艺伎——野子和妹妹阿清——两人散发着一种优雅又危险的气息，从一个村子到另一个村子，找寻在她们年幼时杀害父母的仇人。她们只有一个名字当线索：草绳老大。手持一根拐杖剑的阿市决定帮助她们，靠自己的力量来伸张正义。

在这部日本版的意大利式西部片里，从片子一开始（本片开头没有上字幕也没有说明文字），每个人就在为自己的利益互相残杀。我们在片中看到的叛逆武士，完全符合日本人（还有西方人）一贯的期待。片中的对白经过雕琢，就跟阿市的刀锋一样锐利。电影的灵感出自子母泽宽的小说，以及三隅研次导演的第一部《座头市》电影（1962年）。这个角色多年来（从1962到1989年）都由胜新太郎饰演。当时，黑泽明以《用心棒》让日本武士电影取得票房上的大成功。

从2003年在大银幕上映后，北野武的《座头市》无论在日本或其他二十几个国家，都获得相当可观的成就。这部片得到美国的昆汀·塔伦蒂诺大力赞扬，也获得大多数欧洲影评的认可，诸如"大师之作"、"出奇制胜"、"完美掌控"等赞美。法国媒体狂热推崇这部电影。《座头市》在威尼斯电影节赢得银狮奖的殊荣，也得到多伦多电影节的观众票选大奖，并且在日本影艺学院奖（相当于日本的恺撒奖或奥斯卡金像奖）中获得九项提名。当北野武在2003年秋天到威尼斯参加本片的欧洲首映会时，他的现身惹来一大群疯狂粉丝的尖叫。

＊＊＊

在日本，自从我以《花火》得到威尼斯电影节金狮奖，后来又以《座头市》拿下银狮奖，日本人才想起来：我不只是个电视节目主持人，也是电影导演。这些奖改变了很多事：许多日本人因此愿意去看我的电影，或去录像带出租店借来重看。从这一点来看，《座头市》具有启发观众的作用。它是我多年努力的成果。

这是一部拍起来非常特别的电影，一次很强烈、新颖的经验，因为《座头市》是委托的项目。这是第一部有人要求我拍摄，而我也愿意接的片子。我没办法错过这样的机会。

制片人的意愿很强，让我顺利地在这个计划中取得真正的决策权与拍摄自由，以导演的身份，甚至也以剪辑师的身份。拥有庞大的制作经费，这部电影当然得照商业逻辑行事。我找来一群杰出的演员，很有才华的男女演员。这部片也让早乙女太一崭露头角。他是剧场出身、名符其实的小天才，演这部片的时候才刚满十岁。

《座头市》让我在职业生涯中头一次拥有完全的自由，可以实现我对于娱乐片的概念——以我的资历来说，我很清楚那是什么！从电影的第一分钟起，我就想让它被当成娱乐来看待。西方影评人曾经表示：这是一部“日本西部片”。这个评论完全正确！

有一件事很清楚，那就是：拍电影要比演喜剧来得困难多了。在舞台上，在电视摄影棚内，身为喜剧演员，意味着要使尽浑身解数让观众发笑，过程中没什么深刻的东西。相反地，我在大银幕上想做的，是想象出各式各样发人省思的局面，目的是把观众带到一个意料之外的地方，同时试着让他沉浸在感官和情绪的海洋中。我觉得《座头市》确实达到了这个目的，甚至还超越我的期望。

还有，考虑到制作团队张罗到的可观的大笔预算，我被迫接受使用特效。这可不是心甘情愿的，因为我一直对电影特效持保留的态度。我觉得特效好像会让东西变质——不是扭曲现实，因为这本来就是特效的作用，而是会让影片本身变质，甚至会让电影本质的东西产生变化。我没办法对某些电影感兴趣，像是《斯巴达300勇士》，尽管这部片的票房非常成功，但因为它一味使用特效和绘图，在我眼里总之就是一部科幻片……也许非常漂亮，但怎么看都觉得很假，尤其它非常商业化，不是真的关于斯巴达战士的历史作品。话说回来，这不表示我不欣赏某些科幻电影……

回到《座头市》上。这部片改编自一部备受推崇的小说，在日本非常受欢迎，作者是子母泽宽，把江户时代日本文化中一位不容错过的想象人物搬上舞台，在 60 和 70 年代被改编成电影和电视的众多作品都非常受欢迎。

1989 年以前，这个角色都是由胜新太郎扮演，但我从来不是这个拍了 25 集传奇故事的头号粉丝，因为他们呈现这个传奇的方式。我甚至没看过所有影片，只看过其中几部的录像带，而且我得说，这样就够了。我总觉得胜新太郎饰演的这个正义之士，有点过头了。那不是我心中对这个角色的看法。所以，我一点都不想去模仿他。不提别的，光就外表来说，我的这个角色就跟他一点关系也没有。在开拍的六个月前，我已经先把头发染成金色，甚至就这样子出现在电视摄影棚，好让观众习惯这个新形象，同时尽可能先受到我这个新身份的影响。

尽管如此，决定投入这样一场冒险、把这个如此受广大观众喜爱的古老传奇故事改编成电影，可不是一两天内决定的事。没错，这是一部委制片，但要是齐藤妈妈——齐藤智惠子——没那么坚持要我来拍这部片，也许我不会投入这场冒险。

这部片在院线上映时，我完全没想到这个既具原创性和节奏，又充满惊喜和笑料的改编版本——这让我还是会忍不住担心——能在年轻人中得到那么大的反响，不论在日本或海外都一样。如果我说这没让我很开心，我就是在说谎。这部片在世界各地都得到赞赏，甚至在澳大利亚、新西兰，还有土耳其都一样——《座头市》在伊斯坦布尔让影院客满了！它在威尼斯赢得桂冠，也得到许多其他荣誉，当中包括一个加拿大的奖。

虽然故事的灵感来自昔日的传奇，但我没有重拾“武士刀”和最受欢迎的传统武术步数。或许你也注意到了：我的《座头市》里没有功夫、没有泰式拳击，也没有中式拳术。我不想给自己任何框架，所以没使用任何类型的对打场面。大家在片里看到的大多数对决，出自我的想象和设计。但这不表示这些打斗场面的准备工作就比较轻松。正好相反！这些场面真的很伤脑筋，拍摄时间很长，很复杂，很累人。组织和改编的工作非常庞大。每一场刀剑戏在拍摄上都费了很大功夫。

《座头市》的打斗场面，就跟最后那场配上音乐、时间很长的踢踏舞戏一样，大部分来自我师父深见千三郎当年在浅草教给我的东西。不过，如果《座头市》要拍续集的话，我很可能会从比较传统的打斗戏中找灵感，不论中国式或日本式的都好。

我考虑要拍续集，已经好一阵子了，但目前仍然只是一个计划而已。日本和国外许多电影爱好者，都鼓励我拍一部比第一集故事更现代，而且可能更血腥的续篇。我在考虑中，但现在来说，还没很认真打算拍第二集。我还没准备好，而且说真的，每部新作品的类型，都要看我当下的心情。不过，有一点是很确定的：我还会继续拍其他的暴力电影。

第十话　分身三部曲

***

正如作家诺曼·梅勒（Norman Mailer）在他的惊悚小说经典大作《美国梦》（*An American Dream*）中想象出一个分身，或是像伍迪·艾伦在他的电影里想象出与自己相似、正在经历存在危机的偏执狂主角人物一样，北野武决定在三部令人惊奇的电影中把自己搬上银幕，分别是：《双面北野武》《导演万岁！》和《阿基里斯与龟》。

一组慷慨激昂的三部曲，展现一种混合自传与想象的解放性宣泄。这位疲于收买人心的导演，在三部曲中透露了除掉个人确定性的渴望，连同其电视化身"拍子武"的谎言与傲慢。

***

2006年9月，第62届威尼斯国际电影节期间，我担任神秘嘉宾，没人料到我会现身，而我2005年拍摄的《双面北野武》刚好在最后关头入选了威尼斯电影节。放映会后，出现了始料未及的两极反应："这是您最糟的电影"和"这是您最棒的电影"。在日本，《双面北野武》被认为是一部"诡异"的电影，但我相信日本人完全没搞懂这部电影。

《双面北野武》

2005年

***

批判性的自画像，清醒又好笑。毫无疑问，《双面北野武》是这位导演最令人疑惑（因为没有叙事线）的自白电影，也是他最无法归类、最古怪的一部电影。《双面北野武》令人无言以对。

在这部超验的电影中，北野武把娱乐界大明星“拍子武”忙到翻的生活搬上银幕，但他也制造了一个惊喜：在银幕上多加了一个长着“拍子武”明星脸的家伙。他是超市收银员，一个头发染成白金色的“输家”，一个内向的土包子，咬紧牙关等着自己出头的时候到来。在参加好几场令人挫败的试镜会并巧遇那位伟大的“拍子武”后，这个明星脸陷入了严重的妄想。在这场妄想中，“拍子武”的真实生活面与北野武的暴力电影片段，在令人头晕目眩的影像拼图中，以一种让人困惑的叙事流和荒诞的交汇方式掺杂在一起。

欧洲影评人的意见颇一致：《双面北野武》既“莫名其妙”，却同时也是“成功之作”、“超现实”。以嘲弄的方式呈现园游会上的射击游戏与北野武的狂想，反映出这位导演复杂的心理状态。北野武将不连贯的画面串连在一起，就像过去的立体派画家那样。《双面北野武》看起来像一系列的业余画作，并在现实与诗意之间取得一种令人讶异的平衡。北野武提到这部片子时，他的样子就像个因为一场误会而受到伤害的人，对观众不痛不痒的反应感到失望。其实他为这部电影铆足了全力。

***

拍《双面北野武》这部片时，我玩得很乐，玩到自己都觉得害怕。我让自己尽情发泄，享受一人分饰两角的奢侈，放任想象力和神经病带领自己。这两个角色的疯狂程度不相上下。大家看到他们俩的路交会，一个身为电视节目主持人的成功艺人，还有他的分身，一个可怜的家伙，保守又穷困潦倒，在超市当收银员，梦想成为电影明星，参加一场又一场的试镜（其实是受到一次又一次的羞辱），只为了得到一个角色……

该怎么正经地跟大家谈这部电影呢？

银幕上，那个主持人就是拍子武本人，另一个则背负北野这个卑微的姓氏。我不怕在观众眼里丑化我自己，观众可能觉得我疯了或太自以为是，竟然还想拍正在跟他的偶像“拍子武”要签名的粉丝北野！这场戏是一个噩梦，不管对导演（就是我！）或对观众都一样，也回应了人家对我的绝对刻板印象。我很清楚这样一场戏有多怪。两个家伙长得相似却又不会被搞混，这种复制几乎没完没了，不论电视或电影上都有——我不记得什么剧情了，总之这是一种方式，非常好笑又可以嘲弄我自己。

这部片子其实是在反思我这些年来变成了什么样的人。在电影中，北野失去对分身的控制，反过来也一样成立。我在剪辑完后看片时，发现《双面北野武》比我本来想象的还要奇怪。所以，我是第一个被这部片子吓到的人！

本来，这部深植在我脑海中已经十多年的电影，片名应该叫做《碎形》（*Fractal*），情节跟《双面北野武》也很不一样，就是一个平凡的男人，先受到一连串事件的冲击，后来又沉浸在悔恨当中，导致他的想象力完全暴走……但那个时候，制片们觉得这故事的情节太复杂，马上就放弃这方案。他们觉得它太过实验性，说“观众一定看不懂”。他们深信，把一个这么抽象的剧情搬上大银幕，跟我直接冲去撞墙没两样。

我能理解他们的疑虑，但我还是不想妥协。当时我觉得，一部这么古怪的电影——如果拍得出来的话——可以帮助我把我的不同身份看得更清楚！身为电视人的我，可以更准确评断身为电影人的我，反之亦然。通过这个方式，来剖析我心目中的“我”！不过，有本钱投资这个计划的制片人却不认同这个故事。

终于，几年后，有《座头市》大卖座的撑腰，我又回去跟他们谈一个乍看之下很相似，却是由一个非常不同的想法衍生出的计划。我跟他们说：“不是《碎形》了，而是另一部电影，片名也不一样，故事是一个可怜的家伙对自己的想象力失去控制——那当然就是我，电视人，还有电影人，一个人分饰两角！”这次他们可喜欢了！大家马上一头栽入这场冒险。

尽管我不认为在这部片中，拍子武和北野武这两个角色确切反映出我个性上的暧昧，我还是得承认，这部电影确实有疗愈上的意义。《双面北野武》让我感觉到跟自己保持距离的需要，还有证明自己清醒的需要，才能更清楚地批判我自己，尤其当我总是被崇拜者包围的时候……

这部电影对我来说，是第一部如此私密的作品，在我心里占有很重要的位置。在我以前的作品中，我必须扮演跟自己非常不一样的角色，但在《双面北野武》中，我的角色就是生活中的自己：一个事情多到快翻过来的人。这一次，我不用再操心其他角色，只要关心我自己的角色就好。

* * *

在约翰·马克维奇的《变脑》(*Being John Malkovich*）这部电影后，《双面北野武》的片名大可叫做《变成北野武》(*Being Takeshi*

Kitano）。这个双重人格的大银幕作品，有人曾在英语世界的平面媒体上做过精彩的分析，作者是对北野武作品与日本电影最熟稔的人之一：美国专栏作家唐纳德·里奇（Donald Richie）。

* * *

《双面北野武》里有满满的小故事。这是一部不需要严肃看待的电影，记录了我身为剧场演员、电视人、电影演员的所有经历。在写下剧本、拍成电影的过程中，我把自己揭露出来。大家会在银幕上看到我是个简单的人，一个真的很平凡的人。我不希望这部电影有情节，结果是给人莫名其妙、混乱、没头没尾的感觉。

《双面北野武》是拍给电影爱好者和热衷超现实主义、立体派的行家看的。这部电影——我再说一次，没什么东西好懂的——也有可能吸引那些喜欢看二十或三十分钟短片的爱好者。它是一个狂想，一个怪点子，一个浪漫的念头，一个乐趣，一个出发去旅行的邀请，一个把那些真正的影迷带到另一个世界的机会。

我同时也想给自己找乐子。我希望观众在走出影院的时候，会不太确定该说些什么、想些什么。就像我说过的，这是我从以前就有的梦想：捕捉并拍下我们以为真实和眼中所见事物之间的差别。我想牵着这些人的手，带领他们去对自己提出一些问题，鼓励他们自己去想象接下来发生的事。我不希望人们只是"看"这部电影，我也希望他们去感受、体会这部电影。然后，可能的话，希望他们会决定再看一遍，然后再分析它一下。

有些影评说——也许说得还蛮贴切的——这部电影就是我给人的形象：一种矛盾。这是部奇怪的电影，但我认为它的诡异和暧昧，完全不输给我们身在其中的这个世界。今天的日本，没有任何事物是清楚分明的。况且，抽离是为了走更远的路——这个意思是，我想嘲弄自己以前的作品。因为在我眼里，我对我的电影永远没办法满意。我是真心觉得我在电影下的苦功都是白费的。

***

有位电影艺术界的大师也曾经侈言自己拍了些失败的作品：奥森·威尔斯。这位《公民凯恩》《夜半钟声》与《历劫佳人》的导演，曾经为他最后几部电影带来的失望所苦，难过到认为自己已经过气，该结束他的导演生涯了……

***

我们可以从电影上映后收到的礼物，来评估自己的电影激发了什么样的反应。《座头市》上映后，我收到一把很棒的吉普森吉他、一件珠宝，还有一个非常珍贵的老模型。而《双面北野武》上映后，有人在巴黎送了我一个古驰的包包，一条爱马仕的丝巾……

在国外宣传这部电影时，我照惯例要求，接受了媒体访问。当我说这部电影在我眼里没有什么价值时，那些记者的表情非常难看。这样就够让发行商跳脚了。在巴黎，“赛璐片之梦”（Celluloïd Dream）是法国负责销售我的电影的公司，总裁恩嘉美·帕纳希（Hengameh Panahi）是个了不起的女性，刚好也是导演让-皮埃尔·里莫森（Jean-Pierre Limosin）的太太。她告诉我，我原句转述如下：“拜托你阿武，请不要那样贬低你的电影。因为你那样说，会让我找不到任何买主，全欧洲一个发行商都没有。”大家能想象那个场面吗？

《导演万岁！》

2007 年

* * *

《导演万岁！》是电影界货真价实的不明飞行物体，也是北野武围绕着“艺术的解构过程”主题想象出的三部曲之二。

在这部滑稽好笑的电影中，北野武招认了：电影是一种毒品。这次他本人又被推到幕前，在自己导的电影中出现：一名医生在北野武的脑袋里发现一种罕见的异常状态——他的大脑其实是一台摄影机。就像在《双面北野武》中那样，北野武在片中取笑了他的分身“拍子武”的公众形象，同时还友好地嘲弄了几位风格完备的导演，以及日本与世界的流行文化象征。他也顺便通过来自《黑客帝国》“子弹时间”（bullet time）与李安《卧虎藏龙》的灵感，向新电影致敬。

在性质与类型上，这部具有滑稽自画像风貌、脱序又异想天开的电影，有点类似特里·吉列姆（Terry Gilliam）和特里·琼斯（Terry Jones）的“巨蟒小组”[1]系列。而根据北野武的说法，这部片没有得到“预期的成功”。

1　巨蟒小组（Monty Python），英国知名喜剧表演团体，全称“巨蟒的飞行马戏团”（Monty Python's Flying Circus）。1970 年代起在英国 BBC 电视台制作了一系列喜剧影集，风格辛辣、荤腥不忌，与美国的《周末夜现场》（*Saturday Night Live*）相互辉映。该团体也推出许多电影，包括《巨蟒与圣杯》（*Monty Python and the Holy Grail*, 1975）、《万世魔星》（*Life of Brian*, 1979）和《脱线一箩筐》（*Monty Python's The Meaning of Life*, 1983）等。成员之一的特里·吉列姆是美国人，被延揽到该团担任导演、编剧和动画制作。

* * *

我强烈感受到拍摄《双面北野武》续集的需要。在东京国际会议中心举行的首映会上，许多人都笑弯了腰。这是三部曲中的第二部。拍摄这三部电影是一种必要。不管这些电影拍得成功与否，不管这些电影是不是受欢迎，都是另一回事。确定的一点是，《导演万岁！》比首部曲《双面北野武》还要更蠢。我的目的是再一次去嘲笑——不是嘲笑电影本身，也不是嘲笑其他导演的电影作品——而是嘲笑我自己的作品，到目前为止我拍过的所有电影。从电影的观点看来，我认为那些都是惨烈的失败之作。惨败到我不认为别人可以把我当成真正的电影导演看待。

《导演万岁！》看起来像一部喜剧片，其实并非完全如此。我的优先考虑不是要让人笑——尽管，当然啦，这是一部娱乐片。我诠释的那个角色是个可笑的家伙，有一种冷面笑匠的幽默感，尤其在操纵他那个有时候会错乱的人偶时。

除此之外，这个三部曲中的第二集，还是一部非常个人的电影。就我的角度来说，这是一种治疗……当我不好过时，我的感觉就有点像在操纵一个人偶；这个人偶“我”，实际上并不属于我。我就是想用这种方式，让拍子武与北野武达成和解。[1]他们俩的其中之一在控制另一个

1 拍子武与北野武，《北野的敌人武》，是日本电影专家且精于剖析北野武风格的菲利浦·阿祖维（Phillipe Azoury）所写的一篇评论标题，2008 年 7 月 16 日刊载于《解放报》：“就我们所知，几乎找不到一部电影可以跟这一部相提并论……北野武是他自己的敌人，也是这最新一部电影的线索。它的故事包括世界末日、不明飞行物体、假扮成齐达内的超级英雄、一个堕落的实业家，以及两个很可能是母女的疯女人。导演在一种彻底的荒谬中完成这部作品。仔细回想，这部电影其实蛮感人的：付出昂贵的代价，却连装模作样都做不到。这是一场闹剧，当中的傻子正是这位电影人（愿他万岁）……”——原注

的人偶运作。因此，通过这部电影，我想把人和偶结合在一起，把演员的头接到人偶的身体上。

《导演万岁！》确实是一部很神经、疯癫的电影，既异想天开又感人，标志着我过去的错误，我以前某些电影的影响，以及其他导演的影响，例如梅尔·布鲁克斯（Mel Brooks）这位拼贴与荒谬剪辑的高手。我不会否认这一点。大家有一天会发现，我是比他们以为的还要疯狂的导演！

《导演万岁！》让许多崇拜我的动作片的人感到失望。在西方，有人认为这部电影很“荒谬”。它在法国得到的评价颇糟，有些巴黎影评人表现得非常刻薄。“北野武怎么可以堕落到这种地步？他怎能这样糟蹋自己？”他们当中有人这样写道。

奇怪的是，这部电影2007年9月在威尼斯电影节上映时，竟然受到极热烈的欢迎。电影放映完毕时，响起久久的掌声，让我心头觉得很温暖。真是不可思议。我惊讶极了，放映的时候，全场的观众笑声不断，让我想起几年前在威尼斯经历的重大时刻。

意大利的电影节观众对《导演万岁！》的反应，真的让我很安慰，让我第一次对于拍了这部没头没尾的电影，产生一种真正的满足。在威尼斯，我很乐意地准备接受媒体的访问。已经很久没在这么短的时间内接受那么多采访了！我真的很感动，意大利的影评人能理解我的幽默，以及这部电影的荒谬性。而且我还差点错过这场会面！我在威尼斯的行程很赶，因为当时我在日本有新的拍摄工作，要在一部电视电影中担任演员，至少得持续拍上两三个月，所以本来我非常犹豫要不要来意大利。不过，幸好我努力挪出时间来了，而且不后悔这么做。

***

2007年9月1日的《朝日新闻》上刊登了一篇文章，报道这位带着最新电影作品到威尼斯参展的导演，得到一个非常特别的奖：

“北野获颁一项向他致敬的荣誉奖！来自威尼斯的报道——

“星期四，在第64届威尼斯国际电影节中，电影导演北野武成为第一位获得‘电影人万岁’（Glory to the Filmmaker）这个新奖项的得主。该奖项名称取自他最新电影《导演万岁！》的英文片名。在威尼斯电影节中，今后仍会以艺名‘拍子武’存在的北野武，曾在1997年以《花火》拿下最佳电影金狮奖，2003年又以《座头市》拿下银狮奖。”

***

每次我带电影去威尼斯参展，都得到很热烈的反应。我的意大利粉丝在红毯旁专注地等待着我，令我非常感动。威尼斯电影节因为《花火》颁给我金狮奖，改变了许多事。得到这个奖后，日本人才真正开始对我的电影感兴趣。

***

2005年秋天的威尼斯电影节，北野武是荣誉嘉宾。当他在那里介绍《双面北野武》时，他的意大利影迷蜂拥而至电影节会场，全都穿着一样的T恤，上头用意大利文写着：“北野武，电影之神”。北野武的出现，有时会激起一些几乎难以言喻的情况！而且不只在意大利才会发生。[1]

＊＊＊

我的脑子里永远都有一堆剧本的点子，而且我不希望拍片时就先想到它可以赚到多少利润，否则我等于把自己看成一个普通的导演。这意味着我落入了俗套。

通过《双面北野武》和《导演万岁！》这两部片，我想要娱乐自己，也娱乐观众。我希望这两部电影能够与众不同，可以用不一样的方式拍摄。我常觉得，从卢米埃尔兄弟（法国人！）拍下最初的影像，到现在已经有一个世纪，而观众喜欢的电影却越来越相似！基于商业的理由，许多电影，比如美国电影，都相当规格化。电影和经济一样全球化了。我认为电影艺术是普遍化标准的受害者。

绘画，就曾经随着时间深刻地演变。但是今天电影拍摄的基础精神和哲学，我觉得是如此过时又保守，阻碍了寻求改变的微弱愿望。从这个角度来看，跟某些既有成见相反，电影与电影工业其实没有改变。

不过，我认为是时候了，像是采用新的导演，尝试带来不同的东西。就我来说，我认为时候到了，应该带来一场游戏与幻想——我可以再一次引用立体派。换句话说，就是用我的方式、用我卑微的程度，去

1　北野武常去东京某家隐秘的法国餐厅，而且喜欢在录完电视节目后去用晚餐。在这家餐厅中，导演的好友——日本皮尔·卡丹的总裁服部（Yoshio Hattori），也是位多彩多姿的人物——有一次告诉我们，有本杂志花了大约4000欧元的版权费，才能刊登威廉·克莱因（William Klein）拍摄的北野武照片。还有一位日本牧师，因为热爱北野武的电影，甚至在大学里提出一篇论文：《北野武电影中的宗教》。服部一脸困惑地说："神职人员怎么能崇拜这么暴力的电影？"——原注

进行我的大银幕革命，不用特效，也不用合成影像。

我记得十几年前，《电影笔记》杂志曾经要求马丁·斯科塞斯针对电影在我眼中是什么，对我提出几个问题。我特别回答说，电影对我而言，是一个绝对而且无解的谜（这篇访问1996年3月刊登于《电影笔记》）。电影还是一个很大的奥秘，而且，身为导演，我希望不断把一些谜搬上大银幕，让观众以他们的解题方式去产生自己的想法。《导演万岁！》与《双面北野武》对我自己都是个谜。看过这两部电影后，我希望观众不要觉得它们令人失望，而是觉得它们“像谜一样难以捉摸”。我对电影的期待，是它让人惊奇的能力，而我唯一的愿望就是跟每个观众开启永恒的对话。我希望观众拥有完全的自由，以自己领会的方式去理解一部电影。就是出于这个原因，我的片子里才会有没解释清楚——事实上，是无法解释——的段落，以及许多简略处理的镜头。

在我的作品中，《双面北野武》与《导演万岁！》没有得到商业上的成功——它们没卖出去是事实，但我对失败不会看得太重。因为对我来说，这些电影是必要的。我必须走过这一遭才能够继续向前。

《阿基里斯与龟》

2008年

***

会面地点在银座“不老庵”的一间私人包厢。

不老庵是传统的怀石料理沙龙，隶属京都早川家族。这是个静谧的地方，非常高级。墙上装饰着江户时代的版画，呈现平安时代天皇宫廷的场景。大厨特地从京都过来，为刚从威尼斯返国的北野武准备晚餐。他的电影新作《阿基里斯与龟》在第65届的威尼斯电影节中首映，并在评审团主席文德斯、电影节主席马可·穆勒睿智的眼光下，与其他二十部电影一同竞逐奖项。

北野武以这部电影为他的自省三部曲作结。《阿基里斯与龟》与前两部很不一样，叙事采取比较传统的方式。2008年底，这部电影参加希腊第49届塞萨洛尼基电影节（Thessaloniki Film Festival），博得观众久久的喝彩。北野武在这个电影节中，以作品的整体成就获颁一座金亚历山大荣誉奖。

* * *

《阿基里斯与龟》参加希腊的塞萨洛尼基电影节。他们颁给我的那个奖，让我心里很温暖，尤其因为这个奖是来自希腊人。他们的国家是如此古老、历史如此丰富……我当场这样告诉他们。我也利用这个机会，告诉决定把奖颁给我的那些人，说我配不上这个奖，因为身为电影工作者，我还有很大的进步空间！参加电影节的人看起来很困惑，觉得很惊讶。

希腊人给我的印象是，他们对世界很开放，聪明，非常有教养。我抵达这个国家的那天——我保证，这事跟我完全无关——希腊的大学里爆发严重的抗争，好几所校园沸腾了起来。这一天，这个国家发生了严重的警民冲突。

我的狂想三部曲之三《阿基里斯与龟》，2008年秋天在日本上映。它让我既满意又骄傲。我想这应该是一部好电影，介于浪漫喜剧与通俗剧之间——称得上是一部剧情片。

通过这部电影，我用我的方式阐述了希腊著名的悖论之一，还拿来当片名，那就是数学家芝诺（Zénon d’Élée）提出、被亚里士多德记录在他的《物理学》中的“阿基里斯与乌龟”悖论。这个故事是说，有一天，阿基里斯（Achilles）这位希腊英雄向一只乌龟挑战赛跑，还让它先跑了一段距离，但他上当了，因为阿基里斯没办法赶上乌龟。这个悖论的辩证根据基于一个运动的空间和时间都可以无限切割的方程式。芝诺想出这个悖论（这只是跟运动相关的诸多悖论之一），来支持他老师的学说，也就是伟大的理论家暨物理学家巴门尼德——他是第一个或最早提出“地球是圆的”理论的人之一，用来证明“感觉会骗人”这一项事实。当然，这个悖论这几百年来备受驳斥，一些哲学家、数学家和科学家，比如笛卡尔，都曾经用其他运算与方式来证明：理论上，只要速度比乌龟快就可以超越它。只有在“荒谬”中，芝诺的理论才有意义。因为移动本身存在着风险——摔跤，或路上遇到麻烦事之类的——可以把阿基里斯的胜算至少除以二，使他比较不可能获胜。

既然《阿基里斯与龟》是关于绘画的力量，你应该看得出来，我想通过这部片——狂想三部曲的最终曲，探讨影像的力量与它可能造成的疯狂——来说明，为什么通常被世人认可、主宰我们时代的表象，其实既危险又可能愚弄人。我觉得这部片描绘了艺术家身份的残酷性。

《阿基里斯与龟》远不及《导演万岁！》那么疯狂，也没有《双面北野武》那么扭曲。它主要是一部关于艺术、关于绘画的电影（画家缺乏灵感时承受的折磨）。在这部片里，我演一个顽固又讨人厌的画家真知寿（Machisu）。我帮他取这个名字，是为了向我很喜欢的画家马蒂斯致敬。这在部片里，正如我在先前的电影中一样，我再一次玩耍着矛盾，让自己玩得很开心。

小时候受到父母鼓励成为画家的真知寿，是个跟现实脱节的艺术家，沉迷在对绘画的热爱中，却是个平庸的失败者，而且拒绝认清这一点——也许就像我自己的父亲那样，但他放弃了工艺创作……命运刺激着这个天真、爱做梦却盲目的人，艺术家的傲慢则让他变得暴躁易怒，以为自己握有终极的真理，疏远了世界的现实。但他怎么相信并不重要，因为他继续相信他的热忱，那是他认为唯一有价值的东西。真知寿经历了一些艰难的事，而且尽管遭遇这些失败，都仍坚持并继续作画……

这部片可以当作一部向艺术家致敬的电影，献给那些为艺术付出一切甚至生命的艺术家，那些因为太热爱艺术而丧命的男男女女，例如梵高、纽约涂鸦艺术家尚·米切尔·巴斯奎特（Jean-Michel Basquiat）……

我讨厌我的电影

当然，就像大部分导演一样，我想我也有身为电影工作者的骄傲。我希望人家至少肯定我的三个优点：一、北野武是喜爱电影的人；二、他喜欢拍电影；三、他确实拍过几部好电影……但我在此还是要再重复一次：我讨厌我的电影。全部都讨厌，没有例外。

＊＊＊

这是挑衅、明星的任性、艺术家的臭脾气，还是天才创作者的永不满足？很难想象北野武不屑自己所有的电影。

＊＊＊

我的电影没有一部让我看得上。没有一部！我甚至不能说："嗯，我喜欢这一部……"或是"我爱那一部……"没办法就是没办法。

我拍了15部电影[1]，每一次都告诉自己，我正在拍的这部是最后一部。事实上，我是我的电影的第一个评论者，也毫不在乎那些专业影评人，因为我走在他们前面。我是第一个说我作品坏话的人，而且说得很难听。对于我自己的片子，我感受到的其实不是羞耻，而是一种真正的不好意思。我不太清楚该怎么说明这种感觉……我并不以我的电影为傲，它们的水平参差不齐，例如《花火》或《座头市》就算成功，《奏鸣曲》或《坏孩子的天空》也还不错。但是整体来说，我没办法用什么漂亮的话来评论我的电影。

这也让我每次着手拍新片时，老想着一定要拍得比之前更好。这证明我对我的电影没有特别骄傲，而且每次都要告诉自己：我的下部电影会更好……甚至觉得这一部就会是"那一部"好电影。结果却不是这样，每次我都悲惨地失败了……最失败的显然就是《双面北野武》，《导演万岁！》则是有发行上的问题，尤其是在欧洲和美国。今天的发行商不再承担风险了。他们最先想到的还是营收！

1　此处指到2010年为止的《极恶非道》。不包括2012年的《极恶非道2》。

第十一话　电影的冲击与碰撞

＊＊＊

在这个章节，大师北野武回头审视他的电影路，并谈到他心目中的那些“大师”……

＊＊＊

我演过的电影，数量多到连我自己都觉得惊讶。最早的一部是1981年的事了，那是一部蛮怪的片子，关本郁夫导演的《垃圾场候鸟》（*Dump Wataridori*），我在里面演一个不太正经的警察。这部片的票房奇惨无比！我不懂，经过这样的失败后，怎么还有人敢请我演电影。

几年后，90年代中期，我在一部美国与加拿大合拍的电影中演出，就是由罗伯特·隆哥（Robert Longo）担任导演、改编自威廉·吉布森（William Gibson）小说的电影《捍卫机密》（*Johnny Mnemonic*），一起演出的，包括撇开演员身份不谈、人很亲切的基努·里维斯，以及道夫·龙格尔（Dolph Lundgren）、帮派艺人Ice-T。我觉得这是一部不错的科幻电影，属于赛博朋克（cyberpunk）类型，跟雷德利·斯科特（Ridley Scott）的邪典电影《银翼杀手》或《黑客帝国》系列电影多少有点类似。剧本引人入胜，特效也很成功——虽然我不算合成影像的爱好者。这部片的故事已经预见21世纪会发生的黑客问题。

然后，以《花火》拿到威尼斯电影节金狮奖后，我也在一部法国片中露过脸：让-皮埃尔·里莫森执导的《东京之眼》(*Tokyo Eyes*)。这是一部非常有意思的电影，在日本进行拍摄，用线索游戏的方式剪接。

前面已经提过1983年我在大岛渚执导的《战场上的快乐圣诞》中的成功合作。所以，我非常高兴也很荣幸在16年后的1999年，能在他的古装武侠片《御法度》(意指“禁忌”)中演出一个角色。这部片入选2000年的戛纳电影节，是一部大师之作，一部史诗剧情片，以19世纪末京都敌对军团之间无情争斗为背景的爱情故事。资助拍摄《御法度》的，就是《战场上的快乐圣诞》的制片人杰瑞米·托马斯。

《大逃杀》

2000年

《大逃杀》是深作欣二导演的电影，改编自高见广春的著作。这部片引发很多争议，但我一直不明白为什么。当然，这是一部非常暴力的影片，有些人甚至说它“丧心病狂”。故事是在一座无人岛上进行中学生之间的屠杀游戏，而发起游戏的是一位退休老师：北野。学生们为了求生存，必须自相残杀。[1]这个构想确实有惊世骇俗的一面，但它的暴

1 这部电影是在长崎海域拍摄的，地点在“军舰岛”这座幽灵岛上。它是人们为“端岛”取的别名，以前是煤矿岛，三菱重工1890年起在这里进行开发。

力程度其实不比其他许多在票房上大获成功的影片还严重。

对我个人而言，我认为深作欣二是当代日本最伟大的导演之一。我还是大学生的时候，就很喜欢看他的黑道和系列电影，当年这还算一种全新的类型，例如他知名的邪典电影《无仁义的战争》系列。可惜啊，深作在 2003 年过世了。我也很欣赏铃木清顺的电影。昆汀 · 塔伦蒂诺、吉姆 · 贾木许也常向这位导演致敬。

《血与骨》

2004 年

* * *

崔洋一导演的作品，北野武出色地担纲演出本片的主角。

《血与骨》是一部非常有冲击力的电影，描述年轻农夫金俊平受尽磨难的一生。他在 1923 年离开他的出生地——位于韩国南部的一座岛屿——坐船来到大阪。他的脑子里只有“赚大钱”这个念头，却只达成了部分的目标，而他的家人为此付出了相当的代价。这个粗暴、野蛮却丝毫不减其威信的男人也遭受到孤独的磨难，在没有权力又太过骄傲的情况下，寻觅着最微不足道的安慰。他所爱的一切，全都被他摧毁了。

北野武在本片中与观众裸裎相见，不论就具体或抽象层面上的意义来说。他穿透、吞噬了银幕。凭着这个无与伦比的角色，他摘下日本的两项荣誉，分别是 2005 年“电影旬报奖”的最佳演员奖，以及

2005 年“每日电影奖”的最佳演员奖。此外，本片也得到日本电影大奖（每日电影奖的最高荣誉）。

这部电影在法国上映时，媒体一片赞扬。“《血与骨》：一部慑人的狂暴历史巨作。”《解放报》如此写道。《费加罗报》则说：“在一部关于权力、支配与孤独的寓言故事中，北野武的演出扣人心弦。”《新观察者周刊》称其为“今夏最大震撼”。

* * *

《血与骨》的拍摄过程相当繁重、苛刻。我在片中饰演一个性情粗暴的韩国人，他在 20 年代初期移民来日本，学会了大阪的方言，并且在一座贫民窟中，以恐怖的暴政支配着自己的家人与他周遭的人。这是一个很难演的角色，要说片子里那种方言已经算最不困难的部分了。拍这部电影时，我觉得好像重新经历了这个地区的历史，好像又回到我生长的那些地方。

通常我担任演员的时候，不会去管导演工作。导演指导他的电影，那是他家的事，而我呢，就演我的戏。我的参与就是为了演戏，其他没什么好说的。不过，在拍《血与骨》期间，我偶尔会对崔洋一提出一些问题，因为他在指导我的时候，有时候我完全搞不懂他想要我做什么。我会好声地问他：“你在这里是要讲什么？”有点像我带着他重新检视他的想法。好吧，我很可能插手管了跟我无关的事……但不管怎样，我没有介入太深，没有插嘴管太多。

总之，《血与骨》确实是很有个性的电影，一部有冲击力、掌握得当的电影，在欧洲还得到非常好的反应，尤其是在法国，只是那里的影评似乎有点过誉了。还有一件事必须说明，这是日本历史上的一段过去，是日韩关系中最黑暗的层面之一。这部片很写实地回溯了两次世界大战之间，位于关西的贫民窟和韩国人聚集区中备受限制的日常生活。当时的男人为了得到工厂的工作自相残杀，只为了赚几个钱。

这部片在韩国也受到好评，这是很有意义的一件事。如果通过大银幕的交流，可以让人平心静气回顾日、韩两国间的历史，这样再好不过，因为这就是一种进步。到今天也一样，尽管只是最微小的一步，只要可以改善日本与韩国之间一直非常紧绷的关系，就值得走下去。

参考对象

我这么说，可能对某些人来说会觉得很奇怪，但我真的不是很懂电影。我既不了解电影史，也不太认识电影史上那些名导演。我从来没在学校里学过电影，甚至也没有找书来看。我从没接受过传统、正式的训练，好让自己成为电影工作者。我是一个自学者，从工作中学习。我经常说，我拍电影主要是为了我自己，为了让自己高兴。这是真的。我拍电影是为了自己，而我是我自己最棒的观众！有些影评人不欣赏我的电影风格，而且似乎很怀念某些日本电影大师，在他们的文章里把我的电影拿来跟某些大人物的作品比较，例如日本的小津安二郎、沟口健二，甚至法国的布列松，这么做让我觉得很好笑。他们提到的这些电影工作者，我甚至没看过他们所有的作品！事实上，我觉得我在大银幕上开创了我自己的风格，跟学院派的规范天差地远。

不过，在那些外国电影工作者当中，我承认确实有好几位对我产生了影响，也有一些参考对象，比如斯坦利·库布里克，就是我非常欣赏的导演。毫无疑问地，他是我最喜欢的电影工作者。他拍了《发条橙》与《2001 太空漫游》，就足以说明他的天才。《巴里·林登》和《闪灵》也同样令人瞩目。他留下的电影数量不多，却都是了不起的作品！都是些不同类型的电影，从来没有一部真正的喜剧片。他完成的每部作品在当时都具有划时代的意义，而且让千种百样的观众印象深刻。我觉得他很可能在不自觉的情况下，受到立体派的影响。跟他的前几部电影一样，最后那部由汤姆·克鲁斯与妮可·基德曼主演的《大开眼戒》，非常受日本观众喜爱——而且斯坦利·库布里克在完成电影七天后，在 1999 年 3 月 7 日过世了——也同样没有半点喜剧的成分。我非常喜欢这部片，他在这部片子里仿佛是赤裸裸的，揭露了谎言、变态，以及爱情的偏执、嫉妒、人的卑微秘密……我觉得他想要揭穿他自己身上所有疯狂的部分，一种让我很感兴趣的疯狂。

我也一直都很喜爱巴斯特·基顿。在我眼里，他的喜剧风格达到了巅峰。我喜欢他胜过卓别林，虽然卓别林也是个自成一格的天才、一位先锋。卓别林最早期的默片是最好的作品，远比他的其他作品要好，总是让我留下深刻的印象并感动不已。《寻子遇仙记》（*The Kid*）非常的经典……卓别林对于呈现弱者和微不足道小人物的苦难，有种与生俱来的天分，处理得非常纯真无邪。他演戏与拍片时的那种孩子气的欢乐，几乎可以说像魔术一样。他的作品具有某种奇妙非凡的东西，到头来总是会让我们惊讶。

我还记得，60 年代末期或 70 年代初，我在电影院看了一部片名很奇怪的电影：《泉源》（*La source*）。这是伯格曼一部很棒的作品，但日本上映时的片名是《处女之泉》。我记得当时我迫不及待跑去电影院看，因为我以为那是一部色情片！

我也看过希区柯克的每一部电影，《怪尸案》（*The Trouble With Harry*）是我的最爱。他电影中的悬疑性总是编排得非常巧妙。我也很欣赏《鸟》这部片，虽然这部片的剪辑在我看来还有改善的空间。

至于帮《疤面煞星》——因为阿尔·帕西诺的表现而引起话题、受到瞩目——写剧本的奥立弗·斯通，我觉得他很有才华。他真是个了不起的导演！而且奥立弗·斯通主要是个政治倾向非常明显的电影工作者。他拍摄很多部电影，都是为了向大众传达一些政治主张，并激发一些辩论，特别是针对越战、肯尼迪的暗杀事件，或美国社会的暴力问题，例如《野战排》《天生杀人狂》《刺杀肯尼迪》……一些算是比较难懂的电影。有时候，我也会觉得他想做的好像太多了，结果反而让他兜了个圈子。

我也非常崇拜克林特·伊斯特伍德，而且还曾经在威尼斯电影节上遇见他——当时我带《大佬》去参展，感觉我们对彼此都有很好的印象。我比较不那么欣赏他近来的作品，像是《百万美元宝贝》《父辈的旗帜》和《硫磺岛的来信》，后者不管大家怎么说，都还是以美国人而非日本人观点思考、拍出来的片。相较之下，我更喜欢伊斯特伍德早期的东西，尤其是《紧急追捕令》系列，让我非常着迷。

梅尔·吉布森也一样，是个颇硬派的导演。他在某些方面与克林特·伊斯特伍德很相似，尤其是他的经历。从他在《冲锋飞车队》里饰演的角色，到他拍摄的《勇敢的心》，让我们清楚看到：他是一位名符其实的电影人。他拥有惊人的才华，还有某种挑衅的意识。在我看来，他的电影《启示》具有划时代的意义，场面调度真是无与伦比的壮观。这部电影真的很有魅力、引人入胜，非常了不起！我还很欣赏的一点，就是这部片在特效的使用上很节制。

我对马丁·斯科塞斯也怀有崇高的敬意，很喜欢他的风格。我认为

《好家伙》是他最棒的电影之一。在大银幕上，罗伯特·德尼罗根本就是棒呆了，还有乔·佩西演的那个角色，让人惊讶得喘不过气来。我爱死乔·佩西了！他是伟大的演员，是一个全才……当好莱坞把奥斯卡金像奖最佳影片颁给斯科塞斯的《无间道风云》(改编自港片《无间道》)时，我心想："真是恭喜他……"却同时觉得很不自在，因为这样搞得好像那是斯科塞斯第一部经典大作似的！许多仰慕他的日本人也跟我一样反应。

这个奖很像一座安慰奖，就差没说是一只退休纪念奖章。在那之前，斯科塞斯从没得过好莱坞最高荣誉的嘉奖，尽管他是最伟大的人物之一。也许他对此并不在乎？但他应该还是会觉得感动吧，这点我很确定。只是我觉得他早该在很久以前就得这座奥斯卡了，至少应该为《愤怒的公牛》《出租车司机》，甚至《赌城风云》得奖才对！这部电影太好看了——莎朗·斯通、罗伯特·德尼罗，还有乔·佩西，表现得太好了！看那些蠢蛋抢当地黑道的钱来自己开赌场，让我得到很大的乐趣。我也很欣赏科恩兄弟：伊桑与乔尔·科恩的电影，他们是日本许多电影爱好者的偶像。我喜欢他们非常脱序的风格，有一种危险气息，却又非常有趣。

不过，就像我说过的，我真的没有看过很多电影，连黑泽明的电影我也没有全都看过。而且还是因为在欧洲的时候，那些记者会针对他与他的电影来访问我，我才觉得回国后一定得看看他的电影！

在日本，我觉得今天存在着两种类型的电影工作者。那些贴近或继承黑泽明的人，喜欢把一些很重大的局势与个性很强的人搬上银幕；另外就是完全相反的一类，那些小津安二郎式的人，钟情于一种非常有亲密色彩、由一些难以察觉的小细节构成的电影，汇整出每天生活中的琐事和些许触动。很显然地，我觉得自己比较接近前面那一种。

但我没有拥护黑泽明的所有作品，比方说《乱》，对我来说就是一部太过莎士比亚式的电影，有些地方濒临无聊的边缘。他的最后几部电影非常美，但也非常强烈——在我看来太过强烈了，很难让人理解。我觉得《德尔苏·乌扎拉》是他最美的电影，那是一部代表作，拍得棒极了，摄影非常出色，大自然的影像出奇美妙，无与伦比。但话说回来，我觉得这部片不是一项娱乐消遣，而是一场考验。

黑泽明的其他电影作品中，我还很欣赏《罗生门》（1950）和《七武士》（1954），还有《影子武士》（1980）也是他非常重要的作品。他的作品中，只有三船敏郎主演的《用心棒》（1962）——后来被赛尔乔·莱翁内（Sergio Leone）改编为《荒野大镖客》——是唯一一部彻头彻尾的失败之作。我觉得在他之后，日本没有任何电影工作者有办法达到他的水平。[1]

让我觉得遗憾的是，今天他已经不在世上了，作品却那么不受到尊重。在日本，他的电影落在一些贪婪的家伙手中，一些媒体和广告公司

---

1 1954年上映的《七武士》，对日本电影而言是非常重要的片子，也被视为世界电影史上最早的几部动作片之一。约翰·斯特奇斯（John Sturges）曾在1960年拍过一部根据本片重拍的作品《豪勇七蛟龙》。根据俄军的地形测量官弗拉基米尔·阿尔谢尼耶夫写下的自传性故事《在乌苏里的莽林中》拍摄而成的《德尔苏·乌扎拉》得到1976年奥斯卡金像奖的最佳外语片奖。至于《影子武士》，是黑泽明（70岁时拍摄）的第26部电影，也是当时日本有史以来耗资最庞大的历史电影之一（预算3亿日元，需动员15000名临时演员，当时没有任何日本公司愿意承担风险，最后由弗朗西斯·科波拉与乔治·卢卡斯联手制作），故事背景是16世纪被诸侯间的战争搞得四分五裂的日本，并详述了战国时代三名诸侯的激烈战事。本片在美国与欧洲都得到出色的成绩，尤其是在法国，1980年获戛纳电影节金棕榈奖、恺撒奖最佳外语片的殊荣。——原注

的人。他们有点乱来，我有好几次在看电视时，碰巧看到一些广告片用到黑泽先生的电影画面……

相对地，我却对许多日本经典电影觉得很陌生，像是小津安二郎的《东京物语》。在我看来，这部片有好多场戏都太长了，人物花很多时间讲话、吃喝。我不习惯看这种电影。同样地，我对沟口健二的作品也很不熟。这些作品一点也不吸引我。我知道有很多外国影迷非常欣赏他的电影，因为可以在他的电影中找到他们喜欢的日本。我对某些外国导演也有同样的主观判断，比如文德斯。他是个了不起的电影工作者，我承认这一点，也尊重这一点，但老实说，我完全不能理解他的世界。

还在当学生时，我主要都是看一些动作片，一些黑道电影，后来才接触到深作欣二、铃木清顺这两位备受另类崇拜的电影导演。我喜欢高潮迭起的片子，从头到尾惊奇不断。偶尔，也有某些故事情节非常单纯的外国电影，让我留下无比深刻的印象，例如萨姆·佩金帕（Sam Peckinpah）1974 年的《惊天动地抢人头》（*Bring Me the Head of Alfredo Garcia*），或威廉·弗莱德金（William Friedkin）的美国惊悚片《威猛奇兵》（*To Live and Die in L.A.*）。

戈达尔拍了一些令人难以忘怀的电影。我欣赏戈达尔的程度，跟我欣赏黑泽明的程度不相上下。这两人的风格大异其趣，在同一个时代，各自创造了截然相反的电影。

黑泽明拍了一些伟大、有时候稍嫌浮夸的电影。他画下了一个时代，影响了日本人的认同。他感兴趣的是有严肃意义的历史，很在意日本在 20 世纪经历的悲剧，并且用一种日本固有的眼光——也就是说，非常传统的眼光——来看待它们。在保持独立之下，黑泽明考虑了日本的现实面。

至于戈达尔，我一直觉得他是个真正的叛逆者，电影产业中的绝对反守旧主义者。我对他怀有很大的敬意，欣赏他的敏感度。我爱死《精疲力尽》（*À bout de souffle*），而《中国姑娘》（*La Chinoise*）在我眼里是一部另类经典电影。戈达尔初崭头角时，鼓吹一种崭新的电影——当然是跟其他人一起——而他把“新浪潮”实验到了极致，借此对抗呆板、思想规范的社会制度，当成强化现实描绘的激烈手段。终其一生，戈达尔以萨特与西蒙·波伏娃的方式，对于促成我们所知的文化变革有所贡献，而且不只是在法国。

总之，你应该可以猜到，我最尊敬的那位巨人，就是我们已故的大师：黑泽明。如果要我从当代日本最伟大的电影工作者中列出三位，我会选黑泽明、大岛渚、深作欣二。

日本的影评

在日本，评论一向很僵硬，也非常严厉，所以在我的国家很难受到完全的认可。日本人真的很单纯——这句话没有贬义，我想说的是，如果法国或意大利给我的电影好评，而这些电影之前在日本受到非难，那日本人就会努力换个角度去看这些电影，用一种完全不同、更通融的眼光来看待。我很确定等我下一部作品出来，这种情况又会重演。

这实在很常见。日本人会以电影里某些让他们不快的细节为借口来抨击整部片，但在此同时，或过一阵子后，那些欧洲人，包括意大利人、法国人、英国人、德国人、希腊人、俄罗斯人等，然后会有美国人立即跟上，对这部片赞不绝口，例如“令人惊奇！”或“出色极了！”

之类的。如果他们不喜欢，也会委婉陈述一些负面评论，然后还是邀请观众去看这部电影。他们会赋予片子某个我也不明白的正面看法或独到的见解……然后在日本，就又会给这部片一个平反的机会。

我承认这种情形让我非常困惑，但也已经看破，就像许多其他同行一样。而且，我不认为这能够说改就改。有一次，我有幸在日本的平面媒体得到一篇正面的评论：那位记者竟然以计算我拍过的电影数目为乐！无论如何，我很肯定我的下一部电影还是不会被日本的观众理解。在我自己的国家，我被当成垃圾！

在此我再一次重申：我真心希望这种情况可以改变，也在朝这个方向努力，但是在日本，心理上的鸿沟和文化上的阻碍真的很严重……我很希望日本人——所有日本人——能更用心培养真正的个人鉴赏力，才能学会靠自己独立思考。要是日本人做不到这一点，日本肯定会被殖民，继续像现在这样依赖外国人的说法和想法……

日本人只有在无法理解我的电影时，才会觉得这部电影“了不起”。有时候他们一点也没搞懂，索性直接认定这部片子“很棒”。日本人的判断对我而言，到现在仍然是个谜。我说的这些，看起来好像没什么，但的确是个严重的问题，有关日本人的判断能力与辨别能力。

比方说，假设我们的天皇自首了，你觉得日本有谁可以评价、论断他的自白？没几个人，我可以跟你保证。总之，我可能会是第一个发表意见的人——当然是中规中矩地！每一个敢高声批评皇室的日本人都要承担风险，因为会招来右翼分子的注意。在日本还是有禁忌的……喜剧演员的力量就是来自这里，他们有这种自由，什么都可以说，可以胡说八道。不过呢，“笑”这种武器，可以让懂得善用之人变成“危险人物”……就拿我为例，大家总是小心翼翼避免让我遇到天皇。我身边的人很怕我会突然对他说出什么荒唐的言论！

* * *

说过这些话的两年后，让北野武自己也惊讶不已的是，他竟然受到天皇邀请，到天皇居住的宫殿出席一场品茶仪式！此行几天后，北野武笑着告诉我："我应皇室邀请去参加一场茶会。天皇在场时，我身边围绕着十几名安全人员……也许他们是要确保我不会做出什么蠢事，也不会说任何让陛下难堪的话！"

* * *

大师黑泽明

在日本，人们不会对神圣的东西重新提出质疑。所以，回到黑泽明这个话题上，我想我是唯一敢批评他少数几部电影的人，尽管我对他满怀敬意和崇拜，因为黑泽明是我心目中的大师。

很矛盾地，日本人很早就知道他的声望享誉国际，但这不代表在他的导演生涯中会有人帮他筹资拍片。最常支持他的，都是一些外国制片人，像是路易·布努埃尔（Luis Buñuel）、塞尔·西尔伯曼（Serge Silberman）、乔治·鲁卡斯或是史蒂芬·斯皮尔伯格。

我在制作方面没有跟他一样的烦恼。在这方面，我甚至比其他电影工作者都还要顺利。这也许跟我是小屏幕知名人物有关。我的电影大部分是由一些善意的伙伴共同制作，包括一些企业，例如万代视觉（Bandai Visual Co.），或是一些媒体，像是东京调频广播电台（Tokyo FM）、朝日电视台、东京电视台、电通广告公司……

但这样还是免不了让我被某些影评人放上冷板凳，自从我胆敢对黑泽明某几部电影乱讲几句话后……黑泽明过世后，已经变成某种神圣不可侵犯的巨星。那些影评人可没放过我，说我肯定“不正常”，暗示我是怪家伙，一个跟寄生虫没两样的边缘人！

除了我深深敬重黑泽明外，他也欣赏我。他喜欢我的作品。“我觉得你会拯救日本电影……”有一天，他写了这样的句子给我。1994 年，在他位于富士山附近御殿场市的别墅里，他又亲口把这句话对我说了一遍。当时我们因为 NHK 的某个报道而初次相遇，如果我没记错，我的制片森昌行也在场。黑泽明对我说：“我喜欢你的电影，喜欢你拍摄和让摄影机切入的方式。你的风格大胆又勇猛。”我当时非常感动，一位这么伟大、有才华的电影工作者竟然这样称赞我……我完全惊慌失措。

我从来没有机会也没那个运气，亲眼看到黑泽明工作的样子。看到他的电影时，我的反应差不多都一样，就是一种很单纯的反应：“好厉害！”我深受吸引，包括他的取镜手法、有时看似没有止尽的长镜头、发展剧情的细腻方式……他敢远远地拍摄一个人物，一边缓缓地将摄影机拉到一旁。他的风格当时对我造成强烈的冲击，影响我很深远。

黑泽明把一些很有野心、规模庞大的剧本搬上银幕。他有办法这么做，因为他非常结实，我是指体格上。他拥有天生的力量，宽阔的肩膀与他的活力相符。他真的不是普通的日本人。

看他的晚期作品《梦》（1990 年），才第一个故事，就把我征服了。就是第一个梦[1]。要是黑泽明当时再年轻一点，单这个段落他就可以拍

---

1 标题为《雨中骄阳》，这段戏的主角是个在森林里迷路的孩子，遇到一个神秘的娶亲队伍，队伍的领头人都长着狐狸的头。

成一部完整的电影。

我还记得我们的对话。黑泽明当时问我："在拍片现场，你会指导你的演员到什么程度？"我回答他："我尽可能迅速地工作，因为我对我的演员没任何期待。我会要求他们这样做或那样做，如果他们做得到，那样最好，要是做不到，我也不会坚持。我不会增加拍摄镜次，只会拍个一次或两次，然后继续往下拍！"结果黑泽明礼貌性地回我："我也是。"我差点笑出来，因为我跟他根本不是同一个级数的！而且我也不是不知道他有能耐同时用三部机器拍，一场戏会要求拍上10到15次！

事实上，拥有伟大才华的电影工作者，像大岛渚与黑泽明，他们和我之间最大的差别，就是他们热爱电影，一生彻底为电影疯狂，并受到这种热情的指引。他们俩都对自己每一部作品付出许多爱，一种无尽的爱。但我不迷恋电影，我的手法比较悠哉……我没办法像他们那样去爱电影。

颁给迈克尔·摩尔的金棕榈奖

许多美国电影，都让我甘拜下风——我这么说并不会觉得羞耻，但是，当迈克尔·摩尔以《华氏911》在戛纳电影节拿下金棕榈奖时，让我深感困扰。我有些日本友人甚至非常愤怒，认为如果连摩尔都能得奖，那《菊次郎的夏天》也应该可以，至少应该得一个奖。

戛纳电影节没有给过我奖，但因为我已经习惯苦命，在幸运中反而比较不自在，所以我并不觉得惊讶。只是，戛纳电影节竟然宁愿把奖给一部纪录片?!——虽然它的确也是电影，但怎么说都还是纪录片……于是我想到，戛纳不怕把奖颁给迈克尔·摩尔会让自己名誉扫地。但很矛盾地，我总觉得把金棕榈奖颁给他，反而显得欧洲在向美国鞠躬哈腰，让欧洲以一种可悲的方式名誉扫地。为什么？因为美国电影在欧洲极具影响力，因此把金棕榈奖颁给一部美国电影，保证会让它大受欢迎。但我觉得，尽管《华氏911》有很多令人发笑的场面和细腻的剪辑，却仍然是一部过于简化的作品，甚至很含糊不清。而且，在批评小布什与他决定攻打、侵略伊拉克这样的名义下，这部影片扭曲了出兵伊拉克的原因。我不是说这部纪录片没有价值，但因为这样的价值就颁给它金棕榈奖……事实上，连摩尔本人都为此惊讶不已。我认为，把奖颁给这部片让戛纳电影节觉得自己立意良好，却也让他们在一个相当严肃的主题上失去威信。

国际政治是非常严肃、复杂的问题，想在电影中谈论它，恐怕是个有点危险的举动。对我来说，一部电影要是没有正确建构出脉络、背景，就不具有任何价值。当希拉克（Jacques Chirac）坚决反对美国总统小布什时，我心想："看啊！这就是欧洲人！一个法国人，有勇气坚持自己的看法，有勇气去反对美国总统。"不过，当戛纳电影节这样伟大的文化机构，竟然让自己受一部反美的美国纪录片愚弄——请原谅我的用词——我认为这有损它的声誉。在我看来，戛纳让自己因此惹了一身腥。

* * *

关于伊拉克的冲突，2005年，当《解放报》记者佛罗伦斯·奥伯纳（Florence Aubenas）在巴格达遭绑架为人质时，在一场要求尽快释放这位法国女记者的活动中，北野武曾经写过一封信，并且让人用他的名义公开。"我，北野武，又名拍子武，要求立即释放佛罗伦斯·奥伯纳。让政治归政治，人道归人道。2005年5月20日，北野武。"

* * *

我的制片

我发现我常谈到身边的人，却从来没谈过我的制作总监森昌行。他在幕后努力工作，并确保我们在1988年一起创立的“北野事务所”健全运作；而我呢，负责在电视摄影棚中娱乐观众。他真是了不起的人，一个小屏幕与大银幕的专业人士。我可以保证，他有非常敏锐的嗅觉，而且比谁都卖力确保我们的制作成功，把作品发行到很多国家，多达60多国。他跟好几位忠实的合作伙伴一起，制作或共同制作我所有的电影，没有任何例外。要做到这样，必须具备胆量、冷静，还要有前瞻力。森昌行在东京完成学业，毕业于青山学院大学。我们俩认识很久了。他从我刚在电视圈出道起，就一路支持我、保护我。

* * *

2009年春天的尾声，我得到机会，跟森昌行共度很长一段时间。他是北野事务所的社长，还是东京Filmex国际电影节的支柱、电影节委员会理事长。如果想跟他挖掘秘密，这可是梦寐以求的机会。身兼制片人与守护天使，森昌行加入这场游戏，并据实以告。他是最了解北野武的人，回答既详尽又精确，为这本传记增色不少。他十分健谈，而且很快就抓到重点：“阿武是个复杂的人，身上有好几个人格。北野总是在扮演北野。我认识的北野，是那个遇到森昌行的北野！（笑）我们碰面的时候，他是那个真正的、独一无二的北野吗？

“我们认识已经有三十年。当时我是一个电视节目的导播之一，节目是由一家唱片公司赞助。这家公司发掘了很多新秀，一些尚未成名的男女歌手。刚好那个节目就是由阿武主持，当时他已经知道怎么让自己受到瞩目。我发现‘拍子武’的时候，他已经以‘双拍’搭挡崭露头角，而且混得不错。他与众不同，犀利的风格很吸引观众，于是我们开始合作，过程让人很兴奋。事实上，他对所有细节都很敏锐，这一点让我很高兴。我们携手合作，到今天依然如此。

“我在80年代初期发现他的巨大才华、他在笑料和生活上的聪明才智。他的段子、笑话都很被看好，永远恰如其分！这些笑话的背后，已经有一些功力和经验了。他用了令人惊讶的技巧，某些新的表达方式，一些从科学词汇借来的术语，一些爆笑、超现实的故事，不知道从哪里找来的——而观众还想要更多！他当时已经天不怕地不怕，常常做出惊人之举。对我来说，他是唯一的大师，一个伟大的教授。因为我跟他一起做过大量工作，而他给我很多、很多回家的功课（笑）。

“他是个很有志气的人，也从来没有改变过。对他来说，所有的点子、所有的梦想，都应该实现。他没办法等待。他走得很快，非常快。他的速度像闪电一样，跟其他人形成差距。他的活力让人喘不过气。我经常陪他玩通宵，清晨的时候回到他家。那时我看起来像具残骸，而他呢，冲个澡重振精神后，就精神抖擞地再度出门工作。他就是有办法不睡觉，然后早上冲个澡后，又开始同时处理千百件事。他可以做到这一切，因为他基本上是很理性的人。

“在电视上，他是拍子武，他知道观众期待他做什么。反过来，在拍电影的时候，他知道如何妥协。他给予，他聆听，大方又谦卑。而他整个人，他的个性和精髓，都呈现在大银幕上。所以，他会毫不犹豫为电影取消某个电视节目，因为那是他的良心在说话，在大银幕上更清楚地暴露自己，也承担更大的风险。他非常希望他的电视节目观众也去电影院看他的电影，但是当情况并非如此时，他也只是说一句‘算了！’。尽管如此，他的光环、他的力量，还是无比巨大，因为有为数众多的群众在追随他。那些收看他电视节目的人，不是阅读他书籍作品的人；那些欣赏他电影的人，又构成另一批群众。而我呢，不管怎样，就算他一直都是同一个人，我也老是觉得他在扮演某一个北野……这也许是出自某种没有来由的紧张。

“总之，就是这样，我没办法习惯他。我永远不知道会发生什么事。每次要跟他见面谈工作，我还是会紧张。我们的关系得以维系，就是因为这种还算健康的紧张感，而且我确定会一直这样持续下去。在他和我之间，永远会有一股电流……”

***

电影的音乐

我的电影会给音乐非常重要的位置。每一次，为了每一部长片，我都会聘请一名音乐指导与一名作曲家加入。通常，我会尽早把毛片给作曲家看过，好让他赶快开始工作。为电影创作音乐是非常复杂的事，哪些戏、哪些画面应该对应哪些音符……每一刻都应该有它的声音。

我跟久石让合作过特别多次。他曾经为《花火》谱下优美的音乐，也为《坏孩子的天空》与《菊次郎的夏天》配上很贴切的音乐。但是到了《玩偶》这部片，我们到此之前的绝佳合作遇到了考验：我们找不到符合要求的音乐……

我有一种奇怪的感觉，好像他作出的乐曲编排会让影像变形，不然就是我的影像看起来令他的音乐变了质。最后我们终于向彼此屈服，满足于在片中听到的东西——但我认为，不论他还是我，都没有完全满意。尽管如此，音乐的问题还是没得到解决，因为剪辑时，我们发现山本耀司的服装好像华丽到压过音乐了……事实上，从那天起，我跟久石让的关系就充满冲突。我们俩也接受这样的对抗，而且有时候还挺激烈的，因为我们知道这样的对立具有创造性。

至于《座头市》，音乐指导铃木庆一工作得很辛苦，跟我在录音室里一起熬过无止境的漫长时数。我们甚至把曲子改了五次，直到每个音符都跟电影剧情、镜头呈现和谐的状态为止！如果没有他的音乐与急促的节奏，《座头市》看起来会像另一部电影。

从导演到剪辑

大家经常问我，我的导演工作和剪辑是怎么完成的。我没有答案。每一部电影都是一场跟上部电影不同的冒险，“剧本”只具有相对的重要性。拍片的时候，我会毫不犹豫修改剧本，如果我觉得有必要的话，有时候甚至是出于直觉。我还曾经整个改过故事、对白和场面调度，就在摄影机开始运转前！我很喜欢即兴工作。

剪辑是尤其重要的时候，所以我特别喜欢掌握这个阶段。我自己剪我的电影，大部分的时候，我会想掌控所有的镜头，好让结果忠于喊“开麦拉”那一刻时我脑海中的想法。剪辑也是非常艰辛的工作，要花很多时间。

* * *

筱崎诚导演的《即兴演出："菊次郎的夏天"官方盗录版》(*Jam Session / The Official bootleg*)是一部很棒的纪录片（剪辑得像个盗版节目一样），揭露了北野武在片场怎么工作的秘密。

他的方式让人联想到爵士乐的即兴演出：拍摄团队中的每一位成员，演员也如同技术人员，用自己的方式作出贡献。同时，北野武会负责组织、倾听合作伙伴的意见，也会让预期之外的东西自由发挥。他的即兴感来自他在电视摄影棚的工作经验。

* * *

关于剪辑，我为法国《电影笔记》杂志做过一篇《电影漫画》(*Ciné-manga*)，从中得到很大乐趣——这也是获得设计师 Agnès b. 赞助的计划，非常好玩的一次经验。这本权威性期刊请我想象四个场景，并加上评论，就好像超现实主义的建构过程那样。

一定要用的两种演员：老兵与有前途的新星

我很喜欢跟高仓健共事。他是我非常尊敬的日本演员。1985 年，我们曾经一起演出一部日本电影《夜叉》。阿健在我还在大学读理工的时候，就已经非常受欢迎了，常在帮派电影的海报上看到他。有机会的话，我想请他演出帮派老大的要角。在 60 和 70 年代，他是个神圣的形象：第一线演员，出现在黑帮电影的海报上。阿健总是告诉我："不要打电话给我，除非是紧急状况！”有时我会非常想跟他说话，于是我会按下他的电话号码，但在按最后一个数字时，我不是按 8，而是按……0！结果我还是不敢打扰他。

至于新星，在我看来，就是早乙女太一。他真的是个天才。虽然现在还是青少年，但才华已经很了得，既是了不起的舞者，也是出色的演员，在《座头市》里表现很亮眼，而当时他才只有 10 岁。后来他在《双面北野武》中演出时，也才 13 岁！他 4 岁就在舞台上出道，已经演过一堆大型音乐剧。我看好他前途无量。我知道好莱坞有些经纪人对他感兴趣，而且在留意他的发展。一有机会，我想带他去纽约，让他见识一下百老汇。我很希望他能认识饶舌音乐，也希望他能学会嘻哈街舞。在日本，自从他上过我的《人人都能成为毕加索》节目后，就受到加倍的关注。当他在浅草的剧院——尤其是齐藤妈妈的剧院——演出时，台下永远座无虚席。

休眠中的日本电影

近三年来，日本每年产出大约四百到五百部电影——如果把电视连续剧的剧场版也算进去的话。据说这是 20 年来的新纪录，很多人为这漂亮的数字而欣喜，除了我以外！因为数量不能代表质量。不能说因为日本突然年产好几百部电影，就表示我们的电影工业状况很好！更不是靠着那些写得烂、演得烂、导得烂、彻头彻尾平庸、没有深度、没有故事、剧本没编好、最后还一点意义也没有的片子，日本电影就可以从休眠状态中走出来了！最近几年来，除了几位有才华的导演，例如三池崇史，日本电影让人一点也兴奋不起来。一点也不！我觉得日本电影还一直处在低潮期，而且尽管偶有佳作，危机还是很严重……

就拿韩国电影和中国电影来比较吧——它们具有非同凡响的活力！日本的电影呢，则是以一种看起来无药可救的方式在衰退。简直不可思议。这个灾难性的状况，似乎没有让国家的政策负责人觉得不安。他们从来没意识到危机的严重性。

如果说韩国电影成功达到它今日的水平，那首先是因为这个国家拥有一个真正的文化部（跟法国一样），一直积极地、明智地支持着电影界的人——事实上，是整个国家的电影工业。在韩国，在院线上映的电影至少要有三分之一是韩国片，而且是关于国内的题材。日本人大可抱怨这种做法，但我们也可以因此判断，采取这种保护主义的措施，显然确实有它的优点。无论如何，结果是确凿的，韩国电影富有生命力，因为国家积极支持导演与制片。

就我个人而言，我很重视我的电影在亚洲受欢迎的程度。日本电影失去江山已经很久了。撇开动画的重大成就不谈（比如大师宫崎骏的作品），日本电影的影响力已经不比二十年前或四十年前。然后，很矛盾地，我们一直抱怨电影院缺少买票进场看电影的人，却仍维持一张 1800 日元的电影票价，而今天在网络下载一部付费电影却只要花五分之一的价钱。在一个文化就在街角一家便利超市低价贩卖的商业环境中，这种票价政策是很荒谬的。

再说，60 年代的时候，像黑泽明这么了不起的电影工作者，就已经在为日本电影的危机、电影工业当时已经非常可议的水平担忧了。黑泽明当时尤其认为日本电影常常“太过简单化”，而且缺乏“营养”！也许黑泽明指的是日本称为“侘寂”观念的那种精神、美学概念，意思是某种简单中的雅致，甚至是粗陋……

就这点来说，日本文化中确实存在一种对于非理性、某些感性概念的喜好，是无法用西方人的逻辑去理解的。自我控制、礼仪教养的日本文化，例如吃喝、观看、在桌前或榻榻米上就座、打开拉门的方式等，尤其可以追溯到12世纪末……而提到传统，我觉得在文化方面，日本政府对艺术界丝毫不感兴趣，也没支持艺术家；即使有，也支持得太少。

就我来说，我一直在努力付出自己微薄的贡献，能做多少就做多少……说真的，是竭尽所能为我们的电影产业带来一种新的刺激，并且参与它的复兴。

终于拿到文凭！

有件事还蛮好笑的，就是当年我被明治大学开除，因为我没修完所有课程，却在将近三十年后，拿到了校长颁发的文凭。典礼是在2004年9月7日举行的，甚至还公布在学校的网站上。我是头一个没拿到文凭的校友，因为“明治大学特别表彰”才取得学位。还不只这样，他们甚至还颁给我一个“特别优秀奖”。很不可思议，不是吗？明治大学校方，认同我以自己的方式对学校的声誉有所贡献，无论是在日本或全世界。

然后，2005年，另一所大学——横滨的东京艺术大学——的负责人邀请我到他们学校授课。非常有意思！我，一个没有完成学业的人在大学教书？我简直不敢相信。真是神奇的命运造化！最后我还是答应了，于是，在我58岁、当上祖父这一年，2005年4月1日这天，我开始在这所大学担任特别教授，给十几名未来想成为电影工作者的研究生上课。

有时候，我会问自己是否是个好教授……但总之，我竭尽所能为日本未来电影工作者的养成贡献一分心力。不过，如果说他们抢破头要来上我的课，我想主要是因为我是个好玩的教授，因为我唯一的目标就是让学生开心。

我会带他们上法国餐厅，带他们去喝酒吃串烧，甚至偶尔会在小餐馆或烧肉店里上课。我跟学生们边吃边谈，大家一起喝一杯，然后去卡拉OK唱歌。这毕竟比无聊的课堂来得刺激，不是吗？我可以保证，我的学生更喜欢喝个大醉。事实是，没有人想待在课桌后面，读一本我不知道是什么的书，或是挤在一张椅子上、关在室内、淹没在理论课程里！让他们产生动力的，是走出去、是吃喝玩乐、是遇见一些人、去感受那些事物……我有意让我的学生跟一些艺术家碰面、介绍他们一些人物，用鲜活的方式把戏剧、舞台艺术传授给他们。

我对大学的人这么说："我认为电影不应该在教室里教授，最好是把学生带到街上，让他们看看这个社会，教导他们人生的意义。"然后我还加上："我也没办法教学生什么电影知识，因为这些东西是教不来的！我们不应该对一个年轻的电影爱好者解说他应该怎样成为导演。"

我已经参与了许多演员的培育——当然就是我的军团成员，也有一些初露头角的见习演员和艺人。他们说看过我耍宝和我的电视节目以后，才想走这一行。

有些对我评价不高的日本记者，写过我对年轻人造成不好的影响……事实上，我不在乎他们的看法。每个人都有表达意见的自由。我不在乎别人怎么看我，也不想知道我的所作所为是好还是不好。我宁愿他们攻击我，而不是攻击我的电影，尤其他们根本没看过我所有的电影。

戛纳“美好的一天”

* * *

《美好的一天》(*Une belle journée*)是北野武于2007年春天在戛纳电影节推出的短片名。就像其他来自25个国家的32位知名导演一样，他受邀拍摄一部三分钟影片，以“电影院”为主题，描绘他对电影艺术的爱。这33部感人、好玩、诗意、有趣、荒谬、怀旧的短片，最后构成了一部强烈又前所未见的集体作品：《浮光掠影：每个人都有他自己的电影》(*To Each His Cinema*)，长达两小时的幸福与“猜谜”，因为导演的名字要到片尾才会出现，带给观众许多惊喜。《浮光掠影：每个人都有他自己的电影》在电影节60周年纪念仪式之后，于卢米埃尔剧院放映。每位导演在这之前都对其他伙伴的片段毫无所悉。这一天，北野武在海滨大道上使出了浑身解数……

* * *

2007年春天，适逢戛纳电影节60周年。能趁这个机会参加戛纳电影节，让我开心极了。那是一种荣耀，一件真正的乐事。电影节的执委会主席暨总代表吉尔·雅各布（Gilles Jacob）与蒂耶里·弗雷莫

（Thierry Frémaux），邀请我借这个机会跟其他32位外国导演共襄盛举，带给观众一支三分钟短片。三分钟真的很短！我的灵感是来自《坏孩子的天空》其中一幕。来吧，我现在就放给你看……

＊＊＊

太幸运了！2007年5月初的某天晚上，北野武决定在正式公开前，在他家里放映这支才刚剪好的短片。在场的有他的太太，还有十几位军团成员。在这三分钟里，没有人说一句话，所有人品味着这美妙一刻。短片拍得很成功，是一份用底片传达的深刻礼赞，一部日本版的迷你《天堂电影院》，道尽这名导演献给电影艺术的爱……

＊＊＊

我的三分钟短片，是个关于一场永不开演的电影。我们以为电影要开始放映了，心想："好，要开演了！"结果却没有，因为在这间老戏院中，影片的胶卷松脱了……要把我对电影的观点浓缩成三分钟，是很有趣的挑战。当法国的《世界报》宣布我将在戛纳电影节献映这支短片时，剪辑工作已经差不多完成了。我们是在秋天拍摄这支影片，就在静冈附近，离富士山不远的一个偏僻角落。我找到一间非常老旧的废弃电影院，重新整修了它，也稍微整理一下周遭，让环境看起来有生气一点。至于放映室，我们找来一台非常老的设备，是大正时期（1912—1926）留下来的。

戛纳电影节主办单位要求30多位世界各地的电影导演各拍一支三分钟的短片。这个概念很恰当，因为结果在我看来非常成功，值回票价。就我个人而言，在观看这些导演同行的短片时，感受到很大的乐趣，而且我是那么开心能跟他们碰面。我已经认识其中几位，步上阶梯时大家有说有笑。当时我穿着一条日本传统袴裤[1]，一边还在要宝。我很想知道法国人对这样的奇装异服有什么看法。认识我的人当然已经见怪不怪了。

* * *

北野武不无自豪地递来好几张文件，然后认真地一一指出那些参与这场冒险的导演名字。

* * *

看看这张名单!《浮光掠影：每个人都有他自己的电影》特别找来了希腊的安哲罗普洛斯，法国的阿萨亚斯（Olivier Assayas）、克劳德·勒鲁什（Claude Lelouche）、雷蒙·德帕东（Raymond Depardon），波兰的罗曼·波兰斯基，德国的文德斯，澳大利亚的简·坎皮恩（Jane Campion）——她还是我在威尼斯得奖时的评审团主席！埃及的尤瑟夫·夏因（Youssef Chahine），中国的陈凯歌、张艺谋、王家卫、侯孝贤、蔡明亮，以色列的阿莫斯·吉泰（Amos Gitai），巴勒斯坦的伊利亚·苏雷曼（Elias Suleiman），丹麦的比利·奥古斯特（Bille August）与拉斯·冯·提尔，美国的格斯·范·桑特（Gus Van Sant）、迈克尔·西米诺（Michael Cimino）与大卫·林奇，意大利的南尼·莫莱蒂（Nanni Moretti），加拿大的大卫·柯南伯格与阿托姆·伊戈扬（Atom

1 袴裤，日本传统宽裤，两侧有开衩，前面有五个褶，后面有一个褶，从前是日本中世纪贵族的穿着，而且很受武士欢迎。

Egoyan），美国的科恩兄弟，比利时的达内（Dardenne）兄弟，葡萄牙的奥里维拉（Manoel de Oliveira），英国的肯·罗奇（Ken Loach），智利的拉乌·鲁兹（Raoul Ruiz），墨西哥的亚利桑德罗·冈萨雷斯·伊纳里图（Alejandro González Iñárritu）——就是拍《通天塔》的那个年轻导演，芬兰的考里斯马基（Aki Kaurismäki），伊朗的阿巴斯·基亚罗斯塔米（Abbas Kiarostami），俄罗斯的安德烈·康查洛夫斯基（Andrei Konchalovsky）……很大一票人，不是吗？全都来自电影这个大家庭……

第四部　其他领域

第十二话　日剧中化身警探和战犯

* * *

连续剧，这种风行全世界的节目形态，一整年都在日本各个电视频道上播出，灵感广泛取材自漫画、爱情小说、警探故事、鬼故事，甚至急诊室医生的故事或通俗剧，受欢迎的会被改编成电影，例如知名的电视剧《午夜凶铃》，就被日本导演中田秀夫、美国导演戈尔·维宾斯基（Gore Verbinski）分别翻拍为电影。

北野武曾经在电视剧中扮演过一位探员，剧名叫做《点与线》，由松元清张的虚构小说改编，2007年底在电视上播出。第一集是从在日本南部九州岛的沙滩上发现两具尸体开始，其中一具是某个叫佐山的家伙，是卷入一起贪污事件的产业建设省高级官员。第二具尸体是一名年轻女子，她是东京一家料亭的女侍。当地的警察以殉情自杀结案，但穿着风雅服饰、即将退休的探员鸟饲（北野武饰演），不相信这样的说法，独自展开一场调查。北野武扮演沉稳又深思熟虑的探员，俨然一副神探可伦坡的样子……

* * *

在这出连续剧里演探员，是一次很有意思的经验。《点与线》是一出警探电视剧，故事写得非常好，情节高潮迭起，背景是某位政府高官的贪污案。我跟这出戏的导演石桥冠处得很好。他是我的前辈，已经快七十岁了。

2007 年 11 月底，《点与线》在朝日电视台播出，大受欢迎，创下当周最高收视率。首播当晚是星期六，收视率就高达 23.8％，然后第二天晚上也有 23.7％，甚至还在 2008 年底，赢得东京电视剧奖[1]的“大赏”。从此以后，好几家电视台争相请我在其他剧集里轧一角。

在拍摄我的第一部电影《凶暴的男人》前，我就已经在一部电视剧中演过杀人犯。那是 1983 年播出的《昭和四十六年大久保清犯罪实录》，一个精神变态杀人犯的真实故事。大久保清杀了八名女子，作案时还戴着一副小丑面具。这出电视剧在小屏幕上得到大成功！也是在同一年，我得到《战场上的快乐圣诞》中那个原上士的角色。

化身东条英机

***

只要跟北野武扯上关系，事情都不太单纯，因为他这个人很难捉摸。他浑身充满矛盾，让影评人越猜越糊涂。北野武耍弄着矛盾，虽然他声称自己醉心于以理性精神为本的西方思潮。

他也规劝他的国家跟亚洲其他国家和平共处，还呼吁日本应该更

1　东京电视剧奖，日本文化厅为表扬优秀电视剧而设立的艺术奖。

尊重历史，承认上一个世纪在亚洲犯下的罪行。2008年，在好几名制作人的坚持下，他毫不犹豫披上了东条英机大将（也是“二战”战犯）那件对他来说有点太大的军服，演出一部2008年12月在民营电视台播出的连续剧。这跟卓别林扮演希特勒、借此取笑他的做法完全不能相提并论。

电视剧由TBS电视台制作，2008年12月24日播出（长达4小时30分）。这部讲述东条英机故事的电视剧，可不是什么喜剧，而是所谓的历史剧，针对这个备受争议的将军所谓“人性”的一面，揭开其神秘面纱的一角。尽管化妆师技巧高明，但主角的外形还是不怎么相似，日本观众的反应则是马马虎虎。这部电视剧播出前，北野武发现自己得到日本GQ杂志颁发的“日本2008年年度风云人物”头衔。

* * *

这可是一个让人得咬牙接下的角色！但是，为什么呢？为什么在电视剧里演一个备受争议的人，会是不被允许、无法接受的事，甚至是禁忌？难道身为一个演员，就只能饰演一些得到所有人一致认可的角色？不管怎样，这也不是我第一次在幕前披上日军的制服，因为我在1983年就已经演过《战场上的快乐圣诞》。当时我不担心亚洲可能会出现的反应，因为大家都知道我的立场。

这出连续剧的故事其实非常有意思，而且揭露了二次世界大战时日本首相东条英机非常确切的人生转折点。那是关键性的一刻，我们看到他本着良心犹豫不决，然后一路到投降……那是在1941年的9月，东条英机与裕仁天皇进行讨论之际，三个月后，就是决定命运的12月8日（袭击珍珠港的日子），发动了战争。这出电视剧探讨的就只有这个关键时刻。虽然大家都知道接下来发生了什么事，但我觉得，这位将军的疑虑，值得写成一部电视影片搬上小屏幕——尽管事过境迁，大多数日本知识分子都把东条当成发动战争的祸首。

总之，我觉得这个剧的结果很有意思。读了剧本，让我稍微更了解天皇与将军之间的关系、政府与军队将领之间的冲突对立，还有日本步上对美国宣战之路的过程。这出剧另一个有意思的地方，是它教育性的一面。这出电视剧播完后，一场棚内辩论会紧接着登场。对一个如此有争议性的题材而言，这是相当罕见的。

的确，当TBS电视台的制作人请我诠释这个微妙的角色时，我曾经犹豫过。我来演东条，这样好吗？这样的决定，不可能轻易答应。但电视台那几个制作人是那么坚持，我不想让他们失望。他们说："我们无法想象由其他演员来演这个角色，只有你能在这出剧中诠释这个角色，所以，拜托，请答应我们！"他们拼命求我，于是我让步了。而我答应接演后，其他演员——而且来头都不小——也立刻加入团队。我曾经想过，我在电影中演过那些坏小子、帮派分子与卑鄙坏蛋的角色，今天又化身为东条，其实也不是什么不得了的事……不就是再一次演个死硬派而已嘛！

第十三话　绘画，想象力的国度

* * *

很少电影工作者会为自己的电影亲自提笔作画，北野武是其一。他是少数会用画作赋予某个场景或某段对话特定想法的电影人。据他表示，绘画不只是一门重要的艺术，更是“再现”（représentation）的理想艺术。

握着画笔，北野武从他的美梦与噩梦中汲取灵感，也会参考过去的浮世绘、古典或当代文学，甚至漫画。他表示自己曾经为卢浮宫与意大利的经典名作赞叹不已；米开朗基罗与其天使，达·芬奇和蒙娜丽莎的微笑，这些作品令他念念不忘的程度，跟德拉克洛瓦（Eugène Delacroix）的那些裸女、静物、地狱景象与屠杀场景不相上下。北野武的画室坐落在东京南边一个安静的地区，里头收放有上百幅油画、素描与草图。长久以来，他一直拒绝展出这些画作或把它们用在商业用途上。

* * *

我目前正在画一幅裸女图。几天前开始画的，昨天晚上几乎完成了。但这幅画让我很烦恼，因为我不是很满意……

我身上经常都是颜料，所有我穿过的T恤上都沾到了，因为我每天画图，最近还都画到半夜。当我结束某个电视节目录像或是拍完片，有时间休息的时候，我喜欢把自己关在画室里一直画到深夜。

另外这一幅，画的是一些动物，我花几个小时画完的。它出现在我的电影《阿基里斯与龟》里。还有这个，是一个正在微笑的孩子。不过在这幅画上，男孩的脸有点颤抖。这边这个是达利的头，然后那边色彩缤纷的那幅是萨达姆·侯赛因的脸——我很喜欢他的轮廓。我也对一些数字符号很着迷……例如我才刚开始画这张用来表现数字“50”的图。

不过，我的画作都没有标题。不是因为什么神秘的理由，就是这样。为什么要有标题？相反地，那些有标题的画作，我觉得才神秘呢。谁说非有标题不可？

我不只画动物与昆虫写生，而是什么都画，包括某些人觉得很朴拙、具象又全然荒诞的场景，例如乡村生活、乡下人、一盘大阪烧、一些呆头呆脑的日本人……什么都有，想到什么就画什么，开心极了。

有时候，三更半夜的，我会突然很想画画，因为某个影像或场景出现在我的睡梦里，于是马上起床作画。画完后，我会发现结果跟原来的想法完全不一样，然后回头去睡觉。等到第二天早上，面对我自己半夜画出来的东西，我会吓一跳，心想：“我到底在干吗啊？”

为什么画画？我也不知道，我没有马上想得到的答案可以告诉你。绘画、素描，我一直很喜欢做这件事。只是在小时候，当我想办法弄来素描用的铅笔或可以拿来画画的东西时，我母亲都会阻止我作画。青少年时期，我很喜欢西洋绘画，那些伟大的欧洲画家，尤其是文艺复兴时期的，例如达·芬奇，当时我有幸在艺术画册中发现他的作品。马蒂斯、毕加索的作品当时也非常吸引我，另外还有让·谷克多（Jean Cocteau）那种非常精纯的风格。

直到那场意外后，我才再次开始大量作画。当时我所有的活动、电影、电视节目都取消了，被迫中断工作好几个月。康复期间，我完全没事可做，闷得要命——无聊到决定画画来杀时间。想素描、画画的渴望再次掳获我，而且从减少喝酒的量开始，让自己全心全意投入绘画。

画家的终极目标，是不是通过写实的眼光来重现一个场景，或是干脆走上抽象的路？就我而言，绘画更像是一种消遣。虽然我一直对绘画很热衷，但不是像我父亲那样……他当过漆器工匠，后来变成建筑油漆工，每天都在粉刷房子的墙面，而且为了这个工作，他还拿我们家的大门练习！总之，我对所谓“艺术”的态度，尤其是对绘画，显然跟认真完全沾不上边。

比起写作，我觉得素描与绘画在我构思电影的剧本或甚至故事的方式上，占有决定性的角色。一般来说，电影书写受到每天的生活影响。它是得自时事或社会新闻、集体记忆、邂逅——有时候是跟书本的邂逅——的结果，甚至是来自美梦和噩梦……但这不完全是我工作的方式。对我来说，一部电影的书写往往是从草图、速写、素描开始，用来构思故事最初的样貌。甚至电影开拍前，我也还会作画，以便更精确地掌握某个场景、某段故事的来龙去脉……我觉得绘画是一种可能的手段，可以用来表现文字不能表示的东西。

《花火》里用了一些我的画来传意，传达剧中人物堀部没办法说出口的话。瘫痪的他坐在轮椅上，一边想象着好友西佳敬和他太太的旅行，一边作画，仿佛要借此驱除厄运一样。就这样，拜他的画布所赐，堀部可以跟他们继续对话。花道中有一种极简的手法，只运用一朵花与一只非常简单的花瓶——因为我觉得这个手法多少有点无聊，所以想到把动物和花朵结合在一起，画出《花火》中看到的那个系列画作。就这样，一朵向日葵变成一只狮子的脸，另一朵花变成一只企鹅的头……

我也画了《阿基里斯与龟》里出现的所有画作，包括同一个角色从孩童时期到30岁年纪、再到后来更老时的所有作品。我觉得，一个电影导演最终极的梦想，就是亲自搞定他电影中的每一个细节，但就我来说，这是不可能的，所以在我的电影里用我自己的画，有点像拿它们来证明一样。会这么做，我想是源自我想画出自己电影的深沉欲望。

奇怪的是，虽然我是右利手，却可以用左手画画，就像小孩子画的那样。

艺术史让我着迷：从一个潮流到另一个潮流，有时候完全没有过渡期，从写实主义到印象派，然后到立体派到超现实主义……我觉得这样的变革非常神奇，而且无与伦比、不同凡响。有时候，什么事都没发生，两种运动间的一个空白括号，看起来像一段等待期。然后，终于又产生某种新的东西。

十几年来，我几乎每天都画，大部分是在我就寝之前。当我睡不着或不想睡时，就画油画、画素描。通常，几小时内，我就可以在画布上画下最后几笔，或是花一个晚上完成一幅画。我也很喜欢在小纸片上画一些朴拙的小插画，或是乱画一些草图，还有一些完全没用、毫无价值的涂鸦。这么做让我觉得开心。

在《导演万岁！》这部片里，我受到保罗·克利与毕加索的启发。这两位画家都会画出孩子一样的绘画与素描，把他们的技巧、意图与大人的情绪放到一边，用孩童特有的、游戏一般的方式来创作。我很欣赏保罗·克利——包豪斯学派的重要人物，被纳粹判定为“堕落”的艺术家——他的画作结合了没有意义的抽象元素和其他比较具象的元素。在他的作品中，有某些如梦似幻的东西，让我非常感动。他的画是在跟心灵对话，因为画作本身没有展现任何东西。有些评论家因此说克利是个业余画家，就好像人家说萨蒂（Erik Satie）是个只会创作简单旋律的作曲家，因为他的作品有很多重复。但是在我眼里，保罗·克利是一位很重要的画家。事实上，他发明了一种技法：凭借直觉创作，摒除所有思绪，只受自己孩子气的那一面影响——很可能是出自一颗童心。

* * *

这个保罗·克利曾在他的《日志》（1957 年）中提到：“这个世界上没有任何东西抓得住我，因为我与那些已经死去和尚未诞生的人同在。接近纯粹创作的核心，或距离更遥远。”

* * *

虽然风格大不相同，但我也很欣赏一个日本年轻女艺术家。她自称“东京子”[1]，灵感来自她的环境与流行文化，一种脱轨的歇斯底里与自恋式迷恋的混合体。有名的美国导演伊桑·科恩，也就是科恩兄弟之一，曾经协助筹办她在美国的第一场展览，地点在纽约的一家画廊。

我希望未来可以有更多时间作画、写生，让自己更上层楼，即使我

1　东京子（Tokyoko），本名新井熏子，80 年代初期为偶像歌手，现为艺术家，2007 年在纽约以“东京子”为名的画展开始大受瞩目。

知道自己永远也比不上马蒂斯、让·谷克多，或是松本零士[1]。

绘画和素描一点都不容易，我也很清楚自己欠缺什么。我知道我的图画、插画与涂鸦，很多都不具任何意义。有些朋友觉得这些画很好笑，也有点奇怪……还真是说对了。一直都有画廊提议要展出我的画作并拿来出售，但是一直到最近，我都不太想这么做。举例来说，15 年前法国的阿维尼翁艺术节赞颂的主题是“美”，对方希望筹划一个空间来呈现我眼中看到的“美”是什么样子。这个计划最后没做成，但艺术节主办单位还是向我致敬。然后，应该是在 2001 年吧，我有几幅画的复制品在巴黎展出，就在卡地亚当代艺术基金会为日本造型艺术家村上隆办的一场展览中。

今天，我已经做好准备展示我的一切，最糟或最好的一面都可以，呈现那个真正的北野武：我的龌龊、错误、疯狂、愚昧……我的废物作品集。一场我坚持用一种非常个人的方式来展现自我的展览，预定于 2010 年春天在巴黎举行，同样也是在卡地亚基金会。为了这个庞大的计划，我要求我的制作人森昌平把我所有的油画和素描集结起来，包括最烂的作品在内，在那些西方人面前公开，因为也许只有他们才有办法评断这些作品，让他们看清我的真面目，因为我觉得欧洲人太高估我了。[2]

1　松本零士，日本漫画家，代表作有《宇宙战舰大和号》《银河铁道 999》等。

2　2010 年这场名为“北野武／画匠的孩子”（Beat Takeshi Kitano/ Gosse de Peintre）的展览，结合了蓬皮杜艺术中心的“北野武电影回顾展”（Takeshi Kitano, l'iconoclaste）与本书法文版的出版，在法国掀起一阵北野武旋风。

第十四话　对科学狂热

＊＊＊

一个春天的夜里，在几杯波尔多红酒的助兴下，北野武回忆起他对科学的热爱，一边在一本记事簿上涂写着一些数学公式……

＊＊＊

1994年那场摩托车意外，有点改变了我对人生的领会。经过那样的考验和漫长的恢复期，不可能还是完全一样的人。人家以为我完蛋了，我却从来没这么渴望活下去。在那之后，我画了很多图，而且持续拍了更多电影。也是在那个时候，我重新研究起科学和数学。

之前就说过，孩童和青少年时期，我在数学方面很强，而且成绩常常比我那些后来进东京大学——这是日本名校，国家精英的摇篮——理工科系的同学还要好。读明治大学时，我曾经有段时间想专攻激光射线技术。那是日本当年几项尖端科技之一。那时我觉得自己好幸运，能够出生在一个对应用研究和科学发展感兴趣的国家。

我想，我对科学的迷恋也说明了在那场意外后，为什么我会有这种复活（重生?）的感觉——我本来很可能就这样死了啊，那场意外差点要了我的命。从昏迷中醒来时，这场考验对我产生很重大的意义，让我相信自己被赋予了第二次的人生。

对某些人来说，这种创伤后的苏醒可能会导致某种新的意识觉醒。有些人之前不信神，这时候会开始相信上帝、相信某个神明的存在。而我呢，选择了科学。但我承认，我越是研究科学，就越觉得“上帝存在”这个想法是合理的。有时候，某个非常奥妙的数学公式会让我忍不住心想：只有超凡的力量，才能想出这样的公式——而那也许是……上帝？

亚里士多德已经得到结论，说“宇宙的创造是不可思议的”。今天，大爆炸（big-bang）理论——这是我最感兴趣的理论——被纳入了量子物理学定律，却还没能洞悉太初奥秘的所有关键：时间和空间之谜。另外，我对伟大的英国天文物理学家斯蒂芬·霍金的研究和理论也非常感兴趣。

地球上的我们，都觉得自己活在一个对所有人都同步而且相等的时间里，但这个印象是错误的。时间在不同的文化里，被感知的方法也不太一样。它不是放诸四海皆准的概念，对每个人的意义也不全都相同。这里说个小插曲：我是个非常忙碌的人，但我老是觉得自己好像“还有时间”。另外，我不常戴手表，以至于每年我生日时，都会收到手表当礼物，因为有些朋友、熟人以为我没有手表。有一天，一个商人，他是日本最有钱的商人之一，送了我一只价值难以估计的手表。这只表到现在还放在我车子的置物箱里……

可以的话，我会希望活在时间之外。这有点像我们看电影时一样，感觉自己好像活在现实之外。我希望能够逃避这道限制，这个没人躲得过的宿命。我深信，在电影与数学运算之间存在着某种显著的关联，而一部电影的成功是一道数学方程式的结果。因为电影是用每秒 24 格的画面骗过我们的眼睛，从现实中转移目光……就算故事灵感是取自现实事件，电影也仍然是抽象的，是某种不完全真实的东西。这里就跟科学有关啦！科学实在太有趣了。一个简单的公式就能解释万有引力定律，这不是很了不起吗？

就像在宇宙中一样，秩序也支配着电影，有它的方程式、减法、除法，而一个剧本也可以是失序的结果。我梦想着用随机组合的方式来剪辑电影。那会是一种不可思议的剪辑方式，没头又没尾、令人震惊，让人目瞪口呆。看这部电影的时候，观众会不得不去想象自己的版本……

奇怪的是，我讨厌用计算机，更讨厌网络。我没办法写电子邮件。我觉得这种沟通方式太没个性，而且——顶着科技进步的幌子——很吓人。电子邮件仿佛一个直通下水道的污水排水系统，寄出电子邮件就好像按下抽水马桶的冲水阀。然后，人们不再跟彼此说话，不再通电话，也比较少碰面……我讨厌在屏幕上读东西，尤其是剧本。相较之下，我还宁愿去读一段随手写在纸片上的文章。计算机屏幕会让我的血液堵塞。我只爱小屏幕和大银幕！

我对科学的爱永远不会消退。正好相反！我在这方面的信念，几乎到了走火入魔的地步，因为科学把我们喜爱的一切连接在一起！比方说，我没办法光是喜欢文学而已，让我感兴趣的，是科学与文学的结合。不幸的是，在这个时代，大部分发达国家的教育课程都不是设计得很好，尤其在日本，学校课程既不重经验，又切割破碎而片断，例如把科学和哲学分开教授。但是在从前，某些自然法则的发掘必须归功于哲学，之后再通过公式和数学运算表达。

达·芬奇在世的时候，是个伟大的画家，却也是个真正的科学家。

他没有把自己的人生限定在某方面的爱好上，而是把它们视为一个整体。我特别看重这种“看与做”的观察实验法。摇摆不定、多方尝试，正是文艺复兴时期艺术家的特性。

在我们这个时代，哲学和数学这两门学科，我觉得本来就应该在同一堂课里教授，应该用更有野心的方式来教。大家会发现两条并行线是怎么在无限之处交会，不论就哲学或数学来说。

我建议我们的社会给年轻人一种学科多元化、更功能性的教育，而且要比今天的教育更实用。这样一来，青少年也会比较快乐。我对此深信不已……

第五部　北野武观点

第十五话　要命的日本！

我现在开的劳斯莱斯轿车，是我太太送的礼物。它是一种财富的象征，不是所有日本人都负担得起……讲这话，是要告诉大家：日本如果再继续这样下去，中产阶级就要消失了——当然我是讲得比较夸张啦。

没错，中产阶级会一直存在，但近几年来，日本的社会越来越不平等了，富人与穷人一样越来越多。我们也有我们的无产阶级，不光是那些无家可归的人、流浪汉和无业游民，还有好几百万的新贫阶级。他们每天做牛做马，就为了好好过日子、缴房租和孩子的学费，只求每个月底收支平衡。这些人聚集在远离大都会的偏僻地区。他们的生活条件，让我想到美国纽约早年的布朗克斯区（Bronx）。

在我们国家，社会资源分配不均的情况日益严重。当少数人出入最好的餐厅、奢华精品店的同时，大部分的日本人不敢再到那些高级地段。我很肯定，这个有点太常被许多西方评论家视为“楷模”的日本社会，正以一种令我担忧的节奏在改变。

在《玩偶》里，我刻意用了一些画面来让人理解这种社会现实面。在噩梦那场戏中，蓝色塑料布的运用，就是在指涉那些无家可归的人。他们在大城市里躲起来过日子，在桥下、在广场上、在铁道边……至于那些彩色锦鲤，代表的是贵族与精英分子的日本，高高栖息在他们的象牙塔里，不知道下层阶级的人怎样吃苦过日子。前首相田中角荣就养了好几条这样的锦鲤。据说光是一条彩色锦鲤，就至少值三四百万日元。

日本一向给人拥有庞大资本主义力量的印象，但那是一种骗人的自由放任主义，因为日本也是一个社会主义国家——是的，集体主义，社会主义。这是我们这个奇怪国家的重大矛盾之一：有些银行现在还在用超低利率贷款给某些人。事实上，日本是介于一种极野蛮的资本主义和一种大家心照不宣的变种共产主义中间。

存款零元的时代

我们正在目睹日本社会逐渐贫困化的过程。根据去年公布的一项研究，有超过20%的日本人，在银行里连一块日元也没有，没半点存款，而那些有钱人现在都把钱放在国外。50年来，日本首次发生这样的现象。我们身为“世界第二大经济体”的地位，能维持到什么时候？

要了解这样的社会经济状况，必须回溯到战后时期。1950到1970年代，保险服务与社会保障制度在日本发展得非常迅速，大家受惠良多。银行里的钱，还有（尤其是）邮政公社里的储金，数目是那么庞大，变成社会的隐忧。前首相小泉纯一郎推动邮政服务民营化，就是这个原因。他希望日本人动用这笔储蓄（世界上最庞大的公共财库之一）的股息，也有意让这个领域自由化，允许西方企业占有一席之地。

但这个民营化的过程影响到最脆弱的老年人，他们当中绝大部分是靠邮政储蓄金过日子……然后我们开始看到悲哀又不近人情的状况：这些老人被社会放逐了，安置在专门为他们设立的劣质机构里。还有，家庭环境也跟着改变了，变得像西方社会一样。从前，很少有孩子和孙子会跟祖父母分开住，现在却很普遍……在我们所谓“现代、发达”的社会里，那种针对老年族群或相关议题发出的批判与排斥，总是让我觉得很痛心。唉，但这不只是愿不愿意的问题，还跟收入的问题有关。现在为人子女的往往没办法两面兼顾，负起照顾父母的责任。再加上为老人设立的医疗服务又一直慢半拍……照这种节奏继续下去，日本社会将会变成什么样呢？

金权游戏

2006年，日本被一起重大丑闻搞得动荡不安：活力门事件。这家公司在好几年间被视为网络与新科技领域的典范，但年轻老板堀江贵文因为冒失的公开声明而成为政治界的箭靶。事实上，他不只是个投机分子，还是个操弄者。他本来可以功成名就，发大财又创立一家规模非常庞大的公司，却受到不义之财的诱惑，最后落到免职和入狱的下场。[1]

必须说明的是，堀江跟前首相小泉走得蛮近的。小泉把他当成日本

1 活力门事件，名称源自同名公司，2006年1月爆发。该公司总经理堀江贵文是个受部分日本年轻人崇拜的新兴经济大师，却为当权人士憎恶。这位年轻的商业天才，曾在2005年的众议院选举时，被当时的首相小泉拉入麾下参选。他的被捕入狱，在东京股市激起一阵恐慌。当时34岁的堀江被判入监服刑两年半，罪名是盗用公款、做假账，并散布假消息操纵一只股票的行情。活力门的前任首席财务官，39岁的宫内亮治，判刑20个月。另外三名领导人，判刑12到18个月。这起事件激起日本社会对“小泉时代”的批评。——原注

年轻企业家的楷模。白手起家的堀江，靠自己的力量成立他的公司，而且在极短的时间内把公司发展起来。但是他的成就，在某些人看来显得很刺眼，甚至觉得他傲慢放肆。加上堀江会很轻率地批评政治人物、日本在战争中的罪行、日本太空计划的失败等诸如此类议题，于是，一股神秘的力量让活力门的内幕爆发，堀江跟着一起完蛋。

这个丑闻被用来挑起对前首相小泉极端自由主义政策的全面检讨。亀井静香——自民党的昔日大佬，也是前警察厅高级官员——当年被小泉一票人用粗暴的手法逐出自民党，所以有些人揣测是不是他在背后兴风作浪，拉下堀江贵文。至于“自杀”的野口英昭，他是堀江身边的人，被发现死在冲绳某家旅馆房间内，但有太多因素让人觉得他是被谋杀的。在我看来，整件事只是再次验证了长久以来主宰日本的恶习。这些家伙经常玩这种只手遮天的游戏，为了一些荒谬至极的原因。

一般来说，在日本，出身于贫困家庭的人，通常也会比较卑微地度过一生。那些摆明了咸鱼翻身的人，好比堀江贵文，都会被人觉得很可疑。大家认定他们的成功是不正常的。一种政治不正确性。因为在日本，事情很单纯：穷人就是穷人，而且，只有富人有权当富人。日本不是美国。几十年来，美国打造了一种追求个人成功的观念，也为它背书——是的，就是那个赫赫有名的“美国梦”：每个人都有希望攀登社会阶级、物质成就的阶梯……但是在日本，完全不是这么一回事。

不管大家怎么说，日本始终是个阶级社会，凭着一个过时的规范在运作。一个一无所有的家族短期内突然致富，在日本是非常罕见的。而且如果一个穷人成功了，累积好几十亿日元的庞大财富，绝对会引来侧目。要是他表现得很骄傲，而且有点太招摇，肯定没有多少好日子过。堀江的案例，就这方面看来，就很有说服力。他先是被保守阶级猛烈抨击，因为他长得就不是一副权贵的样子。他来自普通的家庭。

同样地，那些玩股票的人也不会受到好评的。我们的历史显示，那些持股人、股票经纪人，还有其他追求头衔的人——这些靠着不劳而获的金钱而发达起来的人，从来不太被日本人欣赏。一直以来，他们被东京某些精英分子当成“威尼斯商人”，不抱什么期待。

至于我个人，很久没玩了。我对那些金钱游戏已经没兴趣，连以前社会流传下来的“博打”[1]也一样。现在的我对这种事完全无感，只有我的电视节目——我称之为“机运大游戏”，因为它们完全仰赖观众的支持——能够激起我的热情。

泡沫经济

1980 年代，那段房地产和金融业的“泡沫经济”时期，买空卖空曾经风行一时。但是当“泡沫”在 90 年代初期破裂，日本人明白了：没有限制的投机隐藏着多大的风险。尽管如此，短线投资仍然再次出现在我们的经济中，而且在短短十多年间，再一次蓬勃发展，尤其是网络上的股市交易。为数众多的日本人，当中有很多是家庭主妇，用私房钱在网络上赚取利润，结果往往损失庞大的金额。说到底，这个“泡沫”可不是碰巧落在我们头上的。

70 年代以来，日本接二连三出现一些迷你经济热潮，大量金钱在国内流通。“Money”是当时挂在所有人嘴上的关键词，每个日本人都

1　博打，传统赌博游戏，玩家可以下注金钱，甚至其他财物。

梦想着自己当上业主，用令人无法理解的天价买下公寓、房舍、豪华轿车。真的疯了。直到有一天，泡沫破裂了。当整个国家都醒过来时，银行已经被堆积如山的呆账压垮了。

当时造成的严重损害，到今天仍然余波荡漾。这15年来，日本经济非常脆弱，成长几乎是零，丑闻接二连三爆发，例如那起令人难以置信的“姉齿事件”。

每年在世界上出现的地震，以及强度最强的地震中，差不多有20%发生在日本。但这个名叫姉齿秀次的日本建筑师，在2006年时坦承自己建造了二十几栋在防震措施上偷工减料的建筑物，以减低成本，赚取更多利润。他欺瞒并伪造了所有符合安全规范的证明文件。最后，相关单位不得不拆毁这些新建的建筑物，紧急重新安置上百户受害、震惊的家庭。

从前的日本人，诚实、大胆又勇气十足。今天的日本人还是这样吗？我们确实已经进入一个邪恶的时代，受到一种崭新资本主义制度的冲击，粉碎了尊重、友爱、博爱的价值。我不是共产主义的信徒，但我坚决反对资本主义以各种形式猖獗横行。太激烈的资本主义有它的黑暗面，它会让人失去人性。

令人痛心的文化私有化

日本今天的文化正深受私有化的伤害，受到可怕的冲击。比如我们可以看到许多大企业包下一场表演或演唱会所有（或部分）的门票，用来赠送给员工或客户。真是令人痛心。

我必须说明一点，在日本，政府当局对文化的补助非常少。这种漠不关心，造成非常严重的影响。文化鲜少——甚至完全无法——引起我们政治人物的关注。这些年来，日本的首相换了一个又一个，却什么也没改变。小泉纯一郎执政五年，从 2001 年到 2006 年。他为文化做了什么？没什么了不起的建树。

这些年来，一直有人提议任命我当文化部长。这将会是一项创举，因为日本直到今天，都没有过一个真正的文化部，不像法国或是韩国这些国家。不过，我既没有能力也没有知识……我没有必需的学术背景！你能想象我当部长吗？光是想，就让我觉得很好笑。而且，先不考虑我的个性，一旦获得任命，我就不得不买黑道的账了，就像很多当权人士那样……另外，我已经遇过好几次，有人要我出面捍卫某些法案，或是为某些候选人说话。但是我啊，我最先想支持的，是那些为非洲的权益奔走努力的人！

话是这么说，为了捍卫和推动日本电影工业的发展，或是为了维护并保存我国的传统技艺，我还是有许多事情要做……比如歌舞伎在 16 世纪是一门生气蓬勃的艺术，今天却没办法让一般大众感兴趣。我祖母的祖籍是四国，有收集浮世绘邮票的嗜好，而且还是一个传统艺术与歌舞伎大师的女儿，会弹三味线和其他歌舞伎的乐器。她是那么爱她的三味线，所以我父亲在她的葬礼上把它一起火化了……

在乡下，还是有许多人喜欢能剧、歌舞伎艺术，但在日本的大城市，这些艺术却在缓缓消失中。大家是否明白这个状况呢？日本人变了很多。随着时间演进，他们抛弃了自己的文化。看到自己的国家一点一点失去自己的文化认同，让我觉得很心酸。人们不再像以前那样经常出门，也比较少交谈了。他们不再针对某些事发表自己的意见，除了在网络上，还有以匿名的方式之外……

尽管日本的流行文化和所谓的“酷日本”[1]在全世界攻无不克，我们却很矛盾地眼睁睁看着日本重要文化的没落。这是不是像某些人所说的，起因于日本社会从1945年起推动的急速西化过程？因为美国和欧洲的影响？不对，外国文化的输入，其实对日本是有益的。该为现况负责的，只有日本人。是我们自己放弃了自己的传统文化。这一点让我很痛心。

我必须说，我们正生活在人类史上一个相当奇特的阶段，一个颇具破坏性的时刻。现在我们竟然能在CNN上收看战争的现场直播，就可以证明这一点……

一切发生得飞快，非常快，甚至，太快了。我们周遭的一切，全都以一种让人晕眩的速度在改变，而我们连适应当中最微小冲击的时间都没有。一切都在改变中：人类的生活风格和感觉、心理状态和政治观点……

日本的政治

我不是右派也不是左派，更不是极右派或极左派。那些擅自帮我扣帽子的人搞错了。我不可能去支持那种以为“政治观点不同，可以让某

1 酷日本，日本经济产业省在2008年提出“Cool Japan”一词，目的是将带有日本文化色彩的各项产品推广到海外，达到扩大内外销市场、振兴本土产业的目的。2011年东北地区震灾后，又加上“加速灾区重建”的目标。

些人比其他人低劣或优越”的主张。我不觉得自己比大家更接近这场混战的中心，或超越这场混战之上——顶多是在下面吧，这样才能确保我有够好的视野，把一切看清楚。

我不信任大家对自以为是的真相所作的诠释。一个巴布亚新几内亚的土著，生平第一次看到飞机经过时，会相信飞过天空的是一只怪鸟。人们可以自由理解他们看到的事物，只是这个理解一旦出错，就会造成伤害。

有时候，这种理解是谄媚的结果。本来，我们以为政治可以帮助人们更确切地抓住现实、理解并改善社会，尽管是以一种相对有限的方式。但是，当判断的自由受到迫害时，政治往往只是一个假象。

我几乎从来没投过票，而且，在我看来，演员和搞笑艺人完全不需要投票权。我打从心底相信，就算日本的政治制度以一种很激烈的方式改变了，我们演艺人员，我们这些“外人”，还是不会改变。我们会始终如一，继续耍宝耍嘴皮子。我们甚至不会去尝试推翻独裁政权，只有可能更糟：我们会适应它，然后在这样的政权下，继续表演更多的搞笑段子。我们会每天嘲笑这个政府的领导人，用我们最厉害的武器——笑声，去奚落在位的政权。我们这些“外人”，搞笑艺人，不是甘地的后继者，也不是任何政治诉求的代言人。我们只是寄生虫！

小说家野坂昭如有一天对我说：“万一有一天战争突然爆发了，阿武你呢，一定会马上落跑。你就是这种人！”我回答他：“才不会咧，我连那个胆都没有。我应该会自杀吧。”你懂吗？在最坏的处境下，我不想扮演什么大人物，更不求成为一个英雄。正好相反！我骨子里就不是理想主义者。大家年轻时做的那些梦，我老早就统统抛弃了。

跟许多国家一样，日本的政治人物中，大部分人只关心他们自身的利益，唯一的目标就是独揽大权。看看自民党吧，这个从 1950 年代起就几乎没有间断地统治日本的保守派组织（只在 1990 年代初期有过短暂间断。当时反对党与其他小党的联盟在选举中赢得胜利，然后任命自由派的细川护熙出任首相）。说这个政党“搞砸了”，还嫌太轻描淡写。虽然自民党有办法在这么长的时间里牢牢抓住政权——主要是在创价学会的支持下。创价学会是跟公明党背靠背的强大佛教团体，也是执政的保守派联盟成员——但自民党已经完全失去民心，让人不再对它怀抱任何梦想。长久以来，自民党唯一的野心，就是用尽各种手段，避免日本政治体制的民主化和政党轮替。

在日本政治史中，最悲哀的就是，这么多年来一直缺乏真正的反对党。在国会方面，左派依旧几乎不存在。法国有个社会党，日本也有类似的政党，但是相比之下低调多了。至于民主党（PDJ，创立于 1996 年），长久以来假装自己是第一大反对党（多少有点中间偏左或中间偏右，总之，大家已经搞不清楚了），但其实根本就不是反对党。该党的成员，大部分来自不同政党的变节者，有中间的、左派的、右派的，甚至还有极右派的。在舆论的反对声中，民主党批评了当权政府很大一部分的作为，但是骨子里，民主党大部分国会议员，跟那些执政党的国会议员很类似。他们之间的差别没那么明显。

2009 年夏天的立法机构选举中，民主党以压倒性的多数得票率，取得了政权。许多投票给这个政党的人非常开心。经过长达 60 年的一党执政后，日本人总算实现了“办一场真正的民主选举”这个梦想。日本终于实现了改革。欢天喜地的人民把缰绳交付到民主党的手上，觉得靠着自己的选票完成了一场民主革命，比过去任何一次投票都更民主、更具典范性。但民主党当权才几个月后，一些选民已经觉得幻灭。有些人开始认为民主党跟自民党其实没什么不同，只有名字不一样而已。

我们应该期待更好的情况吗？通过让民主党取得政权，日本人怀抱着什么样的梦想？还是说，目前的政治局势只会让人想要放弃，或甚至绝望？我担心的是，在日本，不管让哪个政党执政，也不管领导这个政党的是谁，情况永远都会一样。政治上来说，我很怕在日本会永远都是这个样子。人们投票是希望能有所改变，因为基本上来说，什么都没有变。而大家有这么一种感觉——迟钝、沉重——觉得事情不会照该走的方向改变……也许，问题根本不在那些政治人物的身上！有人说，也许是因为日本的传统，僵化的规则就好像习惯一样，让人不喜欢改变。

真相是，在日本，真正的反对势力文化已经不存在了。事实是，日本为此还得向自己提出许多问题，例如多党制的挑战、多元民主的挑战……

我甚至可以说得再直白一点：我觉得日本的政治阶级已经腐烂了。因为无能，他们没办法建构一个由两大党领头的制度：有一个执政党统治国家，还有一个名符其实的反对党，有办法每隔 5 年或 10 年取得政权。一个政党，竟然有办法在日本执政那么久，这一点简直令人难以置信……不幸的是，不像法国人在 1789 年那样为自由与民主而奋战，日本人不明白两党制的迫切必要性。他们根本就不知道两党制是什么东西。

看看前任首相安倍晋三[1]是怎样让自己被无能的部长包围，当中还有很多人涉及一大堆惊人的丑闻。至于麻生太郎——在非常有效率的首相福田康夫之后上任——根本就是无能，任期之初就养成一个习惯：在

1 安倍晋三，2006 年至 2007 年担任自民党总裁暨日本首相，并于 2012 年再次当选自民党总裁，并于同年举行的众议院选举中率领自民党夺回执政权，回锅再任首相一职。

东京秋叶原这个漫画、电玩爱好者出没的地方，站在一辆小巴士车顶上发表演说。到底是谁出的主意啊！摆明了是不祥的预兆！麻生早该学着去读一些好书、世界文学中的伟大小说，还有有意义的论文，而不是像他沾沾自喜挂在嘴边那样只会猛翻漫画……

2009年初的一天下午，我正在棚内录《拍子武的TV擒抱》（当时我们正在庆祝这个节目播出20周年！）——有个民主党国会议员发表评论，说麻生太郎是“如此无能”，应该“尽快、赶紧、在接下来几天内下台”，我马上打断他：“胡说八道！”我这样回答他。“请他在接下来几小时内就辞职下台吧。问题是，我不确定他在听我们讲话。现在是午睡时间，他应该正在睡觉吧……”

没错，日本并不是总统制，但我们至少要让一些有毅力、有决心改革的先生或女士，来担任这个国家的首相吧！就像在大多数民主国家中那样，不是吗？看看美国人是怎样表现出十足的远见与成熟度，能够赞扬一个他们几个月前才认识的非裔美国参议员奥巴马。我觉得这样的突破很了不起！日本的政治改革有办法持续下去吗？

在韩国，尽管这位国家领导人[1]有政治经历为后盾，但他过去主要是个商人。日本人就不能想象我们的首相也出身商界吗？他不能是身经百战的某家大企业老板吗？为什么我们要放弃某些人才呢？我们的政党制度应该进行改造，避免首相只能由执政党选出，更不应该由那个精英圈子来任命。经团连（日本经济团体联合会）——由一些大老板组成的公会，就像个不对外公开的俱乐部——已经太常在选举中造成影响。日本人应该好好思考这个错误。

1 李明博，2008年至2013年任韩国总统。

在日本，打破递补制度、裙带制度的时候到了。这种从明治、昭和时代遗留下来的制度，让政治家、部长或首相的子子孙孙，可以轮番上阵当部长或首相。这种政治制度，应该赶快有所改革。

看着对方的眼睛

法国的情况也一样很有意思。看看那位左派的女士罗雅尔（Sélolène Royale）在2007年时是怎么一路通过层层关卡，成为总统大选的候选人！没错，她最后没赢得选举，但她可以走这么远，这个事实证明了法国人的观念确实经过真正的进化，而我也无法想象法国人会说："什么？我们得在一个男人和一个女人之间作选择吗?!"如果他们比较喜欢萨科齐，我觉得那也是基于政治性考虑。

这个萨科齐，真是好样的！我虽然没办法赞同这家伙的想法、风格和他说的话，但仍对他抱持相当程度的尊敬。我觉得，至少他明白表现了自己的企图，然后采取行动。我欣赏这样的性格，只是他的坦率和敢说敢做应该让他吃了不少苦头。他与他的前妻（是叫塞西莉亚吗？）当着全法国人的面，以一种罕见的透明度来处理离婚，让我留下深刻的印象。它在一种惊人的冷静中进行，而法国人好像也觉得这一切再正常不过。又一个公民成熟度的明证。

我不敢想象，要是我们哪个首相在位时宣布要离婚，会在日本引起什么样的反应——虽然我们确实有个前首相，小泉纯一郎，在被任命时就已经分居了。这蛮新鲜的……在日本，没有一个政治人物，甚至包括首相，能做到像萨科齐那样，或像他之前的每一任法国总统那样——我是指，在电视摄影棚的现场转播中，看着对方的眼睛说清楚讲明白。在法国，公民可以对治理国家的那些人发表自己的看法，而电视界把自己当成一座民主的堡垒，不断要求那些掌权的人把话说清楚，几乎不容许犯错和滥权。这对民主的生命来说，是非常健康的。

在日本，又是另外一回事了。政治人物受到委任，是为了维护和保障经济制度的持续发展性。为了不让日本制造的产品在国外遭到抵制，政治人物坚决保持沉默，以免冒犯到任何人。他们不能大声说出心里的想法，否则会对国家的经济利益造成威胁。

事实上，日本的政治局势让我感到绝望。你以为让反对势力掌权，情况就会像在法国或美国那样，彻底改变吗？才不呢！我敢保证，换成民主党的首相，也是差不多一样的做事方法、一样的政府文化、一样的问题、一样官僚的繁文缛节……

日本政治有多不振，还有另一件事可以证明：女性的地位。从来没有任何一名女性被任命为首相，可见我们议会制度的大男子主义歪风。让女人当部长，是被欣然接受的——虽然也只是近几年来的事——但是让女性做到政府首脑的位子，却还是无法想象。虽然人民已经准备好了，但几乎完全由男性主宰的政党与行政体系还没，而他们握有大权。我们的国家非常落伍，落后至少欧洲 30 年。看看人家英国，撒切尔夫人早在 1970 年代末期就当上首相了……

反正不管怎样，我认为，要是奇迹出现，有哪位日本女性有办法成为政府的领导人，那些男人，而且是大多数的男人，一定会在她身边阻挠她，不让她好好执政。因为缺乏自信，男人们势必会挡她的路、妨碍她前进。她会被操纵、遥控、受到干扰……

* * *

2007年间，小池百合子这位于小泉执政期间（2001—2006）入阁的前任女性大臣，在防卫大臣的职位上只待了差不多一个月，因为受到一些高级官员与高级将领的冒犯与侮辱，成为日本政治环境的受害者。

* * *

绝对不从政

不要惊讶，那些高高在上统治我们的人也经常干蠢事。在日本，有个厚生大臣竟然曾经宣称“女人是生产机器”[1]！说出这种蠢话，摆明了他根本不够格当部长。大家，尤其是日本女性，当然火冒三丈了。他说这话的目的，当然不是为了伤人，也不是想矮化女性的地位。他的本意是拉警报，鼓励年轻女性生儿育女，因为日本的出生率太低了[2]。尽管他意识到自己的言论不得体，也表达了歉意，但你以为他会辞职吗？想都别想。他还是得到首相的支持，安安稳稳地待在他的位子上。这就是我们在日本面临的状况：被另一个时代的人统治。虽然他们年事已高，却还是像块巨大的顽石一样，紧抓着权力不放。他们骨子里不是坏

---

1 2007年，时任厚生大臣的柳泽伯夫，在一场自民党党内集会上谈及少子化对策时，作了这样的比喻，引来各在野党与许多女性挞伐。

2 每位女性平均生育不到1.3个小孩。

人，只是跟社会人心的演变脱节了。

至于日本人是否真的孩子生得不够多，这个问题完全取决于我们从什么角度去考虑。社会老龄化的问题，就某方面来说是个迷思。就算这个社会有很多老人，未必表示我们国家就没有活力。此外，有些专家认为地球的状况已经到了极限，鼓励生育的政策很不负责任。所以，对这些人来说，日本是个榜样，一个可以作为模范的国家！最担心的还是日本人自己。现在的年轻世代想知道，他们未来的退休金要怎样才能得到保障，还有，要是退休金的账户空了、社会福利不再发挥作用、失业和企业外移的情况继续恶化，他们该怎么办。诸如此类的问题。

总之，别指望我会为任何一个政党挺身而出！不管他们如何千方百计取悦我、主动接近我，结果都一样！我绝对不会在任何形式下、在任何选举中，出任任何政党的候选人。因为我会做的事就只有一件，那就是搞笑娱乐大众！除非我真的彻底发疯了，才会加入政党、在选举中以候选人的身份出现。

* * *

2009年秋天，与北野武一起出现在《战场上的快乐圣诞》电影海报上的大作曲家坂本龙一，在一次访谈中对我吐露了下面的话："北野武是我见过最聪明的人之一。他可以成为一个伟大的总统，只要我们的社会愿意接受。"

* * *

台面上的政府……以及台面下的

在日本这个几乎所有事都围绕着帮派意见在运作的国家里，存在着两种政府：一种是台面上的政府，其权力多多少少受到限制；另一种则是台面下的政府，对这个台面上的政府发号施令。要是第一种政府不听第二种政府的话，就会出问题。

在日本，无论哪一种职业活动，背后几乎都有黑道或与帮派亲近的人士插手。他们是一种很特别的流氓，并非全都是带着枪的匪徒，但他们会用自己的方式让人听命，有点像某种地下警察，照着他们跟……警察达成的协议来行动。这往往是让他们生意兴隆的条件之一。好几世纪以来，日本人都认可他们扮演一种保障安全的非正式角色！有些人还把他们看成一种半官方（或地下）的势力。总之，他们无所不在。

有些日本首相会私下找黑道的团队办事。蓬勃的电视、演艺界和职业运动圈也无法幸免。为什么？因为这些领域在运作上，都被跟黑道中严谨的阶级制度相当一致的价值观与准则所支配。我们甚至可以在一间酒吧里看到黑道和电视圈人士、黑道和职业运动选手……一起喝醉，一起为各自的成就干杯！这种价值观是难以拔除的，根深蒂固深植在日本文化中。而且这种情形不会说改就改，因为日本本来就是（而且会一直都是）一个帮派社会，一切都通过帮派运作。不接受这种运作方式的人，就会被排除在外，而这对日本人来说是最糟糕的。日本人讨厌自己被孤立。

日本渴望在联合国中承担更重要的责任，国内却仍然存在好几个大型黑道帮派，尤其是规模最大的山口组、势力越来越大的住吉会，然后是稻川会、九州岛的工藤会，或是还有国粹会这个帮派。

长久以来，对日本着迷的一些外国人、西方媒体和众多评论作家，他们还在用“楷模”或我不知道是什么的“帝国”来介绍日本。除此之外，他们还有一种倾向：总觉得日本比其他地方来得“更好”。事实上，有些所谓“日本专家”，消息其实蛮不灵通的。他们颂赞着日本的科技实力和工业实力，认为日本在这些方面的实力优于美国人与欧洲人，或是称赞日本的社会模式、礼仪教养规则……但他们忘了，或是刻意忽略了其他的事实——也许是因为他们不懂日本的历史，或是只知道东京那些光鲜亮丽的地段……

一些“专家”现在仍把日本当作社会秩序甚至治安方面的楷模，就因为日本低微的犯罪率。但这些犯罪率的数据，根本只是个幌子！真相完全是另一回事！日本是个越来越危险的暴力社会，尤其是在社会最底层（打从公元9世纪以来就是这样了），这里的状况可不太光彩，不像某些人以为的那么“好榜样”。而且不管大家怎么说或试图证明，日本的一部分仍然掌握在帮派手中。我们这个国家，是世界上少数几个黑道很吃得开的国家之一，没办法铲除他们的权力、根除他们的影响，甚至改变他们的存在。他们用流氓的手段，直接控制金融界和政权的核心，而那些胆敢挡他们路的人可要小心了……

曾经有个在日本采访的德国记者，有一天大惊失色地发现，日本主要犯罪集团之一的山口组（组织下包括112个团体，集结将近17500名成员），竟然拥有一个总部、好几个支部和一大堆办公室。他觉得难以置信，竟然看到一栋大楼的入口处标示着：“山口组在此”。这在他看来，简直就是超现实的一幕。

在东京，一如在日本大部分的大城市中，楼房的入口处经常有门牌标示着这里是某个帮派的总部或办公室。帮派成员的名片上，有时候甚至会放上他们的组织名称和徽纹。帮派老大有时也会非常低调地，在有关当局最料想不到的地方现身，例如到东京某家高级餐厅安安静静地吃顿晚餐，用完餐后再悄悄离开，过程中没被任何人认出来。将近400年以来，不管世界怎么演变，黑道还是差不多始终如一。黑道帮派的组织结构非常严谨，成员关系就像传统核心家庭一样，有父亲、母亲和小孩，“老大”是父亲，“手下”就像小孩。他们靠着流血建立起连接，一种包含牺牲意识的荣誉感，还有一种兄弟友爱精神，彼此团结在一起。

有个小故事充分说明了日本的某些“传统”。有一天，在下町的一家酒吧里，有个帮派老大非常粗暴地把一个人打个半死。让在场目击者惊讶的是，这个被打的人，浑身是血地走向那个老大表示歉意。这是一种感谢对方让他活命的方式。接下来，几个月后，又来了，那个人邀请这个黑道老大喝一杯。当他们碰面时，黑道的家伙说话温和客气得很，两人一起喝了很多酒，但是等这个人看出先前攻击他的人已经喝得烂醉了，轮到他扑向对方，而且真的把他打得头破血流……这种我们所谓的“社会新闻”，不一定会成为报上的头条或是被报道出来。大家难道以为那些帮派每天犯下的不法行为，都会被警察登录在案吗？我敢保证，有些犯罪事件被刻意忽略了。就这样，每个人都可以按照他想要的，从日本“低微”的犯罪率中得出自己的结论。

今天，大城市的黑道帮派处于一种竞争的局面。近15年来，主要的犯罪集团饱受经济发展迟缓的影响，尤其是房地产业，但他们的存在还是没有受到威胁，因为他们转型了，而且继续受到政界的保护。

* * *

在日本的国土上，黑道拥有数以万计完全合法的公司（估计数量将近三万家，分别在不动产业、建筑营造公共工程、赌博、高利贷、勒索敲诈、金融与追讨借款、性产业、职业运动、走私毒品与安非他命等行业）；他们与商业界互相勾结，在影视圈也占有一席之地，已经有好几个组织渗透到一些制作公司做起他们自己的节目，有时候甚至对某些电视节目的内容还拥有最后决定权……

* * *

这几年来，听说东京最大帮派稻川会的气氛非常紧张，四个附属团体都叛变了，不想继续遵守内部的纪律，甚至不再听从上头的命令。日本有关当局最害怕的，就是这种非常危险的局势，因为随时有可能擦枪走火、子弹满天飞。不过，这些黑道也知道他们必须非常小心，因为近年来颁布的反组织犯罪措施，跟15年前公布的反帮派法，严苛度不可同日而语。他们被要求收敛行事，不能再像过去那样随意来去、强逼人接受他们的规矩，或是干一些蠢事。稍有一点偏差，他们就会被关注，然后遭到逮捕。所以他们变得很低调，利用一些空壳公司当掩护。在日本，空壳公司的数目相当可观。

我的电影里，常用幽默的方式去描写黑道的世界，宁可跟他们插科打诨，而不是跟他们对话。这是一种嘲弄他们的方式，但是我不担心，因为我了解他们（否则我很可能被他们杀掉）。我让他们的老大表现得像大孩子一样，每天过着美好的生活，因为大家都知道，明天也许就是他们人生的最后一天。

跟你透露一件事：据说在日本，超过半数的重要人物都认识某个加入帮派的人。有一天，我把这件事告诉我的制作人森昌行。他睁大了两眼，吓了一跳，“可是我不是黑道分子啊？”他对我说。“但我是啊！”我回答他，“我加入了森帮！”你真该看看他当时的表情！

对小泉纯一郎的个人崇拜

我听人家说过，小泉纯一郎祖籍横须贺市的祖父，嗯，是当地黑道的成员。当那些人要求他们当官的亲人帮忙时，这些官都会答应照办。话说回来，谁知道小泉纯一郎是不是一直听从他的父执辈和周遭人的话行事……尽管如此，他还是一个非常独特的政治人物：有威信，有个性，有手腕，以及某种让人发笑的天分。他激励了很多人挺起胸膛，然后追随他的脚步——用纳粹帝国元帅戈林的那种方式！我当然是在开玩笑啦，但是在他任期结束前的那次大选中，他确实运用了圣战的规则：操纵媒体和电视进行威胁恫吓以获得选票。

我可没有夸大！以他为目标的个人崇拜，在日本是头一遭，结果当然也不让人惊讶：因为一切都围绕着他打转，日本人因此再一次对自己国家的政治产生兴趣。在小泉之前，政治本来是禁忌。他改变了局面，这一点证明了他的影响力。不过，还是有一些小问题存在，例如小泉也是 50 年来最附和美国的日本首相。在他之前，没有一个政府首脑像他那样紧跟在美国人的屁股后面走。

我的国家是美国殖民地

我不是反美分子，但我发觉我的国家几乎是一块美国殖民地，即使战争结束已经超过60年。原因有一部分是《日美安保条约》，还有一部分是因为经济、财政、地缘政治的关系，让日本成了美国的奴隶。有点像美国人还在要日本为了偷袭珍珠港付出代价！

拜奥巴马当选之赐，美国人开始撤军伊拉克。不过，表面上为了防卫的理由（来自朝鲜、俄罗斯、中国的威胁，以及核武威胁），美国在日本仍保有数量接近90个的军事基地，当中光是在冲绳岛境内，就有30来个规模庞大又很花钱的基地。事实上，冲绳岛一直被美军占领到1972年，而且，到今天还有超过4万名美国士兵驻守在日本的土地上。另外，也是引发争议的一点，就是美军驻守这里的花费，不是由华盛顿买单，而是几乎全落在日本头上，总计40亿美元，全由日本的纳税人负担。但是在冲绳当地，军事设施附近的居民已经受不了了，因为那么密集的军事基地集中在冲绳那么小的土地上[1]，引起许多问题，特别是超过许可范围的噪音公害（这是规模庞大的嘉手纳空军基地的例子），或是演习时发生的意外。

按照日本和美国之间达成的协议，已经有好几千名水手被重新编制到关岛，但这些次要进展不能解决问题。尤其是这些军事基地的存在造成的矛盾之一，是它们对冲绳当地的经济，不是没有带来好处，就是好处太少。冲绳岛是琉球列屿的一部分，而琉球诸岛现在仍是日本最贫穷的地区，失业率比日本其他地区高上两倍，居民的国民生产总值也比全

---

1 冲绳岛，长100公里，宽20公里。

国平均值要低很多。唯一运作得还算马马虎虎的产业，就是旅游业……

这些军事基地是在二次世界大战后建立的，从我国被美国“占领”的那些年（1945到1952年间）开始，美国打算借此阻止苏联与中国共产主义势力的扩张。那时候，中国、苏联或古巴这种与苏联同一阵线的国家，明明白白地被视为敌人。当时美国人非常怕看到日本太过左倾，然后投入共产主义的阵营。而麦克阿瑟的做法非常精明：他破除了天皇神话，却让他继续留在宫里，把天皇转化为人民团结的象征，因此化解了右派和极右派势力的心结。日本从此变成一个鼓励人权、捍卫人权的民主国家，而且在很长的一段时间内，放心依赖着一个和华盛顿关系稳固的强大保守派政党（自民党）。左派政党被矮化为一种旁观者的角色。不过，这个时代已经结束了。美国与日本应该马上重新检讨这些基地，以及两国之间的关系。

距离现在20或30年前，所谓“排日风潮”（Japan bashing，反日评论的主流形式）简直就像没完没了，美国人用尽各种阻碍或反对措施来惩罚日本。但是今天，日、美两个经济体是那么紧密相连，情势已经和过去完全不同。美国现在进口“酷日本”的产品，包括动画、电玩、漫画、时尚、设计、电影等，而且似乎比较尊敬我们了。这两个国家唇齿相依，只要美国咳嗽，日本就会感冒。

照事情的走向来看，我很确定日本的政权还会臣服于美国很长一段时间，有点像听话的小孩那样。这就是我国的悲哀现实。我想，跟法国人很不一样的是，日本人不能正面去反抗美国，也就是说，没办法全力行使自己的权利、主导自己的政策，好像我们做不到似的。我们生活在一个满足于自身的矛盾也接受这些矛盾的国家里。

另外，根据1947年由美国人制定的日本《宪法》中的第九条（剥夺日本“发动战争的权利”)，还有依照《旧金山和约》(1951年)条款，日本在理论上是不能拥有军队的。然而，今天我们看到的是，在我们不知道可以拿什么来资助民众的退休制度时，日本再次成为一个军事强权大国，军事预算排名是世界第四或第五，等于每年差不多300亿欧元。

既然日本坚持认定其国家绝对权力，对统治者来说，走上这条保障强权的道路，就显得很正当合理。而这场亚洲所有经济大国(中国和日本带头，但还有韩国、朝鲜与其他国家)都投入的军备竞赛，对于和平与信任关系的维系根本没有帮助。中国的军事预算差不多逐年提高10%(在10%—15%，300亿欧元左右)，慢慢变得跟日本的军事预算相同了。但我认为，日本、中国和这个地区的其他国家，大家应该缓和下来，缔结和平友好条约，把这几十亿或百亿的钱投入自己国家的优先问题，例如消灭贫困、教育、医疗、退休、环保……不过，我应该是太天真了……

失败的日本外交

* * *

2005年10月。北野武在东京会见了雅克·朗(Jack Lang)。他是法国国会议员，同时也是前任文化部长。两人在东京日本桥区的一家法国餐厅“香槟王”(Pérignon)碰面，同桌的还有当时的法国驻日大使贝尔纳·德·孟菲宏(Bernard de Montferrand)的夫人凯瑟琳·德·孟菲宏(Catherine de Montferrand)、雅克·朗的顾问吉尔伯特·艾洛瓦（Gilbert Erouart）、法国国际广播电台（France Inter）的记者弗朗索瓦丝·德古瓦（Françoise Degois）。现场由佐玛洪担任口译。

很快地，气氛就轻松了下来。奇怪的是，在聊了几句日本电影现况这个话题后，这两位男士谈起了比较政治性的话题。北野武谈起日本地缘政治的某些层面。

* * *

假如日本不再依赖美国，日本就一定会制造核武器，因为日本握有储存量颇大的铀元素。这是一个意愿的问题，但也是一个可能性——或者应该说“不可能性”——的问题，因为日本不可能这么做。只是，它也免不了让未来在本质上具有某种不确定性。日本派遣自卫队到伊拉克这件事，显示我们的政府就是有办法在任何时候公然违反（却不会受到处分）1945 年后由占领者美国强迫推行的日本和平《宪法》。

日本今天处在一种非常敏感的政治、经济局面，很大部分是出于日本一直以来面对这些亚洲邻国的态度上。不管怎么说，我们的关系还是非常紧绷，因为上个世纪日本的殖民，还有我们接二连三发动战争的事实。亚洲人民对于日本新兴起的军事化，变得相当敏感。而且要是有一天，日本人大幅修改《宪法》第九条或甚至更糟——完全扬弃了第九条，到时肯定会引起震撼，并激起许多不安，而且还不光是在亚洲这个区域。

近几年来，日本借着增加对发展中国家的挹注，还有对非洲的援助，强化了自己的外交地位，只是影响仍然有限，因为日本没有充满企图又深思熟虑的对外政策。因为这样，日本没办法在联合国树立威信并进一步参与组织改造，而 G4（日本、德国、印度、巴西）失败的原因也在于此。然后，中国可以继续反对我们在安理会中得到常任理事国的席位。

结果，很遗憾地，日本因此减少大张旗鼓的官方发展援助来换取外交上的影响力，而那还是本来就不平衡的援助。非洲虽然被列入援助的优先考虑，但我国 60% 的援助都贡献在亚洲上。中国就从日本政府这里收到很大一笔发展补助。长久以来，不管在日本还是在中国，这件事都是心照不宣的秘密。

历史的恩怨

历史不能为了满足特定的利益而被改写。它是错综复杂的，而且留下许多轨迹、疮疤、难看的伤痕。日本军队在中国领土上犯下可怕的罪行，尤其是在南京，他们杀了很多人。这一点不能被否认，也不可以遗忘。

不管有些人怎么想，但历史事实就是历史事实。在亚洲，上个世纪遗留下来的仇恨，今天仍然非常鲜活。在我国，只要一谈到日本军队犯下的战争罪过，就会出现一种让人生气的失忆症倾向，因为日本和德国截然不同，没有像他们一样被“去纳粹化”。日本人是否注意到自己国家在亚洲和世界上的形象和可信度？太多日本政治人物，在面对二次世界大战的议题时，还在拒绝说真话。而当我们的众多首相，在为七八十年前犯下的暴行向亚洲国家致歉时（例如田中角荣、村山富市做的那样），情况还是暧昧不明，因为日本政府同时仍拒绝赔偿受害者的家属，甚至幸存者本人。日本仍然在片面地用自己的方式去看待历史！

在这个议题上，很不幸地，我们的政治人物全都瞎了。我觉得东京都知事石原慎太郎（1994 年 4 月—2012 年 10 月在任——编者注）就是这样。他不是否认事实，就是把日本过去在战争期间犯下的罪行淡化到最低程度，比如“慰安妇”的罪行：韩国、中国、泰国、菲律宾、澳大利亚、欧洲的女子，被迫在日本军队的随军妓院中充当妓女。石原没有做他该做的，去衡量历史的意义和受害者的痛苦。这个石原真的很要命！

在一场由卡地亚基金会在“东京都现代美术馆”举办的大型当代艺术展的开幕式上——现场聚集了该基金会最负盛名的几位日本与国外艺术家——石原又乱来了，笨拙地评论了几件展出的作品。有一家日本周刊发现法国《解放报》上出现了论战的文章，这一回，矛头指向石原。这段插曲让我觉得很好笑。他真的无可救药了。

石原和大江健三郎[1]是死对头。顺便一提，大江经常受到日本极右派分子（公开的否定主义者）的批评，主要是针对他的文字作品，或

1 大江健三郎，生于 1935 年，于 1994 年获得诺贝尔文学奖桂冠。他的作品的特色是指出军国主义社会中民族主义的有害影响。身为民主的捍卫者，他积极活动，希望阻止他的国家挑战该国《宪法》的第九条。2004 年，他创立了一个捍卫和平《宪法》的协会。2005 年 12 月，大江在巴黎的大会上发表的介绍演说稿，由《双世界月刊》（*La Revue des deux mondes*）这份刊物转载，并配上一篇诺贝尔奖的访问。法国著名出版商曼努埃尔·卡尔卡索纳（Manuel Carcassonne）总结了这位大作家的“主要执念”：“他书写中央（东京、官方文化，加入大多数人的价值观）与边陲（1935 年出生于四国岛上，战后日本的教育，与 1963 年出生的残疾儿子大江光一起度过的生活）的关系；也书写一位来自广岛的当代民主和平主义分子为了阻止日本重新武装所作的奋斗。他也传递给新世代有别于道德感迟钝、避免批判的另类信息。在这方面，与孕育出众多日本知识分子之沃土的民族主义相去甚远，大江宣扬的是一个双重的运动，一方面拒绝美国化（我们得说这场抗争有点失了先机），另一方面提倡对他方开放……他的所有作品，在一种由盛怒转为睿智的动作中，摘录了这个世纪的疯狂行径，从核子的野蛮到解除武装的文明。”——原注

他鼓励日本人正视20世纪历史的言论。我很想知道石原是不是有点嫉妒大江和他的诺贝尔奖。有一天，石原打电话给我："你是我的朋友，还是大江的朋友？"就我来说，大江健三郎在看过我的《双面北野武》后，寄了一封写得很美的信给我，让我非常开心。而且，尽管他和石原闹得风风雨雨，却还是写了一本书谈石原，而且好像在说自己亲兄弟一样。真是让人想不通！

在此同时，我也发现，人们永远都在控诉那些犯下滔天大罪的民族和国家。当然，真相必须说出来，而且我们有义务捍卫记忆。回忆自己国家历史上最黑暗的那几页，是无可避免的。但我们也不应该忘记，大部分的国家与民族都曾经犯下可怕的暴行。

不提屠杀印第安人或贩卖黑奴的历史，美国人自己也曾经杀害许多百姓，而且在越南、泰国等很多国家犯下严重的罪行。英国人、西班牙人、葡萄牙人、意大利人、土耳其人、俄罗斯人……这么多国家、这么多民族都曾经犯错，比如法国人在殖民时期、与纳粹政权合作时，或是在阿尔及利亚的所作所为。什么都不可以忘记。历史不可以被改写。

直到今天还是一样，我们可以看到某些昨日殖民主义遗留下来的邪恶影响。19和20世纪受到剥削的人展开报复行动，比如近几年来在法国的郊区（在布拉克当总统时，我去过其中之一，那里住着来自非洲的人，当中很多是伊斯兰教徒）发生的那些爆炸案。例如2005年冬天发生的那一起，它反映了部分年轻人的不安。他们觉得自己在法国受到排挤，觉得不像在自己国家……要追究原因的话，我觉得是因为他们的父母从来就没有好好融入这个国家。

在美国也一样，有非洲裔黑人与西班牙裔的问题。其他很多国家也有类似情况。日本也有这类问题，比如韩裔族群的融合。从前被殖民的韩国人，在日本掌握了大半的柏青哥产业。这个非常有利可图的经济活动，很矛盾地具有某种促进社会和平的功能。不过，我们必须小心民族间的憎怨。这种情绪很危险，有可能导致仇恨，甚至直接引发战争……

去政治化的天皇

日本这个国家的政体很独特，怎样都必须保有天皇的一席之地。“二战”后，美国人和他们的盟国保留了天皇制，但是摘掉他的政治性功能。从此，天皇只是一个象征……从前在日本，他被视为神明一样的存在。1945 年起，他甚至不是半神半人，而只是一个“人类”。许多日本人对这个改变大为震惊。天皇从此与人间众生平等。

近几年来，有个现象证明了日本在改变中：大家可以比较自由地谈论天皇、他的家人和天皇制度了。几年前，还没有人敢真的谈论这些事，更没有人胆敢公开谈论裕仁天皇在 1930—1940 年代里日本军事冒险行动上的责任。

第二次世界大战以前，很多日本人是信仰天皇的，喊着“天皇万岁”，称他为“太阳王”。神风特攻队的成员奉他的“天神皇帝”之名自杀，开飞机往美国装甲舰撞去。战败之后，天皇被剥夺了政治权力。好几十年过去了，许多日本人奇怪他怎么从来没对靖国神社的议题公开发表过意见。很简单，因为他不能这么做。

* * *

靖国神社是东京一座神道教庙宇，当中有一座战争纪念馆，供奉着从明治时代末期到1945年间众多“为国捐躯的英雄”的牌位，包括14位被东京盟军法庭审判并定罪的重要战犯。

* * *

跟靖国神社作个了断

我们一定要解决靖国神社的问题！日本政府应该想办法一举切割这座神社中供奉的受害者与战犯。至少，日本人自己也应该为这个问题进行辩论，而不是只在历任首相去参拜时才提起这个话题。

那些受过日本军队迫害的亚洲受害国家，怎么可能理解日本还在东京市中心一个神道教信仰的地方纪念着那些战犯？日本必须往前进。在过去两个世纪里，我们成功地发展经济，1945年以后更是大幅地现代化，甚至有人因此说出“日本未必输掉了战争”这样的话！日本人的心态也应该跟着更新才对。我们怎么能接受一个首相先是为了战争期间犯下的罪行向亚洲国家道歉，然后又穿着首相的行头到靖国神社报到？我们以前的首相小泉纯一郎就这么做过好几次。

靖国神社的问题，在我看来，反映了一个怨恨和势力关系的问题。身为日本人的我们，也差不多该认清事实了。重要的是，应该让每一个日本人都清楚了解：这个世界就是由这样的势力关系在维持着。我们大可对此觉得遗憾，但现实就是这样。

不管怎样，所有亚洲人一起坐下来讨论的时候到了。要讨论的不只自由贸易与商业的问题，还有最基本的：外交关系的状态。我们之间存在着一些问题，那就提出来谈谈吧！我们之间存在着一些分歧，那就拿出来讨论吧，像真正的朋友那样。亚洲的民族也应该反过来，学会战胜自己的怨恨。

第十六话　秩序与混乱

亚洲是个令人目眩的世界。不同于西方人所以为的，亚洲文化其实是以个人为本，只是是在一个严格的社会、教育、家庭、亲友、职业等框架内，尤其在北亚更是如此。在中国的学校，墙上写着给孩子看的标语，叫他们要“勤学”、要“举止端正”……

历史的阻碍

我觉得亚洲人很有融合观。他们相信世间万物都拥有一点分量，再微不足道都可以发挥所用。只可惜，他们是那么急着跟彼此吵架！

每次一有机会，我就会要求我的团队邀请亚洲的人物来上我的电视节目。2005 年，我的《人人都能成为毕加索》曾经创下罕见的收视高峰，因为有个韩国电影明星来上节目：在日本大受女性观众追捧的李秉宪。

身为电影工作者，我想尽全力对促进日本、中国与韩国人民之间的关系与和睦相处作出贡献。而为了一些很显然是深植于过去的理由，这三个国家的关系一直很别扭，障碍也很多，比如学校的历史教育。在日本或其他地方，都大量讨论过日本教材中的缺漏。我们试着通过成立由日本还有韩国、中国历史学者组成的委员会，来解决这个问题。

但是在韩国和中国，情况也并没有更好。一谈到日本，尽管战争已经结束 60 年了，政府当局还是一定要教育小孩与青少年当时日本军队对他们的人民犯下多么可怕的暴行。反日的情绪大量渗透到教育里。已经 21 世纪了，大家却没有真的做了什么，或是做得太少，来扭转这种倾向。这一点让我非常遗憾。相反地，我可以保证，日本年轻人没有被教育要去怨恨中国或韩国人民。大部分在战后出生的日本人，都渴望和邻国维持平静和谐的关系。

日本和这些国家的关系，除了经济与商业的层面以外，都处于一种很可悲的状态，受悲惨的回忆宰制。所有相关国家的每一分子，都应该为我们全体的利益付出努力。这些国家之间的关系，因为历史问题而永远无法往前进，真的很蠢。我和很多日本人一样，对韩国政府解除抵制日本文化产品的决定而欣喜。之前有很长一段时间，日本的文化产品在首尔是被禁的。当《花火》与《座头市》在韩国的影院上映时，我真的很开心。它们在首尔的宣传规模令人印象深刻，不止大量出现在地铁、出租车和众多报章杂志上，连公交车上都有。日韩之间的完全开放，是值得促成的。

所以，我不认同那些西方强国硬加给中国、印度这种大国的某些压力。这些压力都是出于无知，尤其是针对一些广受争议的话题，例如计划生育、一胎化政策。

神秘的朝鲜政权

未来几年内，朝鲜会发生什么事呢？有人认为金正日——或金氏“王朝”，如果以更长期的观点来看——的结束，有可能揭示朝鲜民主时代的到来。想象一下，未来启动朝鲜半岛走向统一的契机会是什么呢？老实说，我不知道将来会发生什么事。谁有办法预言这个政权的未来？我们对他们一无所知。

不过，我觉得朝鲜的情况让人想到了东德。柏林墙在毫无预警的情况下，突然就倒塌了。也许朝鲜政权未来在某个时间点上，会觉得迈向统一比保持孤立会有更多的好处？在那之前，这个国家的人权状况令人忧心。那真的是一场灾难。朝鲜的难民潮从不曾间断。关于他们的所有消息，都很难得到证实。朝鲜到现在都还是一个如此封闭的国家，却存在着太多的操纵性宣传。大家别搞错了！这些所谓的“宣传”不只来自朝鲜，还有来自美国、西方、中国，甚至是日本！

在20世纪初吞并过朝鲜半岛的日本，特别把朝鲜视为威胁，尤其是自从他们进行核试验以来……而且在我国，对那些在1970—1980年代间被朝鲜特务绑架的家属来说——大家都知道，就是横田惠的悲惨故事——这个痛苦的问题依然存在。

* * *

横田惠是1970—1980年代间，被朝鲜特务绑架的日本人之一。1977年11月15日，13岁的她在新潟海滩被人掳走，后来很可能被送到平壤定居，在那里教日文。横田惠是否还活在人世？根据朝鲜政府的说法，她因为长期忧郁，1994年3月13日在平壤一家医院自杀了。这种说法无法让日本人满意，尤其是横田家的人。朝鲜把一具据称是横田惠的遗体送回了日本，但DNA分析的结果显示那不是她。

2002年9月17日在平壤举行的一场日本与朝鲜高层会谈中，朝鲜政府承认了这些绑架行径，并且为之表示歉意。有15个被朝鲜掳走的日本国民，身份得到确认，当中有5人在2002年10月返回日本。至于其他被绑架者遭到什么命运，到现在仍完全是个谜。在他们仍然活着的假设下，日本要求朝鲜将他们遣送回日本，也要求朝鲜交出犯下这些绑架案的主事者，接受日本的司法审判。

* * *

小布什在2008年时，宣布把朝鲜从他著名的“邪恶轴心”，也就是他那张“支持恐怖主义国家”的黑名单中除名。日本人对此几乎没有任何表态。这种情形让我大感惊讶。日本人当时的反应，说真的，就是畏首畏尾，结果美国人好像不再把日本人被朝鲜绑架的问题当一回事。日本政府发表了意见，只是在我看来还不够……

事实上，说到日本人被绑架的问题，就不能不提到历史。我们不能否认在朝鲜半岛被占领期间（1910年到1945年，当时还没有朝鲜），日本犯下了许多残酷暴行。在1920—1940年代间，日本征服者迫迁了好几千名朝鲜工人到自己国内，剥削他们、要他们在工厂中工作。所以有许多韩国家庭，多年来一直持续在向日本讨公道……问题的症结比大家以为的还要复杂得多。

根深蒂固的种族主义

种族主义是一道伤口，而且很遗憾地，是一种通病。远远超越我们的想象，种族主义在许多发达国家中还是非常普遍。尽管奥巴马当上总统，美国的情况还是离理想非常远：种族的障碍、种族主义，并没有销声匿迹。而且，如果黑人和西班牙裔美国人，以为自己能像中产阶级的美国白人那样摆脱贫困，我觉得那是在痴心妄想……

在这个 21 世纪初，几乎所有既有和衍生的财富，全集中在不到全世界人口五分之一的人手中。这种状况，实在很超现实。也就是说，全球有五分之四的人在贫穷中度日，有些还是处于极端穷困的状态。有几十亿的人类，每天靠着一百日元左右度日，也就是不到一块美元。

世界人口的五分之一

世界上的富有民族大多位于北半球，他们真的关心南方阵营国家的发展吗？将近 80% 的世界人口，不是饿了就有东西吃，也没办法取得饮用水。在贫困的海地，市场上最流通的消费产品是土饼[1]——售价差不多是一块日元——孩子们最爱这东西，因为可以填饱他们小小的胃几个小时。

这件事的症结，就是有些发达国家，害怕用积极的手段去援助这些最贫穷的国家。他们心想，鼓励这些弱势民族走出困境，到头来会对自

1 土饼，用泥土加水、盐和菜油搅拌后做成的圆饼。穷人止饥的“食物”。

己造成威胁——不是军事方面的威胁（真的这样的话，那些军备游说团体会开心死了），而是担心会对他们自己国家社会的平衡、保健和退休制度造成风险。这些国家中，有一些不怀好意的人认为，发展中国家如果发展得稍微快一点，到头来有可能削弱自己国家的经济力。在和当今世上某些强国的对话中，我们可以看出那一小撮富有国家奉行某些政策的目的，就是尽可能长久维持南方国家的依赖状态。

歌手波诺（Bono）对于非洲，抱着一种值得大家尊敬的态度。为了援助非洲大陆，他四处奔走，而且他有充分的理由特别关注非洲国家的债务问题。顺便一提，我对他的乐团 U2 认识不深，但我欣赏他们的音乐，虽然那种摇滚乐对我的耳朵来说，有时候有点太强烈了……

在中国与印度，最大的威胁是人口爆炸问题，而且越来越难控制。每年只有一小部分的人取得财富，并且从人口的增长中获利。至于大多数的人，他们靠自己的力量求生存。在这些国家中，真正的财富重新分配似乎并不存在，因为个人的价值不受重视。

对于富裕国家与贫穷国家之间的不平等问题，我感到悲观。更何况所有这些国家的差别，首先就反映在科技方面。技术与科学也是由占世界人口极小部分的同一批人所掌控，受这得天独厚的五分之一小众所支配。控制这个地球，并且持有真正权力的，就是这批少数人。而且，当我们讲到“人类的进步”时，我真不知道该哭还是该笑。我们讲的是哪一种进步呢？事实上，根本就没有进步。世界并没有向前迈进。如果我们只挑出事实与数字来看，似乎正好相反，情况在衰退。我们必须要赶紧想出解决的办法，找出实际的替代方案，来减缓世界的失衡状态。我们必须要为那些正在受苦的人口减轻痛苦。如果做不到这一点，我们就会面对最糟的状况。

衰亡中的地球

* * *

2007年的酷夏，当北野武在东京遇到2008年、2009年间研究南极气候变暖的双桅帆船塔拉号（Tara）探险任务的主持人——法国人埃蒂安·布尔古瓦（Etienne Bourgois）时，北野武表露了他对环保的关注。

* * *

青少年时期，我是那么崇拜库斯托舰长，以为自己未来会成为海洋生物学家。尽管我后来对人生作了不同的决定，却还是一直对地球、海洋和大自然非常有兴趣。今天，我跟所有人一样，看到重要的大自然的平衡状态受到气候变暖的严重威胁。此外，气候经历了深层的混乱，我们勉强看得出这些混乱遍及的范围，以及它的中长期影响。我还记得2007年初在东京落下的那几场暴雨。简直就像在宣告世界末日到来一样！

地球真的处于一种很糟糕的状态。北半球，冰山在融化；南半球，穷人没东西吃。气候彻底失常，而人类要为此付出代价。

气候失调和变暖的责任，主要落在那些制造污染的国家上。他们是气候变暖的始作俑者，以美国与中国为首。美国人勉强只占世界人口的6%，却要为地球上四分之一的污染负责。而且从2008年起，大家都知道，中国人也开始制造至少和美国人一样多的污染。关于这两个国家，我觉得有一点真是让人大开眼界，那就是：在美国的公共场合全面禁止吸烟后，他们的大烟草公司眼看自己的利润缩水，所以决定加强在中国的商业活动，跑去熏黑好几亿中国人的肺！——不过，日本其实也差不多，我们的法规还是不怎么有约束性。

跟所有人一样，我也会自问：人类要怎样才能有效对抗气候变暖？怎样才能保护大自然？富有的国家是不是应该对贫穷国家提供更多经济援助来当作补偿？很显然，我们为对抗这些灾难所做的努力，还是不够，而且只是片面的。

近年来，日本不断爆发丑闻，例如市面上主要从中国进口的农产品，很多含有相当高的毒性，而且有害健康，让消费者很担心。但话说回来，日本在这些事件中也要负起一部分责任，因为日本是出口肥料到中国的前几大生产者。这是一种恶性循环。

尽管做了很大的努力，日本这个世界第五大污染国，还是无可避免地直接参与了这份污染，就像其他发达工业大国一样。

唯利是图的企业

中国在对抗污染、改善空气质量，还有之后会肆虐日本和韩国的酸雨与沙尘暴上，所做的努力还不够。这是事实没错，但我也觉得有件事很不可思议——应该说非常厚脸皮吧——有些美国、欧洲和日本的领导人，竟然不分青红皂白指控中国制造了太多污染，其实他们全都心知肚明：美国、日本与欧洲的汽车工业都移植到中国设厂了，也无可避免参与了他们谴责的污染！中国人在这方面做了努力，即使进展缓慢……只是，一个这么庞大、人口又多达日本人口 11 倍的国家，要怎样才能快起来？ 2008 年底，北京宣布了一个耗资 6 亿的计划，用来资助在中国境内种植树木—— 一个连美国的戈尔都称之为“楷模”的计划！

我们可以指控中国制造过多污染，但如果我们不想自打嘴巴，就应该要求那些迁到中国的日本工厂再迁回自己国内。日本有好几千家企业在中国从事生产，不然就是在越南、泰国这些国家——然后在当地制造污染——因为那里的人工要比日本便宜多了。环境的衰败，好像没让某些没原则的老板感到为难。反倒是亚洲工人的工资低、可以多加利用，于是他们心想：“太好了！”大家应该谴责这种想法才对。

我们到底想留给未来世代一个什么样的世界、什么样的环境？日本与所有工业化、制造污染的富裕国家，都该回头好好想想这个问题——我们这些地球公民与消费者也一样。

第十七话　我心中的非洲

* * *

2006年5月底，北野武才刚从意大利回来——更确切来说，是从佛罗伦萨——在日本首都一家高级法国餐厅“香槟王”用晚餐。这餐饭配了三瓶1989年份的romanée-conti，用这种顶级红酒来搭配一个相当严肃的话题！

这位电影工作者真是充满矛盾……不久前，他才在一座华丽的宫殿中获颁伽利略文化奖（le prix Galileo），在场观礼的有一群意大利与欧洲其他国家的重要人物，包括索菲亚·罗兰与丹麦女王。这个奖是为了表扬他的作品，以及他在促进国际文化交流上付出的努力，特别是他在非洲所作的贡献。

伽利略文化奖是由一个意大利私人基金会所创办，在北野武之前，曾经颁发给各个不同领域的人，例如曾任以色列总理的西蒙·佩雷斯（Shimon Peres），法国前任文化部长雅克·朗，墨西哥作家卡洛斯·富恩特斯（Carlos Fuentes），2008年则是颁给了英格丽德·贝当古（Ingrid Betancourt）。她是曾经被哥伦比亚反政府势力绑架达6年多的政治人物。

* * *

在意大利那个非常美丽的佛罗伦萨城里，有令我印象深刻的古老建筑、文艺复兴遗迹，以及佛罗伦萨艺术。我非常惊讶，而且非常高兴，能够见到索菲亚·罗兰。多么美丽的女人！她问候我，跟我握手。我被她的魅力征服了。她真是太棒了，永远这么迷人，而且是个非常了不起的女演员，是意大利电影之母！她在埃托雷·斯科拉（Ettore Scola）导演的那部电影中，给我非常深刻的印象。这部 1978 年奥斯卡最佳外语片《特殊的一天》（*Una giornata particolare*），犀利地描绘了墨索里尼时代下的意大利。跟她一起演出的，还有马斯楚安尼（Marcello Mastroianni）。

不过，我怎么会有资格得到这个奖？为什么是颁给我而不是别人？我不停对自己提出这个问题，也不停地对决定把奖颁给我的那些人提出这个问题。在前往意大利途中，我脑子里一直想着我在戴高乐机场转机时遇到的情况。在通过最后一个安全检查门时，一名工作人员用种有点冷淡的语调对我说："请脱掉您的外套、皮带和鞋子……"然后他对我喊道："喂，北野！请看这里！"就在我正忙着穿回我的衣服时，他用手机拍下我的照片……

颁奖的时候，在这座满是历史、艺术与神圣事物的壮丽的佛罗伦萨宫殿中，我不禁有点手足无措，想到要在丹麦女王（一个了不起的女人，非常的优雅）还有几位欧洲贵族的代表面前，发表一段简短的致辞。这么多不需要工作的人……靠着讲各种蠢事和恶毒的话，我让这群观众笑了。然后我还这么说："我们不该忘记，在我因为我做的事得到这个奖时，这世上有些地方还有很多人没有足够的食物可以吃！"可以想见，在这样的场合中，不是每个人都能欣赏这些言论。

不过我觉得好像每个人都理解了我的这番挑衅。这是我谴责重大贫富失衡的做法，是我检举西方和其他社会那套利己主义的方式，就像我们的日本社会，沉浸在富裕中，但在此同时，世界上尤其非洲有那么多的国家，全国的人民都在受苦，没办法得到饮用水、医疗照护、基本需求的满足，然后在我们宣称无能为力的注视下大量死去。他们是被战争、独裁政权、军事强权绑架的人质，是病毒的囚犯——艾滋病、疟疾和其他恶疾的受害者。

我对非洲的认识不是很深，只去过肯尼亚旅行，还有北非的埃及。不过，虽然没有亲自踏上那里，我跟这块也是人道主义摇篮的大陆，却有一种非常强烈、非常有感情的关系。非洲在我心中，占有一个特殊的位置。自从我认识佐玛洪这个“贝宁之王”后，它甚至变得更重要了！

* * *

北野武说的是已经成为军团成员的贝宁人，吕芬·佐玛洪，也是一名演员，曾在《双面北野武》与《导演万岁！》中出现。他们俩是1998年在北野武的电视节目《奇怪耶，日本人！》录像现场认识的，之后有一段时间失联，后来又重逢。在那之后，北野武让佐玛洪成了他的弟子之一。这个贝宁人从此成为一位忠实的伙伴，一位旅伴，一辈子的兄弟。

通晓多国语言的佐玛洪，在日本是个家喻户晓的人物。他是在贝宁——旧名达荷美（Dahomey），过去是法国殖民地——一个叫达沙祖梅（Dassa-Zoumé）的村子里出生长大。1980年他父亲过世后，他由住在城市里的叔叔收养，而叔叔鼓励他好好念书。除了他的母语约鲁巴语（约鲁巴是一个散居几个国家、约有两千万人口的西非主要民族，他们的祖先占当年被送往南美洲的奴隶之多数，包括巴西、加勒比海与古巴），他还会说一口非常优雅的法语。那是他小时候在贝宁村子里学校长凳上学会的。

他学日语学了几年，会说、会读，也会写。他还精通中文，而且从1987年起，就在北京读书。拜贝宁与中国政府的奖学金之赐，他在北京生活（苦撑）了7年，甚至用中文进行了博士论文答辩，题目是《儒家思想教育》。他受雇于北京的卢旺达驻华大使馆，担任杂工和园丁，后来受到卢旺达大使注意，让他担任自己的私人翻译。在中国待过这些年后，佐玛洪接受一位在中国认识的日本友人邀请，前来探索日本，于是展开了一段新生活。

佐玛洪申请前往日本的签证，靠着自己的老本来日本，然后在东京的郊区住下来。他在那里每天早上学日文，下午则在一间制造运动袋背带的工厂里工作，还在一家搬家公司里工作到很晚。在那家他受雇为绞盘工的工厂里，1994年的夏天，发生了一场意外事故，成为一段痛苦的经验：一台机器让佐玛洪失去了他左手的食指。在医院中，日本医疗工作人员的关怀备至与极度盛情，给他留下非常深刻的印象。

接下来的几个月，佐玛洪回到医院的长椅上，在那里教中文，也让自己的日文更趋完美。走出困境后，他在东京成立了一个非政府组织“伊费基金会”（la Fondation Ifè）。多亏了这个组织，好几年来，贝宁的学生、公务员与专业人士才能在日本取得奖学金（也是在北野武与好几个日本部门，包括文部省的协助下），让他们得以在日本深造。佐玛洪进一步说明：“在日本，这些学生见识到经济、社会制度。他们会提升自己在农学、医药与机械方面的能力。”靠着他的非政府组织，佐玛洪在贝宁发展出一个包括7所小学的网络，当中有好几所仰赖北野武的支持，包括一所“北野日本语学校”，传授日语课程。

＊＊＊

两年前，通过我们和佐玛洪共同推动的一项行动，成功让17名贝宁学生来日本留学，进入东京大学、立命馆大学、千叶大学、山形大学、立教大学，以及其他几所大学。上次佐玛洪回贝宁时，我要他把我们跟中国订购的一大堆足球和学校用品运回国去。那些足球被装到一架法航班机的货舱里，一路运到科托努（Cotonou）。

我觉得，足球是可以为贝宁和非洲其他地方带来希望的方法之一，就像南非共和国举办2010年世界杯足球赛所提出的愿景。有时候我会想：贝宁会不会有一天能够靠着足球而变得更强大、更常出现在国际舞台上？让这些贝宁小学生，靠着训练和意志力成为伟大的足球选手，就像科特迪瓦那样？我相信这可以为贝宁人民带来很多收获。

我曾经一度想鼓励这些非洲小学生认识棒球、学会打棒球。这是个很糟的点子。因为在非洲，足球一直都是最受欢迎、有最多年轻人在玩的运动，远远超过其他运动！在那里，真的就像在法国一样：足球可以点燃热情。关于这点，我永远忘不了那个画面，那些法国人，尤其是齐达内的狂热粉丝，在2002年的韩国世界杯中，看到他们本来身为世界冠军的国家代表队竟然那么快就被淘汰的那种失望神情！

我很高兴可以与佐玛洪一起为贝宁做点事。我特别去资助好几所小学，都是公立小学——其中一所叫明治小学，还开办日语课程。这些学校分别位于好几个省份（博尔古省、峡谷省，还有那个叫做大西洋的省份）的偏远村落附近，靠近尼日沙漠，都是非常贫穷的地区。

靠着佐玛洪个人的资源与努力，几年前就已经建了好几所小学。在三所这样的小学中，大约有 1200 名学生注册，不过这些学校建筑物没有电力，在下雨或太阳消失在乌云后头时，小学生们就不得不回家去。于是我运送了可以产生足够电力的四组发电机到当地，用人力就能发电：只要踩踏板踩上一会儿，能源就会蓄积在一个电池里，囤积的电力可以之后再拿来使用。我认识的一名工程师泷田先生，已经自行开发出给贝宁小学生使用的迷你发电机。

幕后操盘

我也在考虑，之后要在我援助的小学里安装太阳能板。在日本，我们不是这方面的先驱吗？日本国内有一些杰出的企业，夏普、松下和其他的公司，就是以在太阳能这个领域中拔得头筹闻名。我已经对这方面产生兴趣，问题在于它造价非常昂贵。要在一所小学中安装一块大型太阳能板，最少也要花费 800 万日元，包括制造、运输与安装的费用。

我还参与了教学用品的发放、凿井，以及储水分配的问题。最近，我和一个工程师朋友一起试着为这些小学生设计一些够坚固、成本又低的脚踏车，以及一些简易型电视机。等这些电视机做好、电力的供应也稳了，我们就会安插一些法语节目，让这些小学生可以增长法文方面的知识。

我还想送钢琴去贝宁，也想让贝宁的大学生取得来日本留学的奖学金……或许就去宫崎县那几所大学？因为这里的地方官是我的前弟子。他们可以在宫崎县钻研科学与人力资源方面的知识。

去年，我要他们到贝宁拍摄一部关于佐玛洪的纪录片，将来应该会在我们某大电视频道的黄金时段播出，好让日本人更了解这个国家。我要求军团成员中的北乡来执导这部片，由我的年轻法国影迷（同时也是一名导演）利利安担任助导。这部佐玛洪的纪录片有点像是反过来的《根》[1]！

我用自己的钱来推动这些事。它让我更开心地以电视节目主持人的身份去赚更多钱。我能说的就是这样……通常，我不太喜欢提这件事。对于这些我主导的行动，我宁可保持低调。不夸耀自己的慷慨行为，是日本的传统。我待在幕后运作，并通过好几个组织——尤其是非政府组织——进行我的某些行动……

日本的传统中，让人家知道我们做什么善事，是很尴尬的事。经历过我那样的童年，以及成长过程中那种贫穷，帮助需要帮助的人，对我来说是一件理所当然的事，甚至是一种道德上的义务。那些不跟人分享、自己独享财富的有钱人，都是可耻的。我们必须具备一种强烈的分享意识，更不应该炫富。当慈善家？当然可以啦，但这对我们每个人来说，不是应该属于个人领域的事吗？毕竟，“付出”这件事，到底有哪里了不起？这不是一个很自然的举动吗？为什么要去吹嘘自己做的善事，不论它的规模是大是小？拿来吹嘘是不对的。不是靠着说我们付出了多少，就能受人敬重。

---

1 《根》是一部改编自亚历克斯·哈里（Alex Haley）著作的电影，故事回溯了非洲黑奴的传奇故事与冈比亚人康达·金特（Kunta Kinte）的命运。

我发现，在大多数世界强国的富有工业社会中，许多企业与有钱有势的个人，都很乐于展现自己乐善好施的一面，而且让这点广为人知。他们资助某些人道计划的惊人数字，甚至还被公之于世。事实上，我认为这么一来，他们让自己得到媒体的报道，也从这些宣传中得到更多人道主义以外的好处。在我看来，这是一种媒体炒作的形式。

在我们日本的文化中，如果让人家知道、发现自己做的善事，有可能会让人觉得羞耻。这是我们文化上的特色，西方人也许不太容易理解。对某些日本人来说，利他主义是一种人格特质，慷慨这项优点只是展现出“善心之美”。我不喜欢夸耀自己的慷慨之行，也不喜欢别人歌颂这些事。我宁愿人家说我是个讨厌的人，那样还让我觉得比较自在……

事实上，我不太喜欢某些字眼，像是“同情”或“怜悯”……这些字眼迫使我们不断去关注那些受苦的人。可是，我太清楚了，善心与好意不会持久。相信它们会持久，是一个圈套，甚至是极度的虚伪。每个人的身上，都混合了掺杂个人利益与不可告人秘密的情感。比方说，日本有个电视节目，名人来宾会在节目中讲一件自己做过的最大善事。这些来宾在摄影棚中宣扬自己美好的形象，却还能收到上节目的酬劳。这不是很奇怪吗？我不信任那种太组织化的慈善形式。

而且，要是我认真起来，那还得了！我没有把自己的所作所为太当回事，否则我会一发不可收，说不定会让出我拥有的一切……卖掉我所有财产，不动产和其他东西。但我既不是皮埃尔神父（L'abbé Pierre）——对，我认识这个为了帮助最穷困的人，领导过许多抗争的法国人。皮埃尔修士创办的以马忤斯协会，2008 年欢庆了日本分会成立 35 周年纪念——也不是特蕾莎修女。我不是圣人，更不是天使。我比较是个讨人厌的角色才对。

也正是因为这样，我很厌恶“互助”、“慈善”这类的字眼。你想帮助贫困的人，那就去做吧，快去！但是拜托你：默默地做就好。没人需要知道你在这个还是那个国家，跟这些人还是那个团体做了什么。这跟任何人都没有关系，不是吗？它只跟你自己有关系，不是吗？如果我想以一种更彻底的方法去帮助人，我就不得不作出更彻底的决定。但是，除了我的工作以外，我不喜欢给我的日常生活——不论正在做的事，或是想做的事——排定什么优先级。就我太太的立场来看，她认为我贡献在人道活动上的金钱，跟我在城里吃顿晚饭花费的数目可能差不多。善意的价值是因人而异的。

对穷人付出，帮助受害者，支持弱者——在这个世界上，有些组织就是为了这样的理由成立的。还有别的组织，理论上也是为了这个目的而成立，却在某些地方倒行逆施。联合国就是最好的例子。

联合国不得不一肩扛起许多不幸和偏差行为的处理，却发生一些事件让人道主义工作的名誉严重扫地。大家记得吗，2004 年的南亚海啸过后，世界上有好几百万人，对在现场救援的非政府组织提供了可观的捐款。一年后我们却发现，只有三分之一的捐款确实被拨给或用在这些国家上，包括印度尼西亚、泰国、印度、斯里兰卡……其他的捐款，被用来资助那些非常繁重的组织架构、庞大的运作经费，被用来支付那些员工、干部、官员们通常优渥得令人难以置信的薪水，就像私人连锁企业那样。光是这点，就足以让人道主义工作名誉扫地。世界卫生组织（WHO）的情况也没有比较好。这个机构已经让自己出洋相好几次了。慈善事业有让人难过的现实面。

日本与非洲

不过，最富有国家和最贫穷国家之间日益加剧的鸿沟，也让人越来越不敢置信。这样的鸿沟说明了，为什么非洲移民不顾可能遭遇的危险与法律的限制，也要偷渡到欧洲。亚洲也一样，这里最贫困的人赌上一切，就为了到附近的发达国家去居住和工作。我认为我们应该重新思考工业国家在发展方面的补助制度和观念，就从我们日本开始。人才外流是另一个很大的问题。我们应该尽一切努力，鼓励这些有助他们国家发展的非洲人回归祖国。这不是玩笑话，因为我们可以在巴黎地区找到比贝宁当地还要多的贝宁籍医生！

至于日本，没错，日本对非洲提供了相当可观的援助。小泉纯一郎执政期间（2001—2006），援非的比例大幅增加了。多亏了这位前首相，他在2005年的万隆亚非会议上，宣布要把日本对非洲的援助增加一倍，预计从原本占日本官方发展补助预算中不到10%的比例，提升到将近20%，也就是从5.3亿美元变成10亿美元。但是这样还不够，而且这一点大家都知道。日本企业除了做生意之外，应该做得更多。

至于我个人，我很乐意去跟日本官员讨论并努力说服他们，在当地以非常具体的方式采取行动的必要性，尤其是在非洲。井上高志[1]这个年轻企业家，完全理解这样的观点。他是一个楷模。去年他陪佐玛洪一起去贝宁，亲自观察了我们援助的小学生有哪些最迫切的需要。在这些学校中，有教日语的“北野日本语学校”，课堂上人满为患。上千名注

1 井上高志，专精于信息科技的Next集团总裁，当时40岁。

册的学童中，只有三分之一的人有办法上课。井上高志做了什么？他决定自己出钱兴建一所新的公立小学，连带在附近凿一口井，然后他再把学校用品运送到当地。

我也鼓励其他日本企业的负责人像井上那样做，亲自到那些贫穷国家看看。请注意，我强调的是“亲自”。很多时候，那些企业介入人道行动，都只是为了自身的利益，为了塑造企业的良好形象。在我看来，这种做法应该受到抨击。因此，让私人援助负起责任是很重要的，应该让那些负责人直接到当地去了解状况。我认为我们必须重新思考一切。日本对许多国家提供的援助条款，都应该拿来重新检视一番……期待会有日本的其他CEO，像井上高志那样，到贫苦的国家为人道主义计划做努力，难道是不切实际的事吗？我们今天是在乌托邦的领域，但未来的事，我们永远不会知道！

在此之前，我的朋友之一，艺人所乔治，他是电视上的知名人物，连CEO都还不是，但也参与了我们的行动。他自掏腰包买了三辆美国厂牌的小巴士，经过特地改装后，运送到我们在贝宁的学校。有十几个在那里上学的小学生，每天早晚都要走上10公里甚至15公里的路，但从今以后，这些小巴士每天早上会去接他们，载他们到学校，然后每天晚上再把他们送回家。

第四届东京国际非洲发展会议[1]之后，我在我的节目中发表了一篇颇尖锐的评论，激起许多反应。我说，日本常给人慷慨捐钱的印象，捐很多钱给一大票非洲国家，但追根究底，为的却是一些很可疑的理由：

1　东京国际非洲发展会议（TICAD），每5年在日本举行一次，有关非洲发展的国际性会议，出席的有非洲国家与政府代表。

为了在联合国安理会改革的议题上享有这些非洲国家的支持，好让日本得到常任理事国的席位……然而，是时候了，让非洲活下去、为自己负责，不用再把灵魂出卖给魔鬼。

当然，非洲当地的政治状况，坦白说真的让人很费解。民主的推动在那里还是一个幻想。在大多数情况下，贫穷的问题取决于当地的政体、社会与政治大环境，还有气候。在非洲的某些国家，情况艰苦到让该国部分人士宁可用不太正大光明的手段来日本讨生活，为那些确保他们有钱赚和取得合法居留文件的黑道工作。最后他们落得在东京的某些地区贩卖毒品，或是被卷入人口贩卖，以及为俱乐部或其他有小姐陪酒的酒廊吸收外国妇女的肮脏生意。非洲人必须尽自己的全力，尽一切努力，让自己不再成为永远必须接受援助的对象。

我们都知道，南方的贫穷国家依然是不公平待遇的受害者，比如说，它们经常在换取补偿的条件下，让外国企业把废弃物倾倒在土地上或河川的水域中。在自由贸易协议的名义下，日本近几年来都把菲律宾当成一个垃圾桶国家，到他们某些不受注意的地区去倾倒好几千吨的电子和科技废料。真是可耻啊！

在日本，我们还得尽更大的努力，去学习让自己变得更公正，而不是一定得寻求利益交换不可。在此同时，我不免也注意到自己国内日益严重的贫穷问题。在我周遭，有些亲友也是不平等待遇的受害者。参与援助非洲的某些工作，不代表我们就可以忽视自己同胞遭遇的问题。那些有能力的企业，也应该尽其所能去纾解一些人的贫困。这是他们的义务之一。

日本年轻人

日本年轻人应该敞开胸怀，去旅行、环游世界，用自己的眼睛去发掘地球上的真实面。他们应该去探索其他民族和文明，不要只去那些“发达”国家，也要去那些条件比较差的国家。同时，我们也该邀请全世界在贫穷国家长大的年轻人来日本，让他们亲眼看看在这里，在我们国家，是怎么样的情况。

其实真的很可惜，日本大部分刚从高中或大学毕业的年轻人，都没有时间去旅行。才拿到文凭，我们的年轻人就要融入企业界，例如索尼、松下、丰田……这些集团却没花半点功夫去探索那些和自己祖国有天壤之别的国家的实际状况。

第十八话　跟世界交朋友

***

2007年冬季，北野武经常跟我约在他家会面，就在他位于东京市中心北青山外苑前的宅邸，作陪的有佐玛洪、几位军团成员，以及一些来自四面八方的朋友。有时候他的妻子与女儿也会在场。

***

我家没什么了不起！

***

没什么了不起？那可不一定。北野武家的椭圆形客厅，藏在他四层楼居所的地下室，里头摆满了东西。许多踢踏舞鞋、一架三角钢琴、一具大挂钟、一个高耸的五斗柜，好几十张裱框的相片与信件挂满了淡黄色的墙壁，还有一组高尔夫球具和一些各式各样的小东西。北野武比了个手势，要我跟着他走进一间与客厅相邻、铺了榻榻米的房间。

***

通常，没人可以进来这个房间，但是我想给你看看我五年前画的这幅作品《女朋友》。我对这张画很有感情……至于那边的那些画，包括那张 98×125 厘米的油画！——这些是黑泽明为他晚期那部电影需要所画的素描和图画。对，就是那部了不起的《梦》。这些画是无价之宝，而他把画送给了我……

* * *

这里有很多本关于勃纳尔（Pierre Bonnard）、让·谷克多，以及斯坦利·库布里克的书，全都放得整整齐齐。还有为数众多的奖品、奖杯、奖章、勋章与奖状；法兰西共和国颁给他的文艺骑士奖的证书非常显眼。

北野武喜欢照片。他家到处都有照片，而且全都裱上了框。我们可以看到他与棒球选手铃木一朗、松井秀喜的合照，还有与高尔夫球冠军青木功的合照——都是一些日本的偶像级人物。另外也有许多与美国明星的合照，像是克林特·伊斯威伍德、丹尼斯·霍珀（Dennis Hopper）、基努·里维斯……还有一张照片上呈现的，是在戛纳电影节大放映厅播完《菊次郎的夏天》后，他正因全场观众起立鼓掌深受感动的那一刻。某个角落里，放着几副拳击手套和一个沙包。

这天晚上，北野武练习踢踏舞练了超过一个小时。这副光景让人想到《菊次郎的夏天》中的一幕，就是他饰演的那个帮派分子，在一间老旧酒吧中，斥喝两个正在排练踢踏舞的喜剧演员那场戏。

“吵死了！你们在干什么？”

“跳踢踏舞。”

“什么东西？”

“你应该知道啊……就是金·凯利（Gene Kelly）、佛雷·亚斯坦（Fred Astaire）……”

“你说了等于没说……”

* * *

我一直都是拳击迷，到现在都还会定期收看电视上播出的比赛。《坏孩子的天空》，就是从拳击得来的灵感。那些拳击手最让我印象深刻的一点，就是他们可在一天之内增加或减少多达五公斤的体重！

* * *

有一晚，除了那些常客之外，北野武还邀来了三个童年好友。北野武开怀大笑。跟北野武就读同一所高中的荒屋敷和正（Kazumasa Arayashiki），是个留山羊胡的高大男子，有一段时间跟北野武一起演过喜剧。他一边哈哈大笑，一边描述几段与北野武一起经历的爆笑回忆。对话很快就变得像在演漫才短剧。

* * *

—荒屋敷和正：你家真棒！你的装饰品真是太美了。

—北野武：有一天我会把这些东西送给你。不过，要是你把它们拿去卖，就给我走着瞧！

—荒屋敷和正：高中的时候，北野武非常害羞，所以人家有时候会找他麻烦。还有，他到哪里都带着一颗药丸。他老是抱怨肚子痛，但其实就是这粒药丸害他肚子痛。

—北野武：你不只是失忆，连牙齿和头发也掉了，所以才会这样胡说八道。你身上唯一让我嫉妒的东西，不是你的胡子，而是眉毛。你的眉毛好茂盛。而且你越老，眉毛就越往上长，我却是年纪越大，越会掉眉毛。

—荒屋敷和正：不要再耍嘴皮了，阿武！反正我就是比你好笑啦！年轻的时候，我就已经比你有趣了。不算我，你才能说是最好笑的人。（他利用屋里有个法国人在场的机会）而且你说的没错，我开始失忆了。高中的时候，我学过法文，可是我现在只记得“Je t'aime”（我爱你）……

—北野武：那你就闭嘴吧！你没发现你的废话让大家觉得很无聊吗？

—荒屋敷和正：我们年轻的时候，会去城里玩，到东京一些我们很少去的地方。你记得吗，阿武？你都会趁机自己跑掉。我们每一次都会把你搞丢。晚上回家时，永远少了你！

—北野武：对，那个时候，我得了一种重病：白痴病！而且不想传染给你们！

我的身边总是围绕着各式各样的人，还有一些怪人。我的影迷中有些人也变成我的朋友，当中有很多是欧洲人。事实上，我花了一段时间，才明白原来他们喜欢我的电影风格。对此我可没什么好抱怨的！

我有个意大利好友，格雷格·费鲁吉欧（Greg Feruglio）。我们是2003年威尼斯电影节期间在威尼斯认识的。从那时候起，他几乎每年都来日本看我。上次他来，我带他去东京车站附近一家老咖啡店品尝一杯1500日元的蓝山咖啡。到了咖啡店，我叫他先坐下。“喏，你去那里坐好，我去买咖啡！”然后走去柜台点咖啡。格雷格不敢置信地看着我，但店里的女服务生，还有客人，看到我在那里，在东京一家咖啡店里点咖啡，看起来似乎更惊讶。而我呢，只是想跟我的意大利朋友一起品尝一杯蓝山咖啡而已。看到他们那么错愕的样子，我们俩都快笑翻了！

我有几本书译成其他语言并且在欧洲出版，例如那本关于我童年回忆的《灰色与玫瑰色的人生》（*La Vie en gris et rose*），书名是新潮社[1]定的，去年在法国出版。我永远也不会忘记法国人在《座头市》首映会上让我感受到的反应，那是令人难以置信的奇妙片刻……我非常喜欢法国，也很喜欢法国人，非常出色的民族。他们竟然用香槟干杯！真的跟其他国家的人很不一样！而且我在法国有几个熟人，尤其是在巴黎，例如我的朋友雅克·朗，还有很多影迷，像是利利安、贝玛密。[2]贝玛密还跟一位日本女性结了婚……法国人是真正的冒险家，而且我认为法国人勇气十足的个性，让他们可以在面对问题时跟日本人一样认真……这一点对世界会很有帮助。

法国废除了死刑

法国真是个伟大的国家，从过去到现在都仍在不断孕育许多大思想家、大政治家、大艺术家、大作家。法国人具有艺术感、文化感、美感、建筑感、文字感。他们拍摄制作非常优秀的电影，作家的著作也让

1　新潮社，日本一家大型出版社，设立于东京。

2　穆斯塔法·贝玛密（Mustapha Belmami）在巴黎定居、工作。利利安·吉内（Lilian Ginet）住在图卢兹，也学电影，2007 年参与那部在贝宁拍摄的纪录片，担任助理导演的工作（详见第十七话：我心中的非洲）。——原注

我印象深刻，例如西蒙·波伏娃的《第二性》、萨特的《恶心》——有一次我把他的长相跟画家罗特列克（Toulouse-Lautrec）搞混了！另外还有加缪的《鼠疫》……法国当代作家我就认识得比较少了。

我也喜欢许多60与70年代的法国电影，阿兰·德龙扮演冷酷警察角色时的性格，还有让·迦本（Jean Gabin）、让－保罗·贝尔蒙多（Jean-Paul Belmondo）、利诺·文图拉（Lino Ventura）……我也一直很喜欢米歇尔·康士坦丁（Michel Constantin）这个演员。他那张脸真的很有型！非常有魅力也非常优雅。可以迷倒女人的微笑！

在法国，有一次待在多维尔（Deauville）参加亚洲电影节的时候，我利用机会在这片神奇的海边散步放松一下。在沙丘上，我很惊讶看到许多德国人建造的小型掩体，几乎还完好无缺。人家跟我解释说，在诺曼底地区，还有很多炸弹埋藏在沙子里。突然间，我开始非常留意我脚下的每一步。

法国也是个废除死刑的国家！而我是反对死刑的。

法国女人

也有人告诉过我，不过这件事要求证一下，说有些法国女人觉得我很“迷人”！真的吗？甚至曾经有法国女人向我的朋友表示，她觉得我很“帅”！真令人难以置信，不是吗？如果是真的，那我得赶快采取积极的行动。我应该从现在开始学法文，逃离日本，然后在法国定居。我会变成“日本的希拉克”！我会开始不断往来于东京与巴黎间，每年至少去50次，才能很快归化法国籍！虽然在萨科齐总统的移民政策下，大概不会太容易，不过总得试试看吧。说不定，我有机会生个小巴黎人……

对了，记得有一次我正准备走进东京一家高级餐厅，被人家很有礼貌地在门口挡了下来，说有个非常重要的人物正在里面晚餐，结果是私下出访的布拉克。跟艾埃里·克莱普顿（Eric Clapton）一样！他也常来日本，到这个他很喜欢的国家散心。

当名人还真不错。我啊，要是我在巴黎有个女朋友，就会每半年去法国住个一星期……我向你保证，要是有个法国女人对我感兴趣，我明天早上就搭飞机去巴黎！

糟糕，要是我太太读到这一段，她会杀了我！

第十九话　榻榻米上的告白

自从我母亲过世后，我每天都在想她。我听见她的声音。我每天早上为她祈祷，想一直怀念着她。我很可能被我的母亲下了魔咒。她的去世让我非常激动。当我理解到她真的走了时，受到很大的打击，像在一场失败的拳击赛中被一拳击倒在地。

打从她不在以后，我只是一个劲儿地在寻找她。当母亲不在这个世上时，做儿子的永远都不会停止寻找母亲。而且我相信，男人在他的一生中，对一个女人的爱，跟一个孩子对母亲怀抱的爱，是没有差别的。我可以像我以前爱我母亲那样去爱一个女人。然后有一天，根据世间万物的逻辑，人类的本性又再度凌驾其上：我们会像逃离母亲那样，逃离我们所爱的女人。

回顾过去，我认为我人生中的一切，或者说几乎一切，都源自我所受的教育，也就是我母亲（更胜过我父亲）对我教导的那些很基本的东西。她帮我、我的哥哥和姐姐，奠定了对我们帮助良多的基础，让我们在各种状况都能做出正确的反应和处置。说来可能会让你大吃一惊，我觉得我大部分电影的拍摄，都跟我童年记忆中用餐时的家庭仪式有很大关系。

我要告诉你一个秘密。大概在我 12 岁或 13 岁的时候，有一天，我的母亲告诉我说，我还有另一个哥哥，她的第一个儿子，是她在非常年轻时跟第一任丈夫生的。他的名字叫做大（Masaru），跟我二哥一样。我的母亲告诉我："你这个哥哥是一个特例。他是运动健将，一个天才，但是在16岁时，被一场可怕的高烧夺去性命。"

基本上，要是我没经历过这么苦涩的人生，也许我会变成另一个人，应该会非常杰出吧。也许我会成为首相！不过人生无法重来。我们没办法逃避自己的童年。我忘不了年轻岁月中某些非常艰苦的片段。我没办法忘记有钱人看我们这些无足轻重的小人物时，那种居高临下的眼光。我父亲是建筑油漆工，来自一个被社会蔑视的阶级。我是他的儿子，但是当时我为此觉得羞愧，因为我厌倦在贫困中度日。

到最后，一切总会把我们带回到童年时光。我相信，人在经历过一堆失败或痛苦的考验后，是没办法在人生中正常地成功的。

幸福与镁光灯

成功，意思是赚钱吗？赚很多钱？因为我们名下有不动产，所以就算成功了吗？成功是过着忙碌的生活，还是变成名人吗？或是因为我们爬到社会阶级的顶端了？不，我不这么想。我对金钱没有感觉。我没有物质上的欲望。想象力就足以满足我的需求。

希特勒与波尔布特[1]因为取得权力而实现了他们的计划，所以他们"成功"了吗？应该把他们（错误地）当名人看待吗？镁光灯、知名度、

1　波尔布特（Pol Pot），70年代的柬埔寨共产党（红色高棉）总书记，在位期间屠杀了上百万人。

权力，不是成功的象征。为什么它们不能反过来，代表最糟糕的失败？因为他们想证明自己的存在，还有想比别人更耀眼的傲慢渴望。波尔布特在成为大家知道的那个怪物前，还“成功”地进入享有盛誉的巴黎索邦大学念书呢。

因为我是电视圈的大佬，因为我出身卑微、现在却很有钱，所以今天我就是个幸福的人吗？不，我对金钱从来就不感兴趣，虽然我确实赚了钱，而且我拥有的钱比我需要的还多，但是我从来没有过那种“非要有钱不可”的欲望。它不会强过我不计代价追求的那份荣誉。我深信幸福与金钱之间没有关联。

对我们这些日本人来说，幸福首先意味着我们在任何年纪、任何时候都有事做，而且是我们喜欢做的事。但事实上，我对“幸福”这个概念颇不能适应。我老是会产生负面的想法，准备好面对最坏的状况。当我要跟一个女孩子约会，我一开始就会认定她不会来赴约。然后，要是她来了，我会认为她晚餐后就要直接回家了。我是个永远都在焦虑的人。

之前我已经说过，在想当演员之前，我梦想成为科学家、博士或探险家。就像库斯托舰长那样。当时我以为自己以后会是教授、生物学家，或是数学家。从这个角度来看，就不能说我的人生成功了，甚至可以因此论定我的人生是失败的，因为我没有实现我最初的梦想。不过，我实现了另一个对我来说也很重要的梦想：登上舞台。从这个观点来看，我就不会太为自己感到羞耻了。

至于我在大学里认识的许多同学，他们毕业后进入大企业工作，当中有一个进了电通[1]公司。我呢，当时跟他们差得远了，后来我当上演

1　电通，日本第一大广告公司。

员。我属于那个学生参与激烈政治运动的世代，尽管我接近学生运动主要是为了跟女孩子搭讪……从我在浅草出道以来，我真的尝到了反叛的滋味。而且从此以后，我就忠实地待在这条线上，这条跟权力欲望背道而驰的路线上。我保留了我所有的批判能力，然后在好几十年过后，当年那些我认识的怀抱政治与社会改革理想的朋友中，我是唯一能自由地让个人的意见、看法在大众中产生影响的人，而且继续走在一条不辜负当年理想的道路上。

不过，我永远、永远都不会想成为政治人物。那会是发生在我身上最糟糕的事。要不然，也许我会等我 75 岁的时候再进入国会！我会帮忙推动表决一些很棒的法案，例如提议所有跟我同年纪，也就是 75 岁以上的日本人，可以去阿富汗找本·拉登的下落！（原书出版于 2010 年——编者注）

名气

我没有像某些“明星制度”的人物那样，感受到名气带来的影响。我也并没有特别受东京的时髦地段所吸引，或是会想当然耳地去迎合大众。我真的不喜欢那样，每走 10 米就要停下来签名、让自己亮相。这不是我在行的事。大众的爱是柏拉图式的，跟那种想唤醒感官的欲望毫无关系。我想，要是我被名气稍微冲昏头，或许我会把大众的爱跟性欲搞混，就像我那部《性爱狂想曲》电影里那个人物一样，会无时无刻都想做爱。我会不时陷入情网，然后再也不能保持理智，也不会有时间思考和工作。我会每天晚上都载着不同的女人回家，然后我太太会宰了我……

名气，也意味着随时都处在压力下。人们对我作品的负面评价，就是某种对我抽取的税。另外，有名气，也等于要付出大笔的税金。讲到这里让我想到，有些不怀好意的人认为我逃税。我干吗要逃税？我爱我的国家。我在这里过得很好。我很骄傲能在日本缴税。

而且名气就是虚荣！发生意外前，我大概已经陷在突如其来的成功和自己的傲慢中。我扮演着艺术家，觉得好像已经证明了自己。那时我当喜剧演员与艺人已经有一段时间，靠着公众人物的形象，让我累积了一笔财富，而且我马上就要拥有自己的制作公司。从今以后，我都可以享有自己想要的东西。当时我一定是个白痴吧，心想我已经准备好随时可以死去，因为我已经实现我的梦想。我的脚已经没有踏在地上了。那一场意外，让我重新回到现实。尽管如此，它也没让我变得更圆融。我还是一个完全无法预料的家伙。

我出生在贫穷的家庭。青少年时期的我，渴望体验生活。我比谁都更迫不及待地想要“成功”，想要爬到上层阶级。我想要有钱，渴望在经历过那段匮乏后，给自己买下各种想要的东西。我希望变得有名，想诱惑女人、被女人崇拜、想品尝山珍海味、想开漂亮的车子……几年后，当我拥有所有我想要的东西时，我心想：“所以咧？人生就这样了？花了那么大的功夫，就为了走到这一步？”当时我受到很大打击。直到今天依然如此。我还是不明白。我不知道活着是为了什么理由。

我也不知道变老是什么意思。要我退休是不可能的。就算变成老头，我还是宁愿继续登台演出，只是为了一个无足轻重的角色也没关系。随着年龄的增长，我更想要跳舞，跳踢踏舞。2008 年元旦那天，有一家电视台播出了我的踢踏舞表演。我可是准备了好几个月呢！

性欲

我的确到了某种年纪，但这不表示我就不再搭讪女人了。正好相反。喔，要是我老婆读到这本书就惨了……

也许，就是因为这个理由，我到现在还是会怕她。事实上，我必须不断地逃避她。我跟她保持距离，也保有几个秘密，却永远会回到她的身边。就是这样，而且这也是在专业上促使我前进的动力。假如我对我太太说："结束了。喏，我给你这些钱。永别了！我们分手吧。"我想那也会是我喜剧演员生涯的终点。

是不是因为年纪越来越大，所以我才那么喜欢女人？我不知道。总之，我打算继续当个好色的男人，至少在心理上是如此——生理上呢，就要看我是不是一直都行了！那又是另外一回事了……我想是陀思妥耶夫斯基吧，他说过，当一个男人失去了性欲，就失去了一切。他再也没有半点创造力了。

所以，我没失去性欲，倒是失去了一些体重。每次我开始着手筹备一部新片，我会采用一套养生法。这是个灵感来自禅宗戒律的专业机密……规则永远不变：我强迫自己遵守一种严格的饮食控制，几乎不进食，只吃最少量的东西。你看，我就刚为一部片子的拍摄需要减去了五公斤。这样一来，我就能保持我的全副理智与平静，然后穿上一个崭新虚构角色的外衣。

随着年纪增长，我再也不是同样的人了，不能像从前那样轻易做出某些动作。我不能再像以前那样地跳踢踏舞了，尤其是在意外发生后……回到上面说的饮食控制话题吧。我要说明一下，这么做不表示我在乎自己的外表。

我不帅

我对自己的外表一点也不在意。我对时尚不感兴趣，不是一个会追随潮流、考虑要怎么穿衣服的人。我家里有一堆惊人的服饰收藏，被丢在我的壁橱里，都是人家送我的名牌服饰。我从来不穿这些衣服，因为太招摇了……而且我不喜欢打领带，也不想穿有颜色的衬衫。那会让我觉得自己太像马科斯（菲律宾前总统）。

在正式典礼中，我经常穿得很休闲，好像我正在度假一样。他们帮我搭配出最简单，但很有分寸的打扮，例如一件黑色西装外套搭一件领口解开的白衬衫。在电影节中，如果我带来参展的是黑道电影，那就更简单了：我会穿一身黑，搭一件敞开纽扣、微露胸膛的衬衫，像帮派分子那样。我想我是助长这种风格传开来的电影工作者之一。当我在戛纳穿着燕尾服的时候，我觉得很不自在。我很清楚自己看起来的样子。我不帅。

小时候，我有一种肉体上的情结，一种不如人的感觉，因为我的身材太瘦弱，尤其是在运动的时候，觉得这副躯体阻碍着我。我当时个子很小，而一个矮小的孩子，跑步时需要比高大的孩子用上更多力气。当时我跟自己非常过不去。我讨厌我的身体，对自己感到愤怒。在我的脑袋里，有两个互相矛盾的“我”。我感受到某种不公平，意识到平等并不存在，意识到有些人比其他人来得更优越，也更得天独厚……长大成人后，我比较少去想到我的身体。我报复了我自己：打拳击。对自己矮人一截的情结展开复仇。

今天，我穿着短裤和拖鞋，爬进我的劳斯莱斯。不管我的生活水平怎样，我希望人们看到的是我本来的样子，然后很单纯地认为我就像个平时对自己外表漠不关心的人。但我很清楚人们是怎么看我的，我知道他们对我奇怪的肢体外形有什么看法。

总之，想要享受人生的乐趣，就不要对别人、对老天爷、对国家与政府抱着太多期待。人必须花很大的努力才能确保自己得到最些微的快乐。这确实很不容易，因为这条路上布满了陷阱。而我出于经验，学会了快乐也来自付出：对穷人、对社会、对工作的付出。我个人觉得，让我产生幸福感的就是这一点。就我来说，这是一种用来对抗不平等的方式。

神的概念

宗教，反映出精神，甚至是超凡的一面。早上，从家里出门时，我会为我的家人祈祷。我想到我的母亲、父亲，想到我的家人、我的师父，甚至还会想到黑泽明……不过，我不能说自己是个有宗教信仰的人。

事实上，与其谈我对于宗教的信仰或缺乏信仰，我宁愿谈我对于生命的看法。我尤其想知道：我们活着是为了什么？神长得像什么样子？祂有躯体吗？有声音吗？有灵魂吗？还是说，祂只是一个概念？为什么要对神或众神祈祷？我们真的需要依靠神吗？我总是对自己提出这类的问题。不管怎样，我很确定的是：神，或是众神，不能为我们做任何事。

就拿拳击场上的两个拳击手来说吧。假如在比赛中，其中一个拳击手召唤神明而且求祂：“帮助我打败这个家伙！”然后等待神明的帮助，结果，比较不专心、对自己比较没信心的他，就会变成先被击倒在地的人。就是这样。我们只能依靠自己。一切的关键都在自己身上。如果神明确实存在，那更好。愿祂至少留给我们当自己主宰的自由。

日本的宗教有千年的历史，而且在某些层面，和希腊神话很相似，尤其是神道教。我不是佛教徒，但我尊崇某些佛教的戒律：他们会说，人吃得越少，而且越少杀生来食用，人就越趋于洁净，越接近超凡入圣。

要好好活着，就一定要让自己吃饱。说得没错。几年前，亿万女富翁铃木园子，在日本带动了“节食潮”。为了保持身材，她吃得很少，提倡干粮的好处。结果她过世了，而且年纪还算轻……

像我，宁可该吃就吃，因为吃饭是很重要的时刻——这也许跟我童年时饱受饥饿之苦有关。我吃饭时都慢慢来，不赶时间，好像我的身体在跟我的灵魂沟通一样。吃是一种仪式，填饱胃袋就好比滋养心灵。

随着时间流逝、年龄增长，我尤其想知道：要怎么样才能好好死去。我死了以后，我不想轮回转世，不想再回到这个世界上。那会是一种惩罚。西方人一辈子都在想要怎么好好过活，亚洲的佛教徒则是一辈子在想要怎么行得正、坐得端，才能好好死去，而且不再轮回转世。总之，要是我的死期到来，我会希望自己像个企图解开最难解奥秘的数学家那样去经历这个过程。

生存的理由

我这一生，对死亡一直很感兴趣。我感兴趣的不是死亡这个动作本身，也不是死亡那一刻，而是死亡的意义。一旦我们洞悉了死亡的意义，就会明白生命是什么，以及生命代表着什么。

我强烈谴责有些人认为自杀行为与日本哲学紧密相连，像三岛由纪夫切腹那样。他是为了某些政治理由，也因为他的身体不再符合他的精神，才那样做的。就我个人而言，我是反对自杀的。三岛由纪夫自杀前一直在练身体，也练过拳击。他想要拥有一副钢铁之躯，而且无法忍受看到日本西化到这个地步。尽管如此，他还是免不了穿着他那套赫赫有名、皮尔·卡丹设计的衣服切腹！我们日本人真的是一个由极端主义之徒组成的民族。不容生的时候，就去死！

总之，我原则上是反对自杀的。如果我再次生病，我不会赶紧去看医生，得有人把我拖去才行。最理想的状况就是我失去意识，然后睁开眼睛时已经躺在医院病床上。事实上，要我命的，是到医院报到需要耗费的心神……

我需要一个生存的理由。我不太晓得该怎么做，也不太晓得要往哪个方向找，但是没关系，我还想前进，还想拍别的电影，而且我打算一直拍到让我最忠心的影迷——那些意大利人——讨厌我为止。原则上，当一个艺术家受到欢迎之后，他的梦想应该是让自己继续受欢迎。我呢，我认为艺术家应该保持自由，冒着被排斥和创作不受欢迎作品的风险，未必要反映当代世界的美学“标准”。

对我来说，创作故事，然后把它搬上银幕，依然是一种方式，可以让我实现某些我在生活中不可能去做的事。有时候，我甚至觉得，真实的人生不是“真的”人生，而电影让人体会到这种永恒的安心感……

到头来，我觉得我还是不要进本田比较好。我永远不可能靠领死薪水度日，像大家那样正常工作，变成一个上班族机器人。尽管如此，当艺人也不是永远开心自在。但是，让别人发笑，而且是用原创的自我毁灭方式让人笑出来，是一种必要。只有让人开心、得到娱乐，我才能算是有本事。25 岁进入浅草“法国座”时我就明白，喜剧演员在社会上占据一种很独特的位置，可以针对任何荒谬可笑的事说出自己所有想法。

1988 年我过得不好时，我想过，要是我有一把枪，就会朝自己的脑袋开一枪。我当时已经准备好去跳火车或地铁了。我开始想到死亡，是在读小学的时候，因为当时周遭有亲近的人死去。读小学五年级时，我亲眼目睹一位同学被卡车辗过，在我们一起玩棒球的时候。读高中时，又有一个同学死于白血病。死亡可以如此突然地夺走一个活生生的人，这个想法把我吓坏了。我一直怀抱着这种对骤死的恐惧，直到成为漫才演员、出了名，就再也不想死了，甚至拒绝有一天自己会消逝的想法。想到人会死，对我来说根本完全无法忍受。真的很乱来！但当时的我就是这样看事情的。

今天，我对死亡比较熟悉，也不再那么忧郁了。清醒地思考死亡，也许可以让人活得更久一点。日本人最欣赏樱花的地方，不只是因为樱花的美，也因为想到这种美的短暂，明白此刻欣赏的景色将会消失，也永远不会忘记这些绽放的花朵终将枯萎、掉落、变形。同样的，秋天最美丽的枫叶，到了接近死亡的时候，会变成红色。在日本，我们梦想着稍纵即逝的生命，而且喜欢围绕着我不知道是什么的荒唐东西胡思乱想。

就像大自然一样，艺术也教导我们：没有任何事物是永久不变的。在我画图的工作室里，就在那张我很喜爱用来阅读与工作的书桌旁，我摆了一张我母亲的照片，照片上的她年纪很大了。我会定时点香，然后为她祈祷，祈祷她的灵魂得到安息。在佛教传统中，家里会有一个专门放置亡者牌位的供桌，在上面或旁边摆上供奉逝去亲人的花果或食物。我亲爱的母亲每天都望着我。她应该在想：“我带到这世上的是个什么样的怪人啊！”

有时候，我会觉得自己像是意外地在战后出生在这个东京的庶民区，而我其实应该活在17世纪的江户时代，这样的话，也许我就可以建造木造的房舍。今天，我还是搞不懂自己为什么会在电视圈工作，又为什么会拍电影。我以演员的身份做了一些奇奇怪怪的事，却连自己是否真的是个演员都不确定。我不是个如大家所想的那种艺术家，更不像个电影人。假如我的人生正常地走在它该走的路上，我应该会成为机械工程师；要是本田不收我，我会去当海洋生物学家和探险家。机缘决定了不一样的结果。我没完成明治大学的学业，而我叛逆的态度与不耐烦的天性，也没让一切比较顺利。

于是，今天我在这里，在21世纪初，自得其乐地拍着电影，在电视节目担任主持人。这应该是我的命运，我的因果业报。当我在浅草巷弄里鬼混的时候，绝对不会想到有这样的可能。

我相信，在我心底，我是个有点自恋的人。我最感兴趣的就是我自己。我想看看阿武会走到哪里，看看他还能做什么。我把自己想象成一条公鲑鱼，在初春的河水中费力地奋斗。我已经在电视圈工作那么久，什么阵仗都看过，而事情还没完呢……要是我能继续做下去，而且再做很久，我会是世界上最快乐的人。

也许有些人会认为我已经达到巅峰，我自己反而觉得我在电影上累积了许多失败，而且每当我在我的电视节目上妥协了，就觉得自己好像犯了罪一样。不过，讽刺搞笑——就算是没意义的垃圾——仍然是我找到在日本保持自由的唯一方式。

当我想到我的意外，想到我在医院中清醒过来，想到在那之后的这些岁月，我就会问我自己为什么有幸活下来。我会心想，或许还是让我死了比较好。

也许神明不想要我，不然就是祂想处罚我，因为我之前没有好好过日子，而且我还不够资格到另一个世界去。所以我必须继续活下去，而且要尽可能地走上正道。尽管如此，直到今天，我都还会觉得自己有可能其实一直仍躺在医院的病床上，做着这一串长长的梦。有点像我周遭的一切，都不过是场梦……也许我最终还是会醒过来？

生活在这个奇怪世界里，我不知道我是在地狱还是天堂。每天早上我一睁开眼，就没有一分钟属于自己，从黎明开始，就被囚禁在诸多限制中。所以，我应该已经在地狱了吧？

最后，我相信自己是个很奇怪的人。我的同胞中有些人认为我是个外星人，其他人则认为我的脑子有问题。大概真的是这样吧。不过，老实说，我基本上是个跟别人没两样的日本人。

致谢

米歇尔·特曼

我要感谢 Grasset 出版社，尤其是 Manuel Carcassonne 先生。采访与写作的四年间，他引领着这条路，而且一路耐心相随、参与本书的从无到有，这个过程经常有如一场没有终点的冒险；还有 Eddy Noblet，感谢英勇的他辛苦帮忙校阅。我也要谢谢 Olivier Nora ,Martine Dib, Elodie Deglaire, Jean-François Paga, Jean-Pierre Pouchet, Elsa Gribinski, Maud Schmidt, Xavier Collet。

我还要感谢北野事务所的全体成员：谢谢社长森昌行对我的信任，谢谢 Jun Ogawa 的一路相伴与珍贵的建议，谢谢 Makoto Kakurai, Aya Nakahashi。多亏他们，我才能够贯彻这个计划。同样也要谢谢市山尚三、小宫伸二、吉田喜多男、Kazuhito Kobashi, Naoyuki Usui；谢谢欢乐的军团成员与 Tsuyoshi Nishimura, Hiroyuki Fujioka、齐藤智惠子和他们全家人热诚的招待。我们一起在浅草度过许多难忘的时光，在我的好友吕芳·佐玛洪的陪伴下。他是这场冒险不可或缺的动力。

另外，要是没有下列这些朋友的耐心、协助与鼓舞，本书可能会永远不见天日：Vanessa Van Zuylen, Sophie de Taillac, Corrine Quentin（法国著作权驻日办事处）, Yuriko Matsumoto, Yves Simon, Francis

Temman, Catherine Bernard。以及我亲爱的 Shiwei 和我的“勇气之母” Arlette。

我也要感谢 Marc Kravetz, André Brincourt, Philippe Grangereau, Renaud Girard, Nicolas Finet, Nicolas Rousseaux, Agnes Bourgois, Etienne Bourgois, Gilbert Erouart, Aymeric 与 Mariko Erouart, Jack Lang, Monique Lang, Valérie Lang, Yoshio Hattori, Chigeki Hijino, Valérie Lemercier, Jeff Taylor, Albert Abut, Maiko Fujiwara, Patrick Duval, Serge Edongo。以及卡地亚当代艺术基金会的 Hervé Chandès, Isabelle Gaudeffroy, Adeline Pelletier。

再来要感谢 ABC 电视网、朝日新闻日报、每日新闻、解放报、富士电视台、朝日电视台、TBS 电视台、东京电视台、读卖新闻、松竹株式会社、不老庵、Tsukushi 餐厅（浅草店）、Chris Allen, Philippe Azoury, Antoine de Baecque, Mustapha Belmami, Maitena Biraben, Bruno Birolli, Grégoire Biseau, Dominique Bouchet, Catherine Cadou, Celluloïd Dreams, Françoise Degois, DJ Alex from Tokyo, Basile Doganis, Greg Feruglio, Akio Fujiwara, Raphaël Garrihos, Isabelle Roberts, Laurant Ghnassia, Lilian Ginet, Boyd Harnell, Naoya Hatakeyama, Ryoichi Hayakawa, Sayuri Hongo, Chieko Inamasu, Matilde Incerti, Yoriko Lizuka, Ikekan, Takashi Inoue, Yasunari Ishihara, Kikuko Kanda, Gérard Lefort, Jean-Pierre Limosin, Annie Mancone, Alexis Marant, Etsuko Matsunoo, Robert Ménard, Shunsuke Ogino, NTV, Hengameh Panahi, Paola, Pérignon (restaurant), Jérôme de Perlinghi, Didier Péron, Emmanuel Poncet, Philippe Pons, Fabrice Rousselot, Saito Entertainment, Abi Sakamoto, Taichi Saotome, Raphaël Sebbag, François Sergent, Yoichi Shibuya, Ryuchi

Sakamoto, Norika Sora, Sublime, Vincent Sung, Masaharu Tadaki, Hiroaki Tsuzuki, Richard Werly, Masayuki Yamamichi, Kazuyuki Yonezawa, Yohji Yamamoto，以及许多其他人——为许多其他的理由与他们友好的支持。

最后，我要向四位太早辞世的友人与其家属致意：Ken Hongo, Jean-Paul Rousset, Emmanuel RhorSh, impei Ishii。他们如果看到这本书出版了，一定会很高兴……

文
景

Horizon

社科新知　文艺新潮

北野武自述：无聊的人生，我死也不要
[日] 北野武　[法] 米歇尔·特曼 著　贾翊君 译

出 品 人：姚映然
责任编辑：朱艺星
装帧设计：黄晧鹏
版式设计：梁依宁

出　　品：北京世纪文景文化传播有限责任公司
(北京朝阳区东土城路8号林达大厦A座4A　100013)
出版发行：上海人民出版社
印　　刷：山东临沂新华印刷物流集团有限责任公司
制　　版：北京大观世纪文化传媒有限公司

开 本：890mm×1240mm　1/32
印张：10　字 数：212,000　插页：2
2015年8月第1版　2022年2月第11次印刷
定 价：49.00元
ISBN：978-7-208-12926-9 / J·400

图书在版编目（CIP）数据

北野武自述：无聊的人生，我死也不要/（日）北野武，（法）特曼著；贾翊君译.—上海：上海人民出版社，2015
ISBN 978-7-208-12926-9

Ⅰ.①北… Ⅱ.①北… ②特… ③贾… Ⅲ.①北野武－自传 Ⅳ.①K831.357.8

中国版本图书馆CIP数据核字（2015）第076786号

本书如有印装错误，请致电本社更换　010-52187586